游彪——著

靖康之变——北宋衰亡记

湖南人民出版社

目录

金庸的武侠名著《射雕英雄传》中，两位男主人公分别是郭靖、杨康，前者正直善良，为保卫大宋王朝可谓鞠躬尽瘁、视死如归，此等英雄气概，自然会赢得观众和读者的由衷崇敬。反观杨康，同样是大宋子民，却奸邪狡诈、贪图富贵、坏事做尽，为人所不耻。显而易见，金庸是将北宋最后一个皇帝的年号——靖康，拆开来给书中主人公命名的。看来，金庸与其他人一样，对导致北宋王朝土崩瓦解的靖康之难有着某种切骨的痛苦。

毫无疑问，靖康耻不止是宋人无法治愈的伤痛。两个皇帝同时成为女真人的俘虏，这在中国历史上可以说是绝无仅有的。更严重的是，无数无辜百姓或死或伤，或是颠沛流离、骨肉分离。这种无比巨大的打击对于享受过文明富庶生活的宋人而言，无异于灭顶之灾。后人出于对两宋时期高度发达的物质和精神文明的景仰，对这样一个社会经济文化处于当时世界最高水准却又两度为少数民族政权摧毁的王朝难免扼腕叹息。于是乎人们开始反省宋朝究竟是如何灭亡的。在这个痛苦的反思过程中，各种完全不同的见解相继出现，蔚为大观。时至今日，似乎依然存在诸多有待清晰诠释的问题。

就连西方人也不例外。2005年5月22日，《纽约时报》极其罕见地以中文为标题发表了著名专栏作家克里斯托夫的评论文章《从开封到纽约》，副标题是"辉煌如过眼烟云"（Glory is as ephemeral as smoke and clouds），作者在文章中写了这样一些内容："公元1000年，中国的中心也是世界的中心转移到开封"；"在宋代，这里是首都，拥有百万以上的人口，而在那个时候，伦敦仅有一万五千人"；"现收藏于北京故宫博物院的16尺长画卷《清明上河图》，用写实的笔法炫耀着历史上开封的繁华和富足。街上行人摩肩接踵，骆驼队满载从丝绸之路运送到中国中原地区的货物，茶楼和饭馆生意兴隆"；"开封吸引了世界各地的移民，甚至包括数百名犹太人。直到今日，在开封依然有一些居民，虽然他们的长相和普通的中国人一样，但却自认为是犹太人，不吃猪肉"；等等。

于是，作者"漫步在开封街头，询问一些当地居民为什么一个世界中心会沦落到今天的模样"。这位对中国历史恐怕不是行家里手的美国人做出了发人深省的反思。他认为，纽约应该从开封的衰落中总结经验教训："必须学到的一课就是保证科学技术优势和健全的经济制度的重要性。历史上中国成为世界上最强盛的国家，依靠的正是先进的文明、领先于时代的贸易政策以及一系列技术革新，例如发明了铁制的犁，发明了印刷术以及纸币。""第二堂课是要注意自满的危险。因为那时，中国开始习惯于自己是世界的中心，并认为无须向其他国家学习——这也是衰落的开始。"

显而易见，这一见解并不高明，至少不具备历史学者的眼光和智慧，但却在总结历史经验教训的同时，不经意间给了现代人以莫大的启迪。昔日繁华的汴京城究竟是如何衰败的呢？笔者以为，北宋都城开封的没落源于中国历史上的一场大劫难——靖康之变，经过女真人的烧杀抢掠，开封几乎变成了一片废墟。此后虽然有些复兴，但始终没有机会再现往日的辉煌。问题到此，似乎仍然没有得到令人满意的答案。靖康之难又是怎样发生的呢？一个繁华而富足的"世界中心"怎么竟被兴起时间不长的女真人如此轻而易举地毁灭了呢？更重要的是，庞大而文明的北宋帝国何以在短时间内就土崩瓦解了呢？

要回答这些问题，恐怕不是简单的事情。自从靖康之难发生之后，很多人就开始反思北宋灭亡的原因。南宋初年，出现过一种影响极大的思潮，就是将亡国之耻归咎于北宋中期的政治家王安石。很多士大夫指责他变乱祖宗法度，以至于社会逐渐失控，最后终于到了不可收拾的局面。这种看法至今依然有着巨大的影响力，但这毕竟是宋人的见识而已。时至今日，研究历史的学者对靖康之难的原因给出了各种各样的理解。其中主流的认识是，宋徽宗朝的腐败导致了帝国的崩溃，这也成为出现靖康之难最重要而直接的缘由。毫无疑问，这种诠释有其充分的合理性。但是，腐败亡国论似乎仍然存在诸多令人迷惑不解的疑问。

记得多年以前，有人找我写宋朝的亡国史，虽然后来计划无果而终，但自那时开始，我就一直在思考这样一个问题，北宋、南宋究竟为什么会灭亡于异族之手？最初，我更多的是侧重于偶然因素，于是探讨了郭药师及其常胜军投降宋朝之后又投靠女真人对靖康之难的重大影响。我原本准备了诸如王安石变法、澶渊之盟、襄阳保卫战等题目以备选择，但最终还是决定写靖康之难。

之所以如此，一是由于该事件正好是在北宋和南宋之间发生的，可以通过对某些史实的描绘来理解两宋时期的社会问题。二是该事件影响深远，整个南宋时期，似乎都存在和与战的论争，无论是对女真，还是对后来兴起的蒙古。虽然这一议题北宋开国以来便已然存在——伴随着契丹族、党项族先后崛起，对赵宋王朝构成日益严峻的现实威胁，和与战便成为宋朝士大夫难以回避的命题。但真正达到白热化状态却是在靖康之难前后，而南宋朝野上下讨论的焦点恰恰就是这一事件。三是想继续十几年以前的思考，探讨北宋亡国的原因。

笔者以为，靖康之难是赵宋王朝长期积累的问题和弊病所致，而并非单纯只是徽宗朝的腐朽统治造成的。于是我将事件的背景分作长、中、短三个层面来加以剖析，通过选取某些"点"来凸现宋朝开国以后内外政策的得与失，进而重新检讨某些深层次的因素，这也是本书所要达成的重要目标。实际上，宋朝的很多问题，自宋初以来甚至更早就已经存在，如燕云十六州，虽然徽宗时期短暂收复，但却为此付出了惨痛的代价。除此而外，宋朝开国以来，对内、对外的诸多措施实际上都变成了双刃剑，既有维护赵宋王朝稳定的一面，更有削弱自身实力的巨大隐患。

以北宋政治而言，文官体制确立以后，重文政策得以全面贯彻，这为宋代文化及社会的繁荣的确起到了无法估量的作用。然而，文人自然有其弱点，通常而言，他们之间往往一言不合或因为一些鸡毛蒜皮的小事就相互恶斗，或是为了争权夺利而进行惨烈无比的厮杀，即便是在国家危难之际，朝廷之中依然不停地争吵。靖康之难前夕，是议和，还是抵抗，还是迁都，朝中官员居然固执己见，互不相让，一再浪费了稍纵即逝的大好机会。直到南宋时期，依然如此。应该说，宋代文人之间的争斗几乎从未停止过。正是由于统治集团内这些或明或暗的搏杀，从很大程度上消耗了宋王朝的整体实力，慢慢地腐蚀了支撑赵宋江山的基础。因此，与其说是徽宗朝的腐败导致了靖康之难，毋宁说这场大浩劫是赵宋开国后各种弊端累积的结果。

靖康之难过去将近七百八十年了，在当时激荡的岁月里，人性的美与丑得以充分体现。有人大义凛然，视死如归，为大宋王朝肝脑涂地；有人变节卖国。更可耻的是，有些人在彻头彻尾的虚伪掩盖下干出了令人发指的勾当。在我看来，这比公开投降还要令人不齿，至少那些卖国者有勇气接受历史的审判，比起那些靠漂亮语言赢得美名而内心猥琐不堪、肮脏无比的伪君子来，危害之大小，世人自会有公正的判断。

历史研究不是非此即彼或非彼即此，解析历史问题有多种不同的角度可供选择。史学工作者对历史上出现过的人和事可以见仁见智，但前提是必须尽可能准确地理解各种资料。在这方面，笔者自以宋史研究为志业以来，深有感触。呈现于此的书稿也是笔者尽心融会众多史料而撰成，但要说它的效用如何，还有待于读者的检阅。毕竟，史学工作者不是预言家。

拉杂写了这些，姑且算作序。

于北京师范大学茹退居

百万

弱兵

燕云十六州：

———————— 宋人的开国之痛

五代遗患：中原王朝收复燕云的努力

钦宗靖康元年（1126）十一月，北宋都城开封在金军长期围困下最终陷落。次年三月，在一番大肆烧杀抢掠后，金军押着徽宗、钦宗和一干皇室宗亲、妃嫔、大臣，带着搜刮来的大量金银财宝，心满意足地踏上北归之路。北宋宣告灭亡。

对徽、钦二帝来说，沦落为异族的阶下囚，是他们无论如何也想不到的结局。六年以前，宋金双方刚刚秘密签订了联合灭辽的"海上之盟"，北宋和金朝成为战场上的"同盟"。一年以前，北宋政府还沉浸在收复燕云地区的喜悦中。转眼间，昔日并肩作战的"盟友"就变成了可怕的灭国仇敌，金军不仅占领了燕云地区，还颠覆了北宋政权。貌似"强大"的北宋在短短几年时间里就被刚建立不久的金朝灭亡，这件事情给宋人带来了无比沉痛的打击。在反思北宋亡国的教训时，很多人都将矛头指向了宋金"海上之盟"，认为正是因为急于收复燕云地区，北宋朝廷才甘冒危险，与并不熟悉的女真人签订联合灭辽合约，而从那一刻起，灭亡北宋的序幕就已经拉开。

那是徽宗宣和二年（1120）二月，以赵良嗣为首的北宋使臣从登州（今山东蓬莱）出发，乘船前往女真人控制地区。表面上赵良嗣的任务是去买马，实际上，他们的真实目的是要与女真人进行秘密谈判，商量联手灭掉已经日薄西山的辽政权，趁机收复沦陷于辽朝将近两百年之久的燕云十六州。由于北宋政府还不敢确定辽朝是否真的已经到了山穷水尽的地步，此次出使，恐怕主要是试探女真的实际情况。因此，徽宗没给赵良嗣任何官方文书，这只是宋金之间的非正式谈判。

女真人于徽宗政和五年（1115）正式建国，国号大金。在金太祖完颜阿骨打的统帅下，金军势如破竹，此时正兵分三路直逼辽上京（今内蒙古巴林左旗）。这是契丹人最早的都城，具有极其重要的战略位置和象征意义。赵良嗣等人目睹了金朝军队攻占上京的全过程，并在城破后见到了阿骨打。赵良嗣代表北宋朝廷与阿骨打进行了初步谈判。

赵良嗣提出北宋打算与金国联手灭掉辽政权，并提议由金军进攻辽中京大定府（今内蒙古宁城西大明城），宋进攻燕京析津府（今北京）。打败辽朝后，北宋收回燕京一带原属中原王朝的土地。阿骨打表示，鉴于北宋政府联合作战的好意，虽然辽朝军队已经被女真人打得落花流水，凭自己的实力就完全可以将辽政权灭亡，但他还是同意战后将燕京一带归还北宋。赵良嗣指出，双方既然已经达成协议，就都不要和辽朝讲和，阿骨打认为，北宋和女真人这次会面虽然没有正式签订书面文字，但双方都要严格遵守约定。

接下来讨论具体条件。赵良嗣开始答应每年付给女真人三十万岁币作为战后取得燕云地区的报酬。阿骨打明确表示反对，他理直气壮地指出，宋辽议和时，燕京地区不属于北宋，北宋朝廷每年送给辽朝五十万岁币，现在我们答应归还你们燕京，怎么却只有三十万？从赵良嗣提出的岁币数量来看，北宋政府对女真人建立的金政权似乎没有多少重视，更未将其作为辽政权的继任者看待。女真人的质疑让赵良嗣很难反驳。经过一番讨价还价，赵良嗣最后只好答应将北宋政府原来支付给辽政权的五十万岁币原额转付给金国，事实上承认了金政权作为辽政权继承者的身份。

在赵良嗣出使前，徽宗曾给他御笔，特意指出此次谈判的目的是要收复五代以来沦陷辽朝的燕云地区。由于徽宗君臣掌握的信息太过滞后，不知道辽朝已经在这一地区设立平州路和燕京路，所以宋徽宗在御笔中提及北宋将来收复地区是"燕京并所管州城"，没有将平州路包括在内。这种明显的纰漏让女真人抓住了口实。赵良嗣向阿骨打解释，燕京一带原属中原的土地，应该包括西京（今山西大同）。阿骨打表示，等到擒获天祚帝之后，可以将西京一并交还宋朝。赵良嗣又提出营州、平州也应该包括在内，金朝官员高庆裔当即表示反对，他根据宋徽宗的御笔，坚持说现在讨论的是燕京路，营州、平州属于平州路，已经超出讨论范围。看到谈判陷入僵局，阿骨打避开话题说，双方既然已达成口头协议，就不要更改了，这样就将营州、平州二州的归属问题搁置起来。当赵良嗣要启程返回宋朝的时候，女真人又预先设定了双方出兵的路线，并一再强调如果有一方不能如约展开军事行动，那么金政府所做出的承诺也将无法兑现。

赵良嗣回国后，徽宗得知女真人同意与自己联合灭辽，并且也知道御笔中的错误，所以又派马政出使金国，这次出使明显要比赵良嗣出使正规很多，因为北宋使臣带去了具有法律约束力的国书。在国书中，北宋朝廷明确表示将来要收复的地区包括"所有五代以后所陷幽蓟等州，旧汉地及汉民，并居庸、古北、松亭、榆关，已议收复"。在对国书的解释中，宋人对"幽蓟等州"做了更详细的注解，将幽、蓟、涿、易、檀、顺、营、平、新、妫、儒、武、云、应、寰、朔、蔚等州统统列入要收复的地区。女真人看到宋人提的条件越来越高，胃口越来越大，认为宋人贪婪狡诈，就只同意归还燕京地区，营州、平州根本不予考虑，先前答应归还的西京也不肯承认了。宋金双方谈判再次陷入僵局。恰在此时，北宋南方发生方腊起义，北宋政府忙于镇压，顾不得与女真人进一步协商，金朝使节在开封住了三个月后，不得不悻悻而归。至此，宋金之间"海上之盟"谈判暂时告一段落。

"海上之盟"在北宋政府内部引起了异常激烈的争论。很多大臣都对联合女真人进攻辽朝提出强烈质疑。他们指出，辽朝在女真人的打击下已经渐趋崩溃是事实，同时也尖锐地提醒徽宗，北宋朝廷实际上也相当虚弱。还有一些人从道义、人情、祖宗传统对辽政策等方面对这个方案进行抨击。有人甚至用澶渊之盟时宋、辽政府所签订议和文件中的誓词警告徽宗为首的主战君臣，因为其中有咒语般的盟誓："有渝此盟，不克享国；昭昭天鉴，当共殛之！"意思是违背盟约，就会亡国，还要遭受天谴。后来事实表明，这一毒誓竟然不幸言中。面对朝野上下强烈的反对意见，徽宗根本不予理睬。在一片质疑声中，北宋与女真人的军事合作开始了。

徽宗之所以不顾众多大臣的强烈反对，不惜撕毁与辽朝签订已近百年的议和条约而坚持要联合女真人灭辽，除了看到此时的辽朝已经摇摇欲坠，想要趁火打劫为自己建功立业外，更重要的是，长期以来一直萦绕在北宋皇帝内心深处一个挥之不去的阴影——燕云十六州，让徽宗做出了这个大胆的决定。

燕云十六州，是指自五代以来，辽朝占领的原属中原王朝的十六个州郡。后唐时，辽朝攻陷营（今河北昌黎）、平（今河北卢龙）、滦（今河北滦县）三州，改平州为辽兴府，辖滦、营二州，称为平州路。辽太宗耶律德光时，后唐河东节度使石敬瑭为了做皇帝，向辽朝求援，许诺事成后割让卢龙一道及雁门关以北诸州。耶律德光亲率骑兵南下，击败后唐军队，扶植石敬瑭为后晋皇帝。石敬瑭称帝后，依照约定将幽（今北京城西南）、蓟（今天津蓟县）、瀛（今河北河间）、莫（今河北任丘北)、涿(今河北涿州)、檀(今北京密云)、顺(今北京顺义)、新(今河北涿鹿)、妫(今河北怀来东南)、儒(今北京延庆)、武(今河北宣化)、云(今山西大同)、应(今山西应县)、寰(今山西朔州)、朔(今山西朔州)、蔚(今河北蔚县西南)十六州之地割让给辽朝。耶律德光建燕山为燕京,下辖檀、顺、景(今河北遵化)、蓟、涿、易(今河北易县)六州,号称燕京路。燕云十六州大致相当于今天的北京、山西、河北北部一带,它们是北方少数民族南下必经的第一站,也是中原王朝北部边境防御的前沿阵地。从此,中原王朝丧失了抵御北方少数民族南下的天然屏障,而契丹人凭借着这一地区进入中原后,在广阔平坦的土地上能够充分发挥他们骑兵作战的优势,给中原王朝造成了极大威胁。

后晋开运三年(946)十二月,契丹军队攻入开封,掳走了晋少帝石重贵,后晋灭亡。次年正月,契丹主耶律德光在开封称帝,改国号为辽。耶律德光本打算长期占领中原地区,但在中原百姓的强烈反抗下被迫北撤。辽朝虽然退回北方,但耶律德光企图统治中原的野心已经暴露无遗。后周时,辽朝利用盘踞太原的北汉作为南下的工具,对中原不断发动进攻。在这种情况下,要想保证后周政权的安全,有效遏制契丹军队铁骑的肆意南下,收复燕云十六州无疑是至关重要的一步。

周世宗柴荣应该是第一个试图武力收复燕云地区的皇帝。他在显德六年(959)进行北伐,收复了瀛、莫、易三州,本来他打算一鼓作气攻取幽州城,收复燕云十六州,不料在军中突发暴病,不得不班师回朝,不久就去世了。周世宗是五代后期最有作为的皇帝,若非意外去世,他是极有可能收复燕云十六州的。正因为如此,宋人每每提起这件事都扼腕痛惜,以为错过了绝好的机会。

周世宗去世后,周恭帝即位,殿前都点检赵匡胤在陈桥驿(今河南封丘县东南陈桥镇)发动兵变,推翻后周政权,建立了宋朝。收复燕云地区的重任，自然就落在了赵匡胤身上。

后周时，赵匡胤曾跟随周世宗东征西讨，对周世宗打算收复燕云十六州的意图十分了解，而赵匡胤本人也十分清楚燕云地区对中原王朝安全的重要性，所以在他登基称帝后，准备进行统一全国的战争时，就曾考虑过"先北后南"还是"先南后北"的问题，也就是先消灭北汉，收复燕云地区，再行南下，还是先扫平南方割据政权然后挥师北上。对于统一战争的先后次序，赵匡胤和他的心腹赵普进行了深入的分析。

一个下雪天的深夜，宰相赵普家里忽然响起敲门声，赵普开门一看，赵匡胤正站在雪地里。赵普赶紧向赵匡胤行礼，赵匡胤说，我已经约了晋王（赵光义，即宋太宗）。过了一会，晋王来了，三个人就在赵普家的地上铺了厚厚的几层垫子，一边烧炭烤肉吃，一边聊天。赵普问赵匡胤，夜这么深了，天又冷，陛下为什么还要出来？赵匡胤说，我睡不着，现在周围群雄并立，所以想找你聊聊。赵普说：陛下觉得天下小吗？那就南征北伐，统一全国，现在正是时候，我想听听您的意思。赵匡胤试探性地说出自己的计划：我打算先攻打北汉盘踞的太原。赵普沉默不语，半天才冒出一句话：这不是我应该知道的事情。显然，赵普完全不赞成赵匡胤的想法，只是在皇帝面前不敢直抒己见而已。赵匡胤忙问他何故如此，赵普对赵匡胤谈了自己的真实想法：北汉接壤北方的辽政权和西方的党项人，如果将其消灭，那么我们就会直接和这两个政权正面交锋，为什么不暂时留着北汉，等到将其他割据政权消灭了，再来收拾它，北汉这样小的国家到时候就很容易对付了。毫无疑问，赵普这种以邻为壑的计谋确实非常高明，但就长远而言，却未必尽如其老谋深算。赵匡胤听罢赵普的见解，这才顺水推舟说，我真实想法也是这样，不过就是想试试你。其实，当时赵匡胤究竟是如何设计的，其真实意图恐怕无从查证了。但可以肯定的是，事关北宋政府统一战争顺序的"先南后北"战略就这样确定下来。

"先南后北"战略是否正确，不同的人有不同的看法。按照这一战略构想，北宋在削平南方割据政权后，再挥师北上，消灭北汉，最后集中兵力对付辽朝，收复燕云十六州，这样就将收复燕云地区放在整个战略的后期进行。北宋初年，正值辽朝穆宗在位。辽穆宗人称"睡王"，喜怒无常、嗜酒好杀、疏于朝政。在这种情况下，北宋集中兵力夺取燕云十六州并非没有胜算。但历史永远不可能假设，今天看来，影响赵匡胤制定统一先后顺序的最大可能性是因为他是个比较务实的帝王。

赵匡胤武将出身，亲自统领军队冲锋陷阵，对手下士兵的作战能力应该非常清楚。周世宗北伐，赵匡胤以水陆都部署随行，参与攻取瓦桥关，因此他对契丹军队的战斗力也应该有一定了解。北宋建国后，赵匡胤曾经两次对北汉发动进攻，战斗进行得异常艰难，结果却未能消灭北汉。弹丸之地的北汉都令北宋军队无法顺利攻取，要面对比北汉军队战斗力强得多的契丹军队，战斗的残酷性和艰难性可想而知，这肯定在一定程度上会影响到赵匡胤直接夺取燕云十六州的信心和把握。考虑到北宋政权刚刚建立，内部还不十分稳定。在这种情况下，与强大的辽朝展开没有十分把握的生死之战，无疑要冒无比巨大的风险，稍有闪失，便会危及新生的北宋政权。基于现实的内忧外患，赵匡胤最终还是决定采取比较稳妥的"先南后北"战略，先将南方富庶而军事实力相对较弱的割据政权依次消灭，使北宋的军事实力和经济实力都进一步增强，在政权完全稳固后再北上集中全力收复燕云地区。

制定了"先南后北"的统一路线，赵匡胤仍然心有不甘，想在削平南方诸国的同时消灭北汉。开宝二年（969）、九年（976），赵匡胤对北汉发动了两次大规模的进攻，试图一举将其平定，但都没能成功。虽然没能达到目的，却说明赵匡胤内心深处还是希望能够尽快消灭北汉，为最终收复燕云地区扫清障碍。

赵匡胤怀有收复燕云十六州的强烈渴望，曾经拿出武将曹翰进献的燕云十六州地图让赵普看，询问攻取之策。龙捷军校王明献阵图，请求征讨幽州，赵匡胤很高兴，下旨赏锦袍、银带，赐钱十万。为了收复这一地区，赵匡胤专门设立了财政库，他将被消灭国家的财物储藏起来，称作"封桩库"，并将每年国家财政结余也都纳入其中，这样就是一笔相当大的财富。很多人并不了解赵匡胤积累财富的目的，于是赵匡胤对身边的近臣说，石敬瑭将燕云十六州割让给契丹人，这些地方的百姓沦陷在辽朝，我很同情他们；等到封桩库里面的钱达到五百万缗，我就将这些钱送给契丹人，向他们赎取燕云地区。如果契丹人不同意，那我就将封桩库里面的钱拿出来招募士兵，用武力收复。开宝三年（970），判四方馆事田钦祚以三千人马击退辽朝六万士兵。消息传来，赵匡胤十分高兴，踌躇满志地说，契丹人屡次冒犯边境，如果我下令用二十匹绢买一颗契丹士兵首级，契丹精兵不过十万人，只需要花费两百万匹绢，就能将契丹精锐消灭殆尽！由此可见，赵匡胤一直谋划着恢复燕云十六州的宏伟大业。开宝九年（976）二月，因为平定了南唐，文武百官请求给赵匡胤加尊号"一统太平"，赵匡胤坚决拒绝，并当即指出，燕云十六州和北汉还没有收复，怎么能称得上一统太平？从这些言谈话语中，可以看出赵匡胤心中统一的蓝图是包括燕云十六州的。为了能够实现真正的统一，他下了极大决心，甚至不惜任何代价。

雄心勃勃的赵匡胤和当年的周世宗一样，都没能在生前实现收复燕云的梦想，赵匡胤正值壮年时也意外去世。从周世宗到赵匡胤，先后有两位皇帝为了收复燕云十六州耗费一生精力。此后，这个任务落到了宋朝第二任皇帝太宗身上。

太宗赵光义曾经参与过"先南后北"统一战略的制定，应该是非常了解赵匡胤统一全国的构想，而他本人似乎比他哥哥更急切地渴望迅速完成统一。在北宋强大武力的威慑下，太平兴国三年（978）四月，平海军节度使陈洪进将所管辖的彰、泉二州土地献给北宋政府。五月，吴越王钱俶也将自己辖下的十三州、一军献给北宋。这两件事情，史称"陈洪进纳土"和"吴越归地"。

至此，北宋将五代时期中原和南方割据政权依次消灭，摆在宋太宗面前的最后任务就是消灭北汉，进而收复燕云十六州。

从战争到和平：燕云十六州的最终归宿

北汉国小势弱，主要依靠辽朝的庇护才得以苟延残喘。赵匡胤对太原发动两次进攻，虽然没能攻陷城池，但给北汉的打击还是相当沉重的。宋朝军队又采取不间断的骚扰战术，使北汉得不到休整。因此，到太宗准备北伐时，北汉政权已经相当脆弱，而契丹人似乎也对这个自己保护下的傀儡政权失去了兴趣，形势对北宋政府十分有利。尽管如此，攻取太原的战斗还是相当激烈。太平兴国四年（979）五月，内忧外困下的北汉主刘继元被迫投降。为了防止太原再次出现割据政权，太宗下令焚毁了坚固的太原城。

北汉的灭亡，标志着北宋统一全国的战争已经接近了尾声。此时，太宗面临两个选择，一是借着消灭北汉的余威，乘机收复燕云地区；二是暂时回军休整，在做好充分的准备后再全力攻取燕云。太宗急于求成，决定采取第一种方案。太宗如此迫切地希望收复燕云地区，除了他此时高涨的胜利情绪，更大的动力源于他试图用收复五代以来的失地来证明自己在各方面比哥哥赵匡胤更具能力和当皇帝的资格。赵匡胤突然去世，太宗以弟弟的身份排挤两个名正言顺的皇位继承者，即赵匡胤的长子赵德昭、次子赵德芳，登上皇帝宝座。太祖赵匡胤英年早逝，以及赵光义不仁不义的行为，使他的皇位并不是很稳定，尤其是那些追随太祖的旧部下，更是心怀不满。毫无疑问，太宗无论是武功，还是威望，都无法与哥哥赵匡胤相提并论，所以他才迫切地希望通过收复燕云十六州，完成赵匡胤生前未能完成的事业而为自己建立不朽的政治丰碑。

无论从军事还是财政方面来看，这时候的北宋应该说实力已经大大增强，具备了与辽朝一决高下的能力。太宗可能也意识到了这一点，但他高估了宋军的实力，也没有考虑到宋军围攻太原城超过一个月，军粮消耗殆尽，士兵已经疲惫不堪。刘继元投降后，人人都希望能够得到封赏，现在反而要部队连续作战，北宋军队中弥漫着消极情绪。据记载，太宗命令诸将攻幽州城，桂州观察使曹翰与洮州观察使米信率兵屯于城之东南隅，以备非常。士兵在掘土时发现了一只蟹，觉得很奇怪，就将它献给曹翰。曹翰看到蟹，借题发挥，对诸将做了这样的解释：蟹是水族，却在陆地上出现，看来它是丢了自己的住处；蟹有很多足，这是敌人救兵将至的征兆；蟹，通解（懈）音，看来很快就会班师。

尽管军队中普遍存在厌战情绪，但宋军在攻取燕云地区的外围战斗开始还是进行得比较顺利，很多城池不战而降，宋军很快就包围了幽州城。最后决战时，战斗进行得相当激烈，太宗为了激励将士，亲自赶到幽州城下西北隅督战。七月，宋辽军队在幽州城东郊的高粱河展开决战，宋军惨败，宋太宗本人也在战斗中负伤，大腿上中了两箭。由于伤势太严重，无法骑马，太宗只好乘驴车仓促逃走。

第一次收复燕云的失利并没有让太宗丧失信心。经过几年休整，雍熙三年（986），宋朝再次兵分三路发动收复燕云十六州的北伐。由于东路主力宋军在岐沟关被辽军击溃，北伐被迫匆匆结束。两次对辽朝作战的失败，彻底打破了太宗武力收复燕云的梦想。特别是第二次北伐，朝中很多大臣强烈反对，就连曾经和赵匡胤一起制定"先南后北"统一战略的赵普都公开上书表示反对。宋太宗在两次军事失利后似乎也放弃了继续北伐的想法。他坚定地对枢密使张齐贤等人说，你们有目共睹，看我以后还做这样的事情不做！这无疑于发誓，从此不再北伐，不再考虑收复燕云地区。从此，北宋军事上转攻为守。为了防止辽朝军队南下，太宗下令在河北沿边疏浚河道，种植树木，企图以此限制契丹铁骑。同时他开始将注意力从燕云地区转向政权内部。直至去世，他再也没有组织收复燕云地区的军事行动。

燕云地区从五代时期被割让给契丹，收复这一地区成为中原王朝的头等大事，周世宗、宋太祖、宋太宗都为之付出过巨大而艰辛的努力。尽管遇到挫折，凭借北宋的实力，只要假以时日，应该还是有收复的机会。但雍熙北伐的失败使太宗意识到自己不可能在军事上超过哥哥赵匡胤，于是他不得不放弃了北宋初年制定的统一战略，决定不再将燕云十六州纳入统一范围。太宗开始将稳固自己在国内的统治放在第一位。他认为，国家没有外患，一定有内忧。外患不过是边事，是可以预防的，内忧才是真正的心腹大患。淳化二年（991），女真人派使者到宋朝，声称辽朝因为他们向宋朝朝贡，派兵在海岸边上设立三栅，每栅置兵三千，阻断了女真人和宋朝之间的通路，希望宋朝能够发兵帮助女真人攻破三栅。太宗此时已经不想再与契丹人作战，他只想做太平皇帝，就拒绝了女真人的请求，只是下诏书安抚他们。从此，女真人就归顺了辽朝。

值得玩味的是，太祖赵匡胤生前设立封桩库，储蓄了大量的财物。按照他的说法，这些钱将来用于向辽朝赎买燕云地区，如果辽朝不同意，就用这些钱来招募士兵，武力收复燕云。也就是说，太祖赵匡胤生前提出了两套收复燕云的构想：金钱赎买和武力夺取。但在太祖生前，由于主要忙于消灭南方的割据政权，因而无暇顾及燕云地区。到了太宗时期，在打败北汉后，太宗直接挥兵北上，采用武力强行收复燕云，根本没有考虑太祖赎买计划。在第一次北伐失败后，宋太宗仍然固执筹划下一次北伐，丝毫没有用金钱赎买的打算。是他忘记了太祖赵匡胤的策略？还是他认为赎买根本不现实？这已经是一个永远都无法解开的谜团。

随着太宗政策重点由国外转向国内，由收复失地的军事征伐变为注重文教的文官政治，从周世宗时期开始的收复燕云十六州这一头等大事逐渐淡出了人们的视线。随着北宋政府大力推行重文轻武政策，文人在社会上的地位越来越高，武将愈发受到压制，使他们在战场上建功立业的机会越来越少，长此以往，势必重挫武将保家卫国的积极性。当时有人曾经说过这样的话：文人状元及第风光无限，武将就算是统兵十万，收复燕云地区，凯旋后告祭宗庙，如此功业也无法与状元及第相提并论。这番话有一定的夸张，但它却真实反映出当时士人极端轻视武功的心理。周世宗、宋太祖为之奋斗终身的事业竟然比不上一个状元！无怪乎北宋末靖康之难时，居然没有出现力挽狂澜的统军将帅，这不能不是北宋亡国的重要因素之一。

两次北伐失败给北宋社会带来的伤痛渐渐过去，似乎并不考虑应该如何向辽政权复仇，而是沉浸在浓郁文化气息的氛围中，仿佛战争从来没有发生过。在北宋皇宫里面，还有一个人正在默默忍受着战争带给他的创伤，他就是太宗。契丹人留给他的不仅是战场失利的羞辱，还给他的肉体上留下永远难以愈合的伤口。太宗的箭伤成为一个公开的秘密，而且随着时间推移似乎越来越严重。至道元年（995），寇准被从青州（今山东青州）召还回京。太宗腿上箭伤发作，疼痛难忍，他提起衣服让寇准看自己的伤口，开口第一句话就是，你为什么来得这么晚？然后就向寇准征求选立太子的意见。看来，太宗已经意识到自己身体相当虚弱，必须确立皇位继承人。尽管如此，太宗却也不想再和辽政权开战。他只是到处搜集药方，医治自己的箭伤。可以说，太宗是在饱受箭伤困扰中度过余生的。临死前，太宗对后事做了安排，将太子的名字改作"恒"。太宗这样解释名字的含义：恒，就是要持之以恒地执行既定政策，要求他的继任者，不要妄图收复燕云地区，也不要向辽政权复仇。

正当北宋政府对辽政权的攻势逐渐减弱时，辽政权对北宋的进攻却越来越频繁。就在雍熙北伐同年冬天，辽数万铁骑越过燕山南下，宋将刘廷让率兵迎击。由于宋将李继隆失约，没有支援刘廷让，君子馆一战，北宋数万人被歼。真宗咸平二年（999），辽承天皇太后、辽圣宗率兵南下，宋将傅潜驻守定州，吓得闭门不出，不敢应战。辽军一次次南下，宋军往往或败或降，太祖时的锐气丧失殆尽。

真宗景德元年（1004），辽朝对北宋发动了一次大规模的进攻。辽军绕过很多防守坚固的城池，直逼黄河北岸的澶州（今河南濮阳附近），对北宋都城开封造成严重威胁。真宗虽然曾经豪情万丈地说过，如果契丹胆敢进犯，朕就要亲自统军北伐，但是真正等到强敌压境，真宗早已不知所措，朝廷上下慌作一团。当时辽朝悍将萧挞揽被宋军射死，真宗在寇准等主战大臣的极力坚持下才勉强来到前线，鼓励士气。但这一切都不能增强北宋朝廷与辽朝决战的信心，反而是迫切地希望与辽朝议和。同年十二月，经过一番讨价还价，宋辽双方签订了议和条约，史称"澶渊之盟"。盟约中规定，宋、辽结为兄弟之国，双方互不侵犯，各守疆界；宋每年以"岁币"的形式向辽朝提供绢二十万匹、银十万两。

澶渊之盟签订后，北宋与辽朝上百年之间基本上不再发生战争，带给北宋一个相对平稳的外部环境。当然，这一切的代价是每年的三十万的岁币（仁宗时期增加到五十万）。对燕云十六州而言，澶渊之盟规定宋辽双方各守疆界、互不侵犯，实际上宣布了这一地区永远属于辽朝，北宋政府再也不能染指，除非北宋撕毁合约，重新开战。

从后周世宗开始，到北宋太祖、太宗朝初期，对燕云地区的收复努力始终没有放弃。就是在太宗两次北伐失败后，尽管当时北宋政府已经不再对辽朝发动进攻，而是试图谋求和平共处，太宗也没有公开宣布放弃收复这一地区。而澶渊之盟的签订，标志着北宋从"法律上"已经放弃了燕云地区。

宋、辽议和后，双方长期处于相对平静的状态，北宋政府逐渐适应了这种平稳的环境，燕云地区不再是政府关注的重点，仿佛那里本身就是属于辽朝的土地。这种沉闷的气氛直到北宋第五代皇帝英宗时开始出现了一些转机。由于仁宗一直没有子嗣，不得已从宗室中挑选了一个皇位继承人，这就是英宗。史书上称英宗是个有性气、想要有所作为的人。即位不久，他就向大臣询问天下弊病所在，表明他不满足于现状。可惜的是，英宗不久就生病，在位仅仅四年就去世了，帝位传给了宋朝第六代君王神宗赵顼。

神宗心怀大志，对辽朝和西夏的威胁一直耿耿于怀。他小时候曾经身披铠甲去见太皇太后曹氏，问她，您看我穿着铠甲好不好？即位后，神宗还亲自为曾经遭受不公正待遇抑郁而死的武将狄青撰写祭文，这在一向崇尚"文治"的北宋皇帝中间显得有些与众不同。这似乎表明神宗将会给北宋政府带来崭新的气象。

神宗很快就表现出对现实的不满。政治上他支持王安石变法；军事上，对待西边的西夏，神宗决心放弃隐忍和被动挨打的方针，主动出击，并且力图将其彻底消灭。对待北方的辽朝，神宗也要放弃多年达成的和平协议，准备在扫平西夏后寻找适当时机开战。也许是真心的流露，神宗在一次对大臣的谈话中，声泪俱下地说，当年太宗皇帝兵败幽州城下，契丹军队穷追不舍，太宗死里逃生，腿上中了两箭，可是随军携带的御用之物和侍奉的宫人全部落入契丹人之手。从此之后，太宗箭伤年年发作，最后因为医治无效去世。所以说，辽朝与大宋有不共戴天之仇，现在大宋反而年年送数十万金帛给契丹人，称辽朝皇帝为叔父，作为太宗的子孙，难道是应该如此吗！太宗的箭伤是为了收复燕云十六州所负的，而神宗公开提及这件事，表示他不甘于和辽政权的屈辱协定，而是要替太宗复仇，收复燕云地区。自古以来，君父之仇不共戴天，而直到近百年后，太宗负伤之仇才由太宗曾孙神宗提出复仇，实在令人感到遗憾。

神宗大概是北宋皇帝中除了太祖外，唯一一个对收复燕云耿耿于怀的皇帝。为了激励臣下，神宗特意下令，谁能收复燕云地区，就封以王爵，这无形中提高了燕云地区在国家决策中所占的位置，表达了神宗强烈的愿望。但神宗的志向却屡遭挫折。政治上的变法受到强烈的反对，对西夏的进攻一再受挫，损兵折将，这使得神宗打算与辽朝交战的想法根本没有机会开展。最后，神宗也是带着满腹遗憾离开了人世。作为北宋中后期最想有所作为的皇帝，神宗的一生无疑是一个悲剧。

虽然神宗已经去世，北宋政府内部也发生了很多变故，但从此对西夏的战事却断断续续地持续下来。对北宋政府而言，要收复燕云十六州的困难又增加了很多，因为他们面对的不仅是北方的强敌辽朝，还有西方的强敌西夏。北宋政府的战略也由建国初直接与辽朝开战收复燕云变成在打败西夏的基础上再对辽朝用兵。这个策略和北宋建国初的"先南后北"的战略几乎如出一辙。可惜的是，对西夏的作战一直持续到北宋灭亡，这也使得"先西后北"的战略始终没能实现。不过，北宋政府最终利用一个机会，收复了燕云十六州，这就是前文提到的联合女真人灭辽。

纵观整个北宋朝，收复燕云十六州的决策在经历了建国初的连年战事后，很长时间几乎销声匿迹，在北宋后期突然又成为焦点问题，这多少有些让人感到奇怪。其实，长期以来，收复燕云这个话题虽然被北宋政府有意无意地忽略，但并不表明人们对它真的完全放在心上，所谓的忽略其实只是一种心理上的逃避。由于北宋政府长期推行重文轻武政策，导致武将素质下降，士兵弱不堪战。单是西夏政权，就已经让北宋政府焦头烂额、左支右绌。在这种情况下，北宋统治者更满足于和北方辽朝的和平状态，不敢与骁勇善战的辽朝军队争夺燕云地区。面对辽政权的肆意讹诈和军事威胁，北宋政府总是想办法避免与之发生冲突。仁宗时，宋与党项元昊发生战争，辽朝趁机陈兵边境，派使臣刘六符等向北宋索要被周世宗收复的关南地，仁宗派文臣富弼前往谈判。经过一番唇枪舌剑的辩论，辽朝不再索要关南地，北宋政府答应将每年的岁币数增加二十万。神宗变法时，辽朝派使臣对双方的边界提出异议，要求北宋政府放弃几百里的土地。王安石安慰神宗说，将来是要和辽朝开战的，不过现在主要任务是解决西夏，可以先答应辽朝的条件，等将来再武力收复失地。正因为宋辽之间的和平是有条件的，也是不稳定的，所以尽管宋人提起澶渊之盟，大都对之赞不绝口，认为自此以后国家摆脱了连年战争的拖累，人民获得了休养生息的条件，但是，他们都很清楚辽朝对国家的潜在和事实上的威胁。富弼出使回国后，上书仁宗，提醒国家不要以为从此就可以高枕无忧，要记住辽朝对宋朝的侮辱。

宋朝在得知辽朝实力削弱而有机可乘时，北宋联金灭辽就顺理成章了。如果是神宗或是别的皇帝在位，这次结盟很可能也会达成。不同的是，可能结果会有所不同。大臣郑居中质问宰相蔡京，为什么要抛弃签订百年的合约，重新与辽朝开战，蔡京只说了一句话：皇帝已经厌恶了每年白白送给辽朝五十万两匹的岁币。听完蔡京的解释，郑居中虽然不服气，但也不得不承认，宋辽之间的合约是不平等的。很多人清醒地意识到，宋辽之间的所谓和平根本是宋朝每年用大笔的金钱财物换来的，而且宋朝在边境一带的驻军一直保持着高度的警惕，防范辽军突然进攻。在这种情况下，宋人自然有一种复仇心理。

可惜的是，徽宗没有充分估量到宋朝的实力，在一种自满的心态下，草率地决定与金人结盟。他只看到辽朝已经衰落，不知道宋朝也同样外强中干。

宣和四年（1122）五月，北宋军队与辽军交锋失利。十月，宋军再次进攻，辽将郭药师等以易州、涿州降宋，宋军五十万进逼燕京，结果竟然被辽朝的残余部队打败。在进攻的过程中，北宋军队的腐败无能暴露无遗，最后只好恳求"盟友"女真人发兵才将辽兵打败。

如此一来，女真人抓住了借口，称燕京是他们替北宋政府攻打下来的，所以不能白白交给北宋政府。徽宗此时已经迫不及待地希望得到燕云地区，了却太祖、太宗等人的遗愿，同时成就自己的万世功业，就按照女真人的意思，花费了大量的金钱从女真人手中买回了燕云地区。

历史仿佛开了一个玩笑，宋太祖当年设立封桩库的时候就曾经说过打算用金钱赎买燕云地区，想不到这句话竟然在百余年后成为现实，只不过购买不是从契丹人而是从女真人手中而已。具有讽刺意味的是，正当徽宗君臣沉浸在实现祖宗遗愿的喜悦之中时，金军铁骑便已经长驱南下，踏破了赵宋开国以来漫长的光复燕云十六州之梦。这恐怕是徽宗君臣都想不到的事情。

燕云地区让北宋几代皇帝魂牵梦绕，最初雄心勃勃地要武力收复，最终却是用赎买的方法得到，并为此付出了亡国的代价。北宋收复失地的努力从开国时便开始了，但当得到燕云之地时，随之而来的却是更大的灾难和耻辱，这就是靖康之难。因此，从某种意义上来说，燕云地区的归属问题，乃是北宋亡国无法回避的重要因素。

曹彬：

———————— 北宋武将蜕变的缩影

内敛之道：宋代士大夫理想中的武将

五代以来，天下四分五裂，武将成为这一时期政治舞台上绝对的主角。赵匡胤称帝后，力图扭转武人飞扬跋扈的局面，建立中央朝廷的绝对权威。他采取了一系列削弱武将势力的措施，推行崇文抑武政策。赵匡胤制定的这一方针在太宗时期得到进一步加强。特别是雍熙北伐失败后，太宗更加强了对武将的压制，治国政策由五代时期崇尚武功转向崇尚文治，社会上弥漫着一股重视文人、重用文官的风气。先前地位尊崇的武将在皇帝刻意压制和社会轻视风气的双重压力下逐渐变成了政治舞台的配角，成为不受重视的一个群体。

在这种情况下，五代时骁勇善战、脾气暴躁甚至有些残暴的武将形象越来越不适合北宋温文尔雅的文人气息。为了获得认可，武将开始按照皇帝和文官的标准努力改变自己的形象。武将党进根本不识字，他看到太祖崇尚文治，在去外地赴任时，执意要求像文官一样，临走前当面向皇帝致辞。结果，党进一时紧张，将别人事先教好的文句忘记了，只好随口说了一句：我听说上古时候民风淳朴，希望陛下好好保重身体。听到党进说出这样风马牛不相及的话，连在场的卫兵都忍不住笑起来。出宫后，有人问党进，为什么说那两句话。党进说，我平日看到那些文官喜欢咬文嚼字，我也像他们一样，这是想让皇帝知道我也读过书。

党进的做法在当时不一定为所有武将所采用，但武将已经在潜移默化中向文官看齐却是不争的事实。虽然党进努力想表现自己有学问，但他始终不被文官认可。不过，在北宋武将中，有一位武将得到了皇帝和文官的赏识，那就是曹彬。在文人士大夫看来，曹彬不仅有着卓越的军事才能，更重要的是他身上表现出了谦和儒雅的气质。这种气质折服了对武将评价极为苛刻的宋朝读书人，正是他们将曹彬视作完美武将的典范。

作为一员武将，具有军事才能无疑是第一位的。从史书记载来看，曹彬似乎从小就对军事感兴趣，他出生在一个武将家庭，当他周岁的时候，家人按照某种风俗，在他周围摆放了许多东西，想通过看他拿什么东西来判断孩子的志向和前途。结果，幼年的曹彬左手拿着一把游戏用的戈，右手拿着祭祀用的俎豆。过了一会，又拿了一颗印，其余的东西连看都没看。在场所有的人都感到意外和吃惊，因为从曹彬所拿的戈和印来看，他将来会成为掌握帅印的武将，而且死后还会受到祭祀，因为他还拿了俎豆。

曹彬的军事才能在五代时期似乎并没有完全显露出来，真正让他建功立业的还是在北宋。赵匡胤称帝后，即刻着手统一全国的战争，制定了"先南后北"的战略。曹彬先后参与过灭蜀和南唐的战争。特别是在降服南唐的战斗中，曹彬担当指挥全军的统帅。此后，曹彬还曾参与过收复燕云地区的雍熙北伐。雍熙三年，太宗以曹彬、田重进、潘美为都部署，兵分三路再次试图攻取燕云十六州，史称"雍熙北伐"。太宗吸取了高粱河之战的教训，没有御驾亲征，只是坐镇开封遥控指挥。这一次，宋朝采用分进合击战术，东路以曹彬为主帅，统帅十万军队声言直取幽州，吸引辽军主力，中路田重进和西路潘美两路宋军抓住时机攻占燕云十六州其他州郡，最后三路宋军在幽州城下会合，合力攻取幽州。田重进、潘美两路攻城略地，进展十分顺利，曹彬一路也很快到达涿州，由于缺粮，只好返回雄州接济粮草。曹彬部下士兵看到另外两路宋军攻城略地，也急于立功，就带着粮食再次进攻涿州。辽将耶律休哥采用且战且退战术，延缓曹彬军队前进速度。当宋军再次到达涿州时，已经是人困马乏，再加上天气炎热，战斗力大大降低，辽朝集中优势兵力发动进攻，曹彬一路宋军在岐沟关（今河北涿县西南）被杀得大败。曹彬一路是此次北伐的主力部队，现在主力受到重创，其余两路宋军不得不撤退。潘美一路在撤退时，受命掩护云、应、寰、朔四州百姓迁徙。宋将杨业受命迎敌，退至陈家谷（今山西朔县南）时，发现负责接应的潘美已经指挥军队提前撤退。杨业率领残部奋勇杀敌，结果寡不敌众，被俘三日后绝食而死，上演了这次北伐最悲壮的一幕。战后，曹彬以指挥失误而受到处罚。

纵观曹彬一生，他没有中国古代名将具备的超人军事才能，除了消灭南唐外，他真正立下战功似乎并不是很多，岐沟关之败与他指挥不当有直接关系。从各方面看，曹彬都不属于一流的军事家，应该说，他只能算是一个中规中矩的将领。令人惊奇的是，在北宋文人心目中，曹彬简直就成了他们理想中完美武将的化身。仔细分析当时的记载，就会发现皇帝和士大夫真正看重的，是曹彬军事才能之外的东西。

曹彬为人行事低调、谨慎小心。后周太祖郭威的张贵妃是曹彬的从母，因而他是皇亲国戚，但他从来不以皇亲自居。在后周时，赵匡胤掌管禁军。作为同僚，曹彬对赵匡胤表现得不冷不热，除了公事，从不到赵匡胤家里去。平时同僚一起聚会，本来是拉关系的好机会，曹彬也极少参加。周世宗时，曹彬掌管禁中茶酒，赵匡胤为了和曹彬交往，就故意向他讨要御酒。曹彬既不想做违法的事情，又不愿得罪赵匡胤。他一面以御酒是官酒，不敢随便给人为由，拒绝赵匡胤的请求，同时自己出钱买酒给赵匡胤喝。这种谨慎和明哲保身的行为引起赵匡胤的注意。赵匡胤称帝后，曾经问曹彬，我当年常有心亲近你，你却为什么故意疏远我？曹彬回答说，我是后周皇室的近亲，又担任着重要职务，小心谨慎做官，尚有受到朝廷责罚的忧虑，怎敢有超乎寻常关系的交往？显而易见，曹彬的特殊身份使他变得非常世故，更何况当时局势尚不明朗，赵匡胤能否夺得大位亦是未知数，圆滑的曹彬对他自然是敬而远之。赵匡胤听了曹彬的一番肺腑之言，觉得他很忠厚，就提升他为客省使，专门负责接待皇帝要见的客人。五代由于战乱频仍，朝廷不断变换，当时人的忠节观念都比较淡漠，往往谁有实力，就会成为众人效忠的对象。作为武将，曹彬能够洁身自好，不结党营私，显得尤为珍贵。

入宋以后，曹彬失去了后周皇室的庇护，因而其行事低调的性格表现得更为突出。在北宋统一战争中，南唐是当时实力比较强大的政权。赵匡胤特意派遣曹彬担任主帅，负责攻取南唐。曹彬在消灭南唐回朝复命时，没有大肆张扬，只是轻描淡写地称，奉皇帝圣旨，从江南办事回来了，丝毫不提自己的功劳。曹彬的这一做法被宋代士大夫津津乐道，都称赞他不居功自傲。

除了谨慎，曹彬身上还流露出当时武将少有的一些品质。他不贪财，不嗜杀。太祖乾德二年（964），北宋发动了消灭后蜀的战争，曹彬以都监的身份参与这场战斗。占领蜀地后，许多宋朝将领，包括统帅王全斌、崔彦进等人都趁机大肆掠夺金银财物，而曹彬除了图书和几件衣服外，丝毫不取。回朝后，掠夺财物的将领都受到太祖赵匡胤的处罚。就连宋军统帅王仁瞻等也承认，这次出征只有曹彬没有掳掠财物。赵匡胤对曹彬的清廉颇为满意，授予他宣徽南院使、义成军节度使。

这一时期，很多武将凶残暴戾、嗜杀成性。北宋勇将王彦升，对待俘虏十分残暴，他将俘虏的耳朵撕扯下来佐酒，竟然面不改色，俘虏往往鲜血淋淋地跪在地上，吓得不敢叫一声。曹彬在这一点上与众不同，每逢作战，他都竭力不滥杀百姓，史书上没有提及他有虐待战俘的记录。曹彬自己宣称："自从我成为武将，杀的人够多了，但从来没有因为个人喜怒哀乐随便杀一个人。"太祖命王全斌率军平蜀，曹彬为都监，诸将都打算屠城发泄其愤怒，只有曹彬约束部下不得滥杀无辜。在进攻南唐时，曹彬有意多次暂缓攻城，劝说李煜投降。他知道南唐十分富庶，而抵抗的时间又比较长，担心手下将领、士兵在城破后出于泄愤而大肆烧杀抢掠。就在城池将要攻破的时候，曹彬忽然称病不出门办公，其手下将领急忙前去探望病情，问他得了什么病，曹彬回答说，我的病不是用药物可以治好的，只需要你们诚心发誓，在攻破城池后不滥杀一人，我的病就会痊愈了。面对主将的请求，诸将都表示同意，一同焚香发誓。第二天，曹彬的病自然就好了。因为曹彬的事先安排，南唐投降后才没有遭受残酷的屠杀。曹彬这项功劳被人大加称赞，成为后人学习的典范。数百年后，元朝的伯颜丞相统兵南下灭南宋，就宣称要以曹彬攻取南唐为榜样，不滥杀一人。

正因为曹彬深谙内敛之道，他越来越受到皇帝的器重，官位越做越高，一直做到主管军事的最高长官枢密使。史书上记载，曹彬在枢密院从来没有违背皇帝的意愿，也不在别人背后议论他人长短。尽管已经位极人臣，曹彬从来不摆出盛气凌人的样子，仍然能保持平和的态度，从来不对手下人发脾气，不称呼低级官吏的名字。一次手下吏人犯了罪，需要执行杖刑，曹彬一年后才杖责这个吏人，当时没有人知道曹彬延期行刑的原因。后来，曹彬才做了这样的解释：我听说这个人刚娶了媳妇，如果对他实行杖刑，那么这个媳妇的公公婆婆一定以为是儿媳妇给儿子带来的霉运，整天就会对儿媳妇进行斥责，这样的话，她在婆家就没有办法生活下去，因此我将处罚延期执行，当然并没有违背法令的规定。

对文臣士大夫，曹彬更是恭恭敬敬。平时他着装很正规，从不穿便装会见客人。如果有事出门，曹彬总是嘱咐手下人不得大张旗鼓，尽量做到悄无声息。在路上遇到士大夫，不论官职大小，曹彬总是先让路。雍熙北伐失败后，文臣赵昌言上书太宗，要求对败将执行军法，曹彬作为岐沟关失利的主要负责人，自然难逃罪责。后来，赵昌言由于受到别人的弹劾，得不到觐见的机会，曹彬当时在枢密院，他不计前嫌，向皇帝替赵昌言求情，皇帝这才允许赵昌言觐见。曹彬这种刻意低调的行为得到了文人士大夫极高的评价。在他们看来，只有像曹彬这样职位虽然很高、却懂得收敛的武将才是真正品格高尚的人。而在皇帝眼中，曹彬有一定军事才能，为人又忠心耿耿，更是难得。平定后蜀还朝时，赵匡胤问曹彬宋军官吏的情况，曹彬很谨慎地说，除了战场上的事情，其余的不是我该知道的。赵匡胤一再追问，曹彬不得已才说：只有随军转运使沈义伦为人清廉，可以担当重任。此后，沈义伦颇受重用，做到了宰相的职位。

事实上，曹彬性格中的谨慎，很大程度上是因为他善于揣摩皇帝的内心世界。北宋建立后，对武将的猜忌和压制越来越明显。正是因为了解皇帝的想法，曹彬做事力求周全，尽量不触动皇帝敏感的神经，以免引祸上身。

一次，曹彬和潘美奉命攻打北汉，眼看就要取得胜利，曹彬却下令部队后撤，潘美极力主张进兵，曹彬始终不答应。战后，潘美问曹彬，为什么退兵。曹彬回答说，当今皇帝曾经御驾亲征都没能攻下北汉，我们两个如果攻下北汉，那不是想快点死么？显然，曹彬担心自己功高盖主而招来杀身之祸。到面见皇帝的时候，太祖赵匡胤质问他们为什么没能攻下太原，曹彬巧妙而得体地回答说，陛下神武圣智，尚且不能取得胜利，做臣子的怎么能够成功？赵匡胤听了点点头，没有再责备他们。正因为深知皇帝猜忌武将，尤其是有才能的将领，为了明哲保身，曹彬才不惜以牺牲战场上的胜利来换取皇帝的信任。也正因为他对皇帝的心理了如指掌，才能做到不喜不愠。

南唐是南方割据政权中实力比较强大的政权，赵匡胤对出征南唐十分重视，在曹彬统兵出发前，当面向他许诺：等平定了江南，就让你做使相。副统帅潘美提前向曹彬祝贺，曹彬却说，不是这样的。此次征讨，靠的是皇帝的神威，遵循皇帝的神机妙算，才能马到成功，我有什么功劳？更何况使相是官职中的极品，我是不会得到如此高的职位的。潘美问他为什么如此肯定，曹彬说，太原还没有平定。平定南唐得胜还朝后，太祖要进行封赏，赵匡胤说，我本来打算授你使相的官衔，但考虑到盘踞太原的刘继元还没有归顺，所以你就先等一等。听到赵匡胤说这样的话，潘美就偷偷看着曹彬微笑。赵匡胤发觉了，问是怎么回事，潘美不敢隐瞒，如实禀报。赵匡胤听完以后也笑起来，当即赐给曹彬二十万钱，算作奖赏。曹彬退朝后说，人生何必做使相，做大官的目的也不过是为了多得钱财罢了。

曹彬的这个故事被很多笔记小说所记录，被宋人作为太祖有宏图远志和曹彬不贪功的证明，但是这个故事结尾曹彬所说的话却颇有些令人费解。曹彬将当官的目的归于得钱，这句话本身并不符合曹彬的性格。事实上，史书上看不到曹彬爱钱的记载，反而说他不贪财。比如曹彬做官得到的俸禄都周济了宗族，自己没有多余的钱。后周时，曹彬奉命出使吴越，别人送给他的礼物，一概拒绝，完成使命后即刻回国。吴越人驾着轻舟追上曹彬，执意赠送礼物，曹彬推辞了好几次，最后看到对方确实是真心实意，就说，我如果再坚持不收，就是想要赚取清廉的名声。于是就接受了吴越人馈赠的礼物。但曹彬并没有将礼物占为己有，而是封好后带回来，统统上缴给朝廷。周世宗知道后让曹彬将礼物带回家，曹彬谢恩后，将礼物全部分给了亲戚和旧相识，自己不留分毫。欧阳修也说过曹彬住的房子很破，却并不肯修缮。从以上记载来看，曹彬绝不是那种见钱眼开、嗜财如命之人，因此曹彬说做大官是为了多捞钱，其用意大概是为了装出一副政治上毫无野心、做官只为了发财的形象，借以打消太祖的疑虑。

明哲保身：宋代武将的尴尬角色

太祖赵匡胤通过政变上台，其实并没有什么过人之处，所以他非常担心受到以前的同事和手下人的轻视。北宋建国初，李筠、李重进的叛乱就是对赵匡胤不以为然的很好明证。尽管这两场叛乱最后都被平定了，其他藩镇在中央强大的武力威慑下，表面上表示臣服，但内心深处难免存在叛逆心理。五代时期将领安重荣说过一句名言，皇帝，是兵强马壮的人就可以做的。可谓一语道破天机，反映了很多拥有精兵悍将的藩镇内心真实的想法。正因如此，赵匡胤当了皇帝后即刻着手解决藩镇问题，才会使用"杯酒释兵权"，解除朝中掌权武将的兵权。

赵匡胤喜欢微服出访，突然到大臣家里检验大臣是否忠心。这些记载都说明赵匡胤对皇位的不放心和不自信。在和石守信等亲信将领杯酒释兵权的谈话中，赵匡胤也很坦诚地道出了内心的不安：你们以为皇帝好做？还不如做节度使的时候快活！有人一旦将黄袍加到你们身上，你们想不做，行么？既然石守信等人都存在黄袍加身的可能，也就是说每个人都可能重新导演一场陈桥兵变，那么要想让皇帝放心的最好办法就是彻底放弃兵权，多攒些钱，买好房子好地，再多置些歌姬舞女，享受锦衣玉食的生活。如果可能的话，最好再和皇室联姻，皇帝和大臣成了亲家，双方皆大欢喜。

在这种威逼利诱下，石守信等人乖乖地交出兵权，做个太平官。史书记载，石守信为人特别贪财，他派人走私物品，还假传皇帝的诏令，不向沿途的关卡缴税，太祖为此多次下诏批评他。其实，翻开《宋史》就会发现，北宋前期的不少武将都有石守信这样的违法行为，这可以理解成是武将素质低下，贪财无度，其实从另一方面来看，这又何尝不是通过自我损毁形象来保护自己的一种方式。太祖朝法律还是相当严厉的，很多贪赃枉法的大臣都被处以极刑，而石守信等武将却毫不顾忌，就算是屡遭太祖呵斥也照样我行我素，很明显，他们摸透了赵匡胤内心深处其实就是希望他们这样做，弄得自己声名狼藉，在士兵中没有威信，皇帝才会对自己彻底放心。当自甘堕落成为自我保护的手段并且受到皇帝默许后，北宋武将素质的急剧下降也就不足为奇了，越来越多的武将变得贪婪无度、胆小怕事。这种风气直接影响了军队的战斗力，宋军不仅在与辽军、西夏军队交锋中屡尝败绩，靖康之难时与女真军队作战更是不堪一击。

石守信等开国功臣放弃了兵权，但军队总需要有人来统领，赵匡胤特意挑了一些资历比较浅、威望比较低的人掌管军队，但对这些武将的防范心理更加严重，稍有不慎，就会有杀身之祸。赵匡胤曾说过，周世宗看到方面大脸的武将，都会将他们杀死，因为他们拥有福将之相，甚至是帝王之福相。事实上，赵匡胤对武人的猜忌丝毫不亚于周世宗。殿前都虞候张琼是赵匡胤一手提拔起来的将领。此人作战勇敢，曾经多次在战斗中殊死保卫赵匡胤的生命安全，可以说是忠心耿耿，赵匡胤也将其视为心腹，特意让张琼统领亲兵。由于张琼得罪了赵匡胤的亲信史珪、石汉卿，两人就在赵匡胤面前诬陷张琼私养部曲百余人。赵匡胤信以为真，即刻派人将张琼抓来当面讯问。张琼不服，赵匡胤勃然大怒，下令杖责，张琼被打得几乎气绝身亡。赵匡胤下令将张琼转交给御史府继续审问，张琼知道不免一死，就上吊自杀了。事后，赵匡胤调查发现，史珪等人说的完全是假话，只好对张琼家予以安抚，但史珪等人并没有受到处分。乾德四年（966），朝廷举行祭天活动，有人向赵匡胤报告，承担维持秩序的礼仪都部署、殿前都指挥使韩重赟私自将天子的亲兵变成自己的心腹。听到这消息，赵匡胤不经任何思索，立即下令处死韩重赟。幸亏宰相赵普及时劝解说：天子的亲兵也需要别人来带，如果因谗言杀死韩重赟，以后别人就不敢替陛下统军了。尽管韩重赟躲过一死，不久仍然被调离。

在这种武将人人自危的环境下，曹彬为求自保，小心翼翼，可是他还是逃不过皇帝的猜疑。太宗朝时，曹彬已经担任了八年枢密使。有个叫封德彝的酒坊使得到太宗的信任后，为了升官，就在太宗面前诬告曹彬，说曹彬在枢密院时间太久了，士兵都很拥戴他。封德彝还说曹彬想要造反，太宗勃然大怒，当时就要下令将曹彬处死。又是赵普等人极力劝阻，后来太宗也发现封德彝是诬告，曹彬才算保住一条性命，但枢密使的职务还是被解除了。据说，曹彬在知道自己被诬蔑后，没有进行辩驳。他可能知道就算自己努力想洗刷清白，只要皇帝不信任，一切辩解都是徒劳的，张琼就是前车之鉴。

皇帝不仅在政治上对武将充满了猜忌，而且在军事上也紧紧地将武将的手脚束缚起来。朝廷下令，不允许武将拥有亲兵；对边境的守将，也不再允许他们享有免税的特权。战场上，皇帝预先设计好阵图，临战时，武将只能按照阵图布防，不允许有丝毫的更改。如果更改，就是抗旨不遵。唐朝时，朝廷不放心统兵的武人，派宦官以监军的名义监视将领。这些宦官权势很大，经常无端干涉军事指挥。将领们被束缚住手脚，却又敢怒不敢言。宋朝建立后，至少在太祖后期，已经在某些地方设置了走马承受。走马承受名义上是"亲军政、察边事"，实际上是皇帝安插在帅司的耳目，负责监视帅臣的举动。

面对着制度上的层层压制，北宋武将为了自身的安全，他们要么采取谨小慎微的做人方式，要么放任自流，弄得自己声名狼藉。曹彬虽然有一定军事谋略，但他将自己的才华收敛起来，宁愿遵从朝廷的命令打败仗，而不敢擅自做主去争取胜利。日常生活中，曹彬愈加小心，对文官百般谦让，让皇帝放心，讨文官欢心。正因为如此，雍熙北伐时，作为一路军队统帅的曹彬竟然无法约束部下，就不难让人理解。其实，曹彬不能约束部下，早在太祖时就已经初见苗头。当时太祖派王全斌讨伐蜀，曹彬任监军。王全斌在攻取蜀地后大肆杀戮，掠夺财物，曹彬虽然屡次劝他撤军，却没有效果。曹彬毫无办法，最后激起蜀人的叛乱。如果说，伐蜀的那次是因为曹彬本人的谨慎作风导致的，那么雍熙北伐的失利，则在于朝廷的掣肘。太宗对武将的压制和猜忌都远远超过太祖，这让不是太宗亲信的曹彬只能更加小心。在作战中唯唯诺诺，不敢忤逆皇帝的旨意，甚至对诸将也不敢拿出雷厉风行的作风。正是这个弱点，导致了宋军的失利。可以说，曹彬为人谨慎，让他本人躲过了许多风险，获得了皇帝的信任。但他也为此付出了代价，就是他不得不放弃自己的主见和人格。这是曹彬的悲剧，也是时代的悲剧。

曹彬虽然晚年带兵有雍熙北伐失利的耻辱，但皇帝对他毫无怠慢的意思。真宗即位后，任命曹彬为枢密使。咸平二年（999），曹彬病重，真宗亲自到曹彬家中探望，并为他调药，当场赏赐白银万两。当年六月，曹彬病逝，真宗再一次到曹彬家中吊唁，哭得特别伤心。以后对宰辅大臣谈到曹彬，真宗都忍不住流泪。同样是武将，曾经力助寇准促成真宗前往澶渊的高琼就没能享受到如此的待遇，当时高琼病重，真宗也曾打算前往探视，但遭到宰相的阻拦而未果。

曹彬死后赠中书令，追封济阳郡王，谥武惠。曹彬妻子高氏赠韩国夫人。曹彬的亲族、门客、亲校十余人都得到官职。八月，真宗下诏曹彬与赵普配飨太祖庙庭。曹彬能够享受配飨的荣耀实在有些出人意外。从配飨的人来看，很明显是一文一武。赵普是太祖早年的亲信，又参与陈桥兵变，可以说是北宋王朝的开国功臣之一。虽然他和太宗有一些矛盾，但享受配飨也算实至名归。与赵普相比，曹彬在各方面似乎都没有突出之处。由于曹彬的叔母是后周太祖的贵妃，他是后周的皇亲，在后周时，曹彬与赵匡胤的关系也不是特别亲密。与石守信等人比较起来，他本人并不是陈桥兵变的参与者，因此，在北宋建立初的相当长时间里，曹彬并没有受到重用。只是他谨慎的作风让他开始被太祖、太宗逐渐重视。曹彬享受到配飨的荣耀，与北宋朝廷确立的武将标准有一定关系。曹彬谨慎的性格、低调的作风符合皇帝和文人士大夫对武将的口味。曹彬儒将的形象让他更容易被接受，所以才能获得这个机会。

曹彬是个聪明人，他早早觉察到北宋崇文抑武的政策，并适时顺应了时代要求。为求明哲保身，在让皇帝对自己充分信任的前提下，曹彬小心翼翼地施展自己的军事才能。作为一员武将，曹彬无疑是不幸的，但与北宋大多数武将相比，曹彬又是幸运的，他不仅长时间得到皇帝的宠信，做到枢密使的高官，死后还得到配飨这样至高无上的荣誉，而大多数北宋武将，则更多的是沉沦下去，或者是像王德用、狄青那样，在皇帝和文臣的猜忌中痛苦地度过余生。

值得一提的是，曹彬并没有刻意培养儿子向文官方面发展，而是将习武的风气传了下去。他在作战时常常将儿子曹璨、曹玮带在身边，注意培养他们的军事才能。因此，曹彬死后，曹璨、曹玮都很快成长为独当一面的将领，为北宋政府的边防立下赫赫战功。曹璨出入北宋西部和北部边境，长年和西夏与辽朝作战，屡立战功，后调任侍卫司。曹璨继承了曹彬谨慎的性格，虽然出身名门，但为人也很宽厚，对待部下很友善，史书上称他在侍卫司十余年，从来没有违背过皇帝的旨意。正因如此，曹璨深得皇帝崇信，以地位极高的使相身份致仕，死后也被赠中书令。

曹玮是曹彬极为钟爱的儿子，从小就很沉稳老练。李继迁叛乱，宋军将领多次率兵征讨，都无功而返，太宗问谁可以前去征讨，曹彬说：我的儿子曹玮可以。太宗下令任曹玮以本官同知渭州，当时他只有十九岁。曹玮随父亲历战阵，军旅之事十分娴熟。他常年在西北驻军，防御西夏的入侵。曹玮看到边境的弓箭手英勇善战，是抵抗西夏的重要力量，而朝廷对其毫不重视，既不给予粮食，也不给予保护，曹玮便向朝廷上奏，由政府拨给弓箭手粮食，并由官军负责保护他们的田地，使弓箭手能够更好地发挥作用。李继迁死后，其子李德明向北宋朝廷求和，曹玮上奏，以为应该趁西夏国内空虚，一举荡平西夏，彻底解决这个西部最大的边患。由于朝廷主张以怀柔为主，曹玮的计策没有得到采纳。曹玮曾任签书枢密院事，死后赠侍中，并配飨仁宗庙庭。

曹氏一门因为既能冲锋陷阵，为国家保卫边疆，又为人低调，所以深得皇帝的信任。曹彬的儿子曹琮小时候入宫，太宗将他抱在膝盖上，拍着曹琮的后背说：你们曹家对我赵家有功，你将来一定也是好样的！正因为得到皇帝和士大夫共同的好感，仁宗朝郭皇后被废后，群臣商量另立新的皇后，曹琮哥哥的女儿就被一致推许，成为仁宗皇后。曹氏从此与赵宋皇室又有了更加密切的联系。

纵观曹氏一门，曹彬、曹玮父子以武将身份先后得到配飨的荣誉，这在重文抑武和极端轻视武将的宋朝，确实是让人吃惊的。随着曹皇后的册立，曹氏家族由一个普通的武将世家转变成一个地位尊崇的皇亲，从身份上来说更加显赫，但是，从家风继承上来说，曹氏家族却没有再出现像曹彬、曹玮那样的人才了。

北宋建国后，出于维护统治的目的，皇帝和文官携手对武将进行了改造。在朝廷一道道诏令的约束和文官的不断排挤下，北宋武将逐渐丧失了优秀将领所具备的英勇善战、足智多谋的品质，转而以绝对服从、唯唯诺诺的形象展现在世人面前。曹彬以武将身份获得文臣和皇帝一致认可，这是他以牺牲个人军事才能迎合社会崇文抑武大环境的结果。在文官和皇帝的推崇下，曹彬以完美武将的典范成为北宋其他武将效仿的榜样。因此，赵宋王朝在成功解决了武将飞扬跋扈、威胁朝廷统治的同时，也犯下自毁长城、武力不振的严重错误，造就了一大批庸碌无为的将领。这些缺乏军事才能的武将成为宋朝国防的支柱，无论如何，这绝不是最好的选择。在靖康之难时，面对骁勇善战的金朝军队，几乎没有还手之力。正因为如此，北宋灭亡的命运，其实从建国初对武将改造时就已经开始了，金朝的入侵不过是将宋朝所有隐藏的弊病激化的一个外部因素。

种氏家族：
————————— 崇文抑武政策的牺牲品

种世衡、种谔：家族兴起与北宋军事的昙花一现

庆历四年（1044），年已花甲的环庆路兵马钤辖种世衡接到命令，在环州（今陕西环县）、原州（今甘肃镇原）二州之间修筑细腰城。为了尽快完成任务，种世衡不顾年老体弱，冒着严寒，带病指挥士兵昼夜施工。就在细腰城修筑完工时，他却病逝于工地，享年六十一岁。噩耗传出，种世衡生前任职过的环州和青涧城百姓家家悬挂了他的画像进行祭拜，当地羌人部落首领纷纷赶来奔丧。第二年，北宋著名政治家范仲淹为种世衡写了一篇满怀深情的墓志铭，称赞他为国捍边、保家卫民，"生则有涯，死宜不泯"。种世衡去世时的官阶是从七品的东染院使。在宋代，这仅是一个中级武阶，官位并不算高，究竟是什么原因使他受到如此深切的怀念呢？这与他在北宋中期宋夏战争期间的卓越表现有很大关系。

种世衡是北宋初年著名隐士种放的侄子。种放虽然没有入朝为官，但他不仅与朝野内外官员关系密切，很多高官都对他赞誉有加，

而且，深得真宗皇帝宠幸。种世衡就是凭种放的关系步入仕途。在担任武功知县（今陕西武功县西北）时，他恩威并用，对普通百姓，注意体恤民情，对不法之徒，却毫不姑息。种世衡规定，执行杖刑时，犯人必须靠着栏杆，站在砖头上受刑。如果犯人在受刑过程中脚从砖头上掉下来，就要重新计算杖数。很明显，种世衡执行的杖刑比朝廷法律条文规定要严厉许多，因而当地百姓极怕受到处罚，都奉公守法，社会治安状况良好。当时如果传唤某个人，根本不必派衙役拿着官府的文书到乡村去，只需要写一张字条，贴在县衙门口，注明被传唤人的名字、时间，被传唤人肯定在规定的时间内赶到县衙听候发落，足见其威信之高。

除了法令严格，种世衡还不徇私情。通判凤州（今陕西凤县东北）时，知州王蒙正是章献刘太后的姻亲，曾经以私事求种世衡通融。王蒙正以为凭借太后的权势，种世衡肯定会很爽快地答应，没想到种世衡却一口拒绝。当时刘太后垂帘听政，可谓势焰熏天，朝野内外想攀附刘氏的官员大有人在，更遑论开罪于刘家亲属。王蒙正恼羞成怒，指使王知谦到京师开封告御状，谎称蒙受种世衡的冤枉。朝廷派人前来调查，王蒙正又暗中做手脚，种世衡被贬官流放。章献刘太后去世后，种世衡的冤屈才得到洗雪，继续担任地方官。

种世衡任渑池知县（今陕西渑池）时，当时县城旁边山上有座庙，由于年久失修，濒于倒塌，种世衡派人对其进行修葺。在修葺过程中，遇到一个难题，庙的梁木特别重，谁也无法将其从山下抬上山。种世衡就想出一个办法，他谎称自己将要在庙中现场教手搏。知道这个消息，满县城的人都跟在他后面，拥到庙中观看。但种世衡并没有马上教手搏，他对在场的人说，你们先把庙梁从山下抬上来，然后我再进行表演。众人为了看他表演手搏，心甘情愿地下山，一起动手将庙梁从山下抬上山，其实种世衡的真正意图就是想利用这些人替他抬梁木。

从上面的故事可以看出，种世衡为人处事不拘常法，不畏权势，还颇有计谋。宋夏战争爆发后，由于北宋常年疏于战备，很快就暴露出边境防守不足的严重问题。种世衡当时担任鄜州（今陕西富县）判官，他经过实地考察，向当时主持陕西战事的范仲淹提出在延州（今陕西延安）东北二百里宽州旧地（今陕西青涧）修筑城池。种世衡指出，此地正当西夏军队往来要冲，向左可以稳固延州的防守，向右可以获得河东运输来的粮草，向北可以进图西夏的灵州（今宁夏宁武西南）、夏州（今陕西靖边），战略位置十分重要。范仲淹立即采纳种世衡的建议。在得到北宋政府的批准后，范仲淹命令种世衡全面负责城池的修建，定名为青涧城。

　　青涧城修筑过程相当艰难，西夏不断派军队前来破坏。种世衡不得不一面督促士兵加紧修城，一面指挥军队抵御西夏进攻。由于青涧城中没有水井，种世衡便带领士兵动手打井，结果挖地一百五十尺，遇到岩石，还没有找到水源。看到这种情况，匠人都说不必再向下开凿了，肯定挖不出水来。士兵也感到很沮丧，都认为如果没有水井，青涧城肯定守不住。面对困难，种世衡毫不气馁，他坚定地说，怎么城中会没有水呢？为了激励士气，他下令，继续向下挖，每挖出一畚屑石，赏一百钱！在巨大物质刺激下，宋军都争先恐后地向下挖掘。又穿过几层岩石，一股水柱突然从地下冒出来。士兵尝了尝，井水又甘又甜，而且流量很大，不仅解决了守城士兵的饮用水问题，连牛马饮水都足够了。受种世衡做法的鼓舞，边境上其他一些没有井水的宋军城寨，纷纷效仿，也都挖出了井水。

　　青涧城修成后，种世衡奉命驻守。由于地处边境，人烟稀少，粮饷缺乏。种世衡便亲自率领士兵开垦土地，种植粮食，经过一番不懈努力，他先后开垦了两千多顷田地，青涧城军粮得到了有效保障。为了充实物资，种世衡借官钱给商人，鼓励他们将各地的物资运到青涧城，不久，仓廪储备就相当丰富了。为了提高城防能力，种世衡针对当地人骁勇善战的特点，有意识地进行引导。他用白银做成箭靶，规定，谁射中，白银就归谁。在这种激励机制下，当地百姓无论男女老幼都争相练习射箭，随着射中的人越来越多，种世衡便将银靶心做得越来越小、越来越厚，逐渐增加了难度，无形中提高了射箭的水平。为了让更多人练习箭法，种世衡特意规定，服徭役时，以箭法高低确定徭役轻重。就连一些犯了罪的人，种世衡也让他们通过箭法比试来减免罪行。如此一来，当地人人精通箭法，极大地提高了青涧城的防守能力。为了让士兵安心镇守边关，种世衡特别注意士兵生活，平时问寒问暖。士兵生病了，他就专门派自己的一个儿子负责看护，并嘱咐他一定用心照料，如果伤员不能痊愈，就要受到惩罚。士卒都被种世衡这种肝胆相照的精神感动，团结一心，平时严格遵守命令，战时奋勇杀敌。

经过种世衡苦心经营，青涧城从一片荒凉中拔地而起，矗立在北宋和西夏东北边境，成为北宋防御西夏进攻的一道重要屏障。

青涧城所在的地区称作横山，分布着很多羌人部落。由于北宋政府对羌人掠夺和欺压，很多羌人部落投降西夏，成为西夏牵制乃至进攻北宋的重要力量。其余的羌人部落，虽然没有公开投降西夏，但也往往心存狐疑，游移于北宋和西夏之间。种世衡认为，要想彻底消灭西夏，单单依靠宋军兵力根本不够，必须先将横山一带的羌人收服，斩断西夏与羌人的联系。为达到收服羌人部落的目的，种世衡一改宋廷官员颐指气使的做法，亲自深入羌人部落，嘘寒问暖。对立功的羌人，种世衡大加奖赏。他常常将自己佩戴的金带或宴会上的银制器具作为奖赏送给羌人。在种世衡的笼络下，当地羌人唯命是从，积极配合宋军防御西夏的进攻。

虽然一心为国，种世衡还是受到了弹劾。有人告发他不遵法度，朝廷调查后确认属实，要对他进行处罚。幸亏当时的鄜延路经略使庞籍上书替他求情。庞籍说，种世衡披荆斩棘，为修筑青涧城立下汗马功劳，而且现在正是战争期间，如果事事都要执行和平时期的法令，那么边地的武将就被束缚住手脚。朝廷这才下诏书，不再追问种世衡改变法令的事情，但还是将他调离原来岗位。临行前，种世衡拜别庞籍，他声泪俱下地说，我种世衡心如铁石，但今天，却为您流下眼泪。

指责种世衡不遵法度，不外乎是指他将官钱借给商人，还有就是以箭法高低来决定徭役和对罪犯的处罚。这些做法虽然不符合国家法令，但对巩固当地防御却起了相当重要的作用。然而，在北宋朝廷看来，官员私自改变朝廷法令，这是相当危险的信号。更严重的是，种世衡深得当地羌人部落的信任，这种情况让北宋朝廷感到不安。朝廷担心种世衡在当地坐大，这与宋朝开国以来削弱地方武装的策略是相抵触的。

虽然受到朝廷猜忌，种世衡招抚羌人的热情仍然不减。在环州，他依然像在青涧城一样注意安抚羌人部落。牛家族酋长奴讹桀骜不驯，从来没有迎见过汉人官员，听说种世衡来了，他却赶紧出来迎接。种世衡和他约定，自己明天会亲自到他的大帐，慰劳诸部落。当天晚上，突然天降暴雪，地上的积雪足足有三尺厚。部下都劝种世衡，奴讹为人奸诈，不要轻易相信。而且下这么大的雪，道路又崎岖不平，您就不要去了。种世衡却表示一定要去，他对众人说，我要用信义结交他们，怎么能言而无信？他冒着漫天大雪，顶着凛冽的寒风，沿着陡峭的山路，艰难地攀援而上，赶赴奴讹的营帐。奴讹看到天气恶劣，以为种世衡肯定不会来了，就在大帐里休息，没想到种世衡如约而至，将他从梦中唤醒。奴讹见到满身雪花的种世衡神情自若地站在自己面前，被他的诚意所感动，禁不住激动地说，我家世世代代住在此山，从来没有朝廷官员敢到我们部落来，您是第一个来的朝廷官员，您对我不猜疑吗？从此之后，我誓死听从您的指挥。

除了以诚感动羌人，种世衡也注意使用一些计谋。当地羌人部落中实力最强的是慕恩部。一天晚上，种世衡设宴款待慕恩部落首领，酒席宴上，他特意让自己的姬妾出来劝酒。双方喝得正尽兴，种世衡借故起身离席，他悄悄进入内室，从门缝中向外窥视，发现慕恩部首领趁着酒意，正偷偷调戏自己的姬妾。看到自己预料中的情景，种世衡突然从内室走出来，将慕恩部首领的行为撞破。慕恩部首领看到这种情况，又害怕又羞愧，趴在地上请罪。种世衡不但没有责怪他，反而笑着问，你喜欢她么？慕恩部首领点点头，种世衡当即将这个姬妾送给他。慕恩首领觉得种世衡为人心胸开阔，不是斤斤计较之人，对他由衷佩服和感激，从此死心塌地追随种世衡左右，成为他的左膀右臂，除了配合宋军与西夏作战，还专门替他征讨不服从命令的部落。不久，很多原先倒向西夏的羌人部落纷纷转投北宋。为表示忠心，他们将西夏赐予的文书和官服全部交出来。收服了羌人，种世衡趁机将他们团结起来加以军事训练，并设立了烽火台，遇到敌情，互相救援。

　　虽然取得了如此突出的成绩，种世衡仍然不满足，他努力发挥自己的军事才能，力图扭转宋夏对峙中被动防御的局面。一次，种世衡突然无故对一个羌族将领发脾气，然后不由分说就对其执行杖责。很多僚属都觉得种世衡有些反常，纷纷上前劝解，但都没能成功。受完杖刑后，正如众人担心的，这个羌族将领很快就投降了西夏。元昊知道这个将领的遭遇后，对他很信任，允许他随便出入枢密院。过了一年多，这个将领在得到西夏很多机密军事情报后，突然又逃回来，这时候众人才恍然大悟，原来这是种世衡使用的苦肉计，从此大家对他更加钦佩。

　　宋军定川砦（今宁夏固原西北）战败后，西夏军队气焰十分嚣张，屡次进犯。很多宋军将领慑于西夏军队的骁勇善战，不敢出兵救援被攻击的宋军城寨，只有种世衡亲率宋军和数千羌兵前往增援，西夏军队闻讯后被迫撤退。事后，范仲淹感慨地说，羌人从这时候开始为我们所用了！范仲淹很赏识种世衡，在向朝廷上奏的有功将士名单中，种世衡和狄青共同被列为第一等。

宋夏之战中，大多数武将碌碌无为，种世衡却能从中脱颖而出，不是靠着显赫的家世，而是凭借着个人的才华和不懈的努力。当然，宋夏之间的战争给种世衡提供了一个展示自己才华的舞台。如果没有这个契机，种世衡很可能就像大多数宋代将领一样，在崇文抑武的国策下，默默无闻地度过一生。北宋初年将领呼延赞，好勇善战，为了不忘北伐辽朝，他在自己和全家人的身上纹上"赤心杀契丹"几个字，并且不断向宋太宗表示自己愿意为国杀敌立功。但是，在当时严密防范武将的环境下，呼延赞得不到太宗重用，他空有一腔报国热血，最后只能老死军中。比起郁郁而终的呼延赞，种世衡无疑是幸运的，他的军事才能得以施展。但他的幸运又是有限的，因为宋廷过分防范武将的政策，使他慷慨激昂的人生透着一丝悲凉。

　　种世衡为国操劳而死，朝廷竟然没有任何赠官和抚恤待遇。后来种世衡之子种古对朝廷冷遇父亲感到非常气愤，只身赶赴京师，向朝廷申诉父亲的功绩。一些官员也觉得如此冷落这样一位忠心为国的将领实在有些过分，经过商讨，最后赠予种世衡成州团练使，并将他的事迹写入国史，算是对九泉之下的种世衡一点安慰。

　　种世衡虽然去世，但他的名气在当地已经传播开来。他的八个儿子都习武从军，像他一样，活动在西北地区宋夏交界。其中长子种古、次子种诊、五子种谔都有将才，号称"关中三种"。种古常年镇守西部边防，多次击败羌人的进攻。幼子种谊号称"常胜将军"，为人有勇有谋。当地人都说，种谊一个人，就可以抵得上二十万西夏精兵。可以说，种世衡凭借自身的聪明才智，闯出了一片天地，赢得了世人的尊敬。他的儿子们更以一种集体形象亮相，向世人昭示，种氏一门已经由单个武将转向武将群体。

　　在种氏家族的第二代中，种谔是一个争议比较大的人物。他继承了父亲敢作敢为和不屈不挠的性格。在镇守青涧城时，党项嵬名山部落活动在从前的绥州（今陕西绥德）一带，有部众数万人，嵬名山的弟弟夷山先归附了北宋。种谔计划利用夷山来引诱嵬名山归附，便用金盂为信物。嵬名山的小吏李文喜贪图贿赂，接受了金盂，答应投降，嵬名山并不知情。到了规定的投降时间，种谔派兵出其不意包围嵬名山的营地。嵬名山发现被包围后，立即上马提枪，准备率领部下殊死一战。夷山看到这种情况，赶紧高声喊话，兄长已经答应归附，怎么还要抵抗？嵬名山发觉是弟弟夷山，不解地问，我什么时候同意归附？夷山说，兄长已经接受了种城使的金盂，怎么能说话不算数？嵬名山赶紧问部下金盂所在，李文喜这才将金盂拿出来。嵬名山看到事情无法挽回，只好下马投降，宋军趁机占领了绥州。

种谔夺取绥州，是在没有朝廷命令的情况下进行的，两府长官都不知晓。所以当收复绥州的消息传来，引起朝廷上一番争执。当时的枢密使文彦博以为西夏主赵谅祚已经称臣，种谔无端挑起宋夏争执，没有道理，请求将绥州归还西夏。首相韩琦当时以陕西四路经略使兼判永兴军，他虽然表示朝廷可以接纳嵬名山，但为了不引起宋夏之间的冲突，采取消极态度，命令鄜延守军，不许向绥州派兵、运粮。如果赵谅祚进攻嵬名山，也不允许支援。韩琦的做法很明显是让绥州城和嵬名山自生自灭。鄜延经略使郭奎坚决不肯执行韩琦的命令，他坚决地对韩琦派来督责的使者刘航说，如果这样做的话，投降的边地民户将无法生存，都会四散而逃。郭奎向朝廷上书，要求修筑绥州城，派兵把守。在郭奎的执意坚持下，绥州没有被丢弃，但种谔却遭到言官连续不断的抨击，最终他被贬秩四等，安置随州（今湖北随州）。后来有人向神宗进谏，认为种谔虽然擅自兴兵，出发点是为了消灭西夏，如果因此受到惩罚，恐怕从此之后再没有人敢为国尽忠了。神宗听后觉得有道理，就下令将种谔官复原职。

元丰四年（1081）四月，西夏内部发生政变，国主秉常被梁太后囚禁。种谔上言神宗，主张抓住战机，一举扫平西夏，神宗听从了种谔的建议，兵分五路进攻西夏。种谔指挥的军队进展顺利，连破银州、石州（今陕西横山东北）、夏州等地，取得不少胜利，但由于军粮供应不足和突然天降暴雪，不得不撤军。其余各路宋军也没有取得预先设想的结果，反而在西夏坚壁清野和利用黄河水淹的对策下接连失败。

军事失利后，朝廷内部对如何对付西夏产生了不同的意见。种谔提议在北宋与西夏之间的横山一带修筑堡垒，以银州为起点，步步为营，逐步向西推进，最后形成对西夏的合围之势。神宗面对群臣的争执，派遣御史中丞徐禧赶赴前线实地调查。徐禧是一个赵括式纸上谈兵的人。他来到陕北后，接受了知延州沈括的建议，在银州、夏州和宥州三州之间修筑城池，作为西进的前沿阵地。神宗批准了徐禧的建议，并定城池名为永乐城（今陕西米脂西北）。奉命赶来帮助修城的种谔发觉永乐城处于孤立无援、易攻难守的险境，就劝徐禧放弃修城计划。徐禧很生气，威胁要以阻挠军务的罪名处分种谔。种谔毫不畏惧地说，在这里修筑城池，肯定不成功。将来城池陷落，作为武将，我一定会战死；现在我违抗军令，也是死罪。但我不愿意白白死在西夏人之手。徐禧看到种谔态度坚决，只好奏请朝廷，将其调离。永乐城完工后，由于战略位置重要，西夏军队不惜倾全国之兵来争夺，在危机四伏的情况下，徐禧毫无军事经验，既不能主动出击，也不能保护水源，结果在西夏军队的重重包围下，永乐城很快就陷落了，守城宋军包括民夫，死伤人数不下一二十万。永乐城陷落的消息传来，神宗皇帝当天晚上就失眠了，围着龙床走过来走过去，从此染上了疾病。

军事失利未能消磨种谔消灭西夏的决心，他仍然不断向朝廷提议对西夏用兵，而神宗因为一连串的军事失利，有些心灰意冷，朝中官员也纷纷指责种谔虚张声势，枉费国家军费。种谔病死后，有人就公开说，种谔不死，边事就不会停止。

神宗是北宋中后期最想有所作为的皇帝，一心想消灭西夏和辽朝，恢复汉唐疆域。在这一点上，种谔的一些做法无疑很切合神宗的想法。但是，神宗无法摆脱延续百年的崇文抑武国策，对武将始终不能放开手脚使用，而且受到各方面的影响，神宗对外政策摇摆不定，这也注定了种谔旋用旋贬的命运，使得他一生蹉跎。

种师道、种师中：北宋王朝的殉葬者

从种世衡到种谔，种氏家族在北宋崇文抑武国策的夹缝中艰难发展。虽然他们无法成为朝廷信任的将领，但在西北地区，凭借着多年的浴血拼杀和积攒的雄厚资本，他们已经成为宋廷不可或缺的军事栋梁。特别是在北宋后期军事人才严重凋零的情况下，种氏家族事实上已成为当时杰出武将的代表。而种世衡孙辈种师中、种师道，以北宋最后军事人才形象在靖康之难中双双殉职，用其个人的悲剧，为这个家族和北宋武将群体画上一个并不圆满却很悲壮的句号。

像父祖辈一样，种师道、种师中常年驻守西北，与西夏对峙。徽宗朝，种师道因为得罪了权臣蔡京，被打入党籍之中，十多年得不到重用。后来宦官童贯统兵数十万，攻打西夏，种氏家族、姚氏家族等当地武将世家成为他依靠的主要将领。由于深受徽宗宠信，童贯相当跋扈，很多将领看到他都下拜，唯独种师道态度不卑不亢，让童贯十分恼火。徽宗召见种师道，向他询问对西夏的战事，种师道建议朝廷持重，不要贸然进攻。由于和童贯的意见相左，为了避免受到迫害，种师道主动要求赋闲。

靖康元年（1126）正月，金军包围北宋都城开封。慌乱之中，钦宗急忙下令各地勤王。得知开封被围，靖难军节度使种师道和另一位西北武将世家子弟承宣使姚平仲即刻统帅泾原（今甘肃泾川）、秦凤（今陕西凤翔）精兵入援。当赶到洛阳时，前方传来消息，金军斡离不的部队已经屯扎于开封城下，再向前行军，势必与金军遭遇。在这种情况下，有人向种师道建议暂且驻军汜水（今河南荥阳西北汜水镇西），静观其变，然后再做定夺。

这其实是一种消极避战的做法。种师道表示这个办法根本行不通。他说，我带领的士兵人数不多，如果逡巡不敢前进，金人肯定会猜出我军兵力不足；如果向我们发动进攻，到时候后果就不堪设想了。相反，如果我们毫不畏惧地进兵，金人一定以为我们兵力很多，绝对不敢轻举妄动。只要我们有一兵一卒到达京师，把勤王军到来的消息传入京师，人心就会安稳，士气一定大振，到时候何愁不能歼灭金军？于是种师道一面督促士兵火速前进，一面派人四处张榜，宣称"种少保带领西北军队百万前来勤王"。由于西北兵常年与西夏对垒，战斗力比较强，再加上种师道的威名，金军不知虚实，果然不敢与之交锋，斡离不下令将军营从开封城下向北迁移，同时做好防守准备，种师道趁机率领部队顺利进入开封。

当时种师道已经七十多岁了，人称"老种"。钦宗得知他千里迢迢赶赴京师勤王，既感动又兴奋，赶紧接见种师道。钦宗想听一听这位西北名将对局势的看法，就问他，你怎么看待议和这件事情。种师道直言不讳地说，臣以为议和不合适宜，金军看来是不熟悉兵法，岂有孤军深入他人国境，还能安然无恙返回的道理？臣一直驻守西北，对京城的情况不熟悉，如今看到京城，周遭有八十里，金军有多少军队可以包围京城？而且城墙高达数十丈，京师储蓄的粮食可以支撑好几年，怎么会被攻破？请陛下派人固守京城，等待四方援军的到来，不出数月，金军一定人困马乏。到时候如果他们退军，就开城追击。钦宗听完后无话可说，只好说，你说得很有道理，不过如今已经同金军讲和，没有理由再动干戈。种师道看出钦宗不打算采纳自己的计策，就说，臣只知道带领军队保护陛下，其他事情不想过问。

种师道又质问宰臣李邦彦，京城固若金汤，足以守御，你为什么要与金人议和？李邦彦推诿说，因为京师缺乏士兵，不得不讲和。种师道生气地说，战和守是两件事情，京师兵力虽然不足，但防守绝对绰绰有余，而且京师内百姓不下数百万，这些人紧急情况下都可以充作士兵。李邦彦被质问得哑口无言，只好承认，我平素对军事毫不熟悉，所以想不出这样的计策。听到李邦彦说这种话，种师道只好叹气地说，你不懂军事，难道连古代守城的事情也没有听说过吗？这番略带挖苦的教训，对文官宰相李邦彦而言，无异于当头棒喝。此时，种师道提出了相机而动的策略，建议等待金军撤退时，宋军在黄河设伏，将其一举歼灭。应该说，这一大胆计划是切实可行的。李邦彦对这个策略表示坚决反对，种师道只好作罢。毕竟，朝政的决策权不在武将手中，而是由这些不懂军事的文官掌控着。

城外的金军为了掠夺钱财，到处抄掠，甚至将城外后妃、王公的坟墓挖掘殆尽。听到这个消息，钦宗觉得受了极大侮辱。他看到勤王军队源源不断赶来，心里又有了些底气，就想对金军用兵。姚平仲是西北姚氏家族，这个家族与种氏家族在当地相互争锋，不肯相让。此时，姚平仲听说钦宗打算对城外的金军发动进攻，认为这是一个可以和种师道抢夺军功的好机会，就承担了这一任务。他夸下海口，说这一仗就可以将金将斡离不（完颜宗望）生擒。满朝文武也都将消灭金军的希望寄托在这次劫营上。经过一个江湖术士推算，钦宗选定二月六日为出兵日期。在出兵前，钦宗和文武百官在朝堂上等待着姚平仲胜利的消息。不料，姚平仲劫营的计划早已被金军侦知，斡离不以逸待劳，将姚平仲杀得大败。事后，姚平仲不知去向。

劫营失败，北宋君臣完全不知所措。种师道冷静地提出，再组织一次劫营。听到这个建议，文官都以为他是异想天开。种师道很有把握地指出，兵不厌诈，第一次劫营失败，金军肯定不会料到我们紧接着发动第二次劫营。可以不断派兵骚扰金营，让金军得不到休息，不出十天，金军一定逃遁。但此时钦宗仅有的一点勇气也丧失殆尽，在一片强烈质疑声中，种师道的建议再次被否定。

由于种师道威名甚高，此次又亲统军队积极勤王，宋钦宗任命他为检校少傅、同知枢密院事、京畿两河宣抚使，诸道兵都听其指挥。作为一员武将，被一向崇文抑武的北宋朝廷授予如此高的职务，很显然是当时紧急情况下的特殊安排，但在当时情况下，种师道不可能获得头衔赋予的实际权力，而且由于他在议和与用兵等问题上与钦宗君臣存在很大分歧，所以在金军撤退后，种师道和另一位主张抗金的文臣李纲很快就相继被排斥。

金军虽然从开封城下撤退，但对北宋城池的围攻并没有停止。靖康元年（1126）二月，粘罕（完颜宗翰）接连攻陷威胜军（今山西沁县南）、隆德府（今山西长治），宋廷震惊。钦宗一面下诏太原等三镇固守，一面下令姚古、种师中帅领陕西、河东精兵救援。当时姚古以河北制置使身份统兵六万救援太原，虽然接连收复威胜军、隆德府，但始终无法解太原之围。宋廷又下令河北制置副使种师中统兵增援，当时文臣许翰误听传言，以为金军将要全线撤兵，于是他多次催促种师中火速进兵，甚至质疑种师中手握重兵却不肯进兵是另有图谋。种师中不得已，对手下人说，我已经老了，不能忍受这种诬蔑。他留下辎重粮草，轻装前进，同时约定姚古、张灏两军分兵进发。一路上数百里内，都没有发现金军的踪迹，种师中以为金军被自己的威名吓走，犯了轻敌的兵家大忌。

不久，探马报告从榆次县（今山西榆次）方向有金兵正向这里赶来，种师中误以为是金军的零散部队，满不在乎地说，一定是金人的残兵败将，让后军去捉拿就可以了。不料想，金军大部队突然向宋军营寨发动冲锋，仓促应战的宋军在金军骑兵的冲击下很快就败下阵来。虽然在种师中的指挥下，宋军取得五战三胜的战绩，但姚古、张灏两军听信粘罕主力赶来参战的谣言，不敢进兵。种师中部撤退到杀熊岭（今山西榆次东北）时，再次陷入金军重兵包围中，孤立无援的宋军，军粮短缺、士气低落，最终全军溃败，种师中战死沙场。击溃种师中部后，金军回师击溃姚古、张灏部，宋军救援太原的计划失败。

种师中战死、太原解围失败，宋廷一片哗然。钦宗只好重新起用种师道，任命他以宣抚使的身份巡边。与此同时，宋朝组织了新一次对太原的救援，这一次共出动河北义勇、禁兵总计二十多万，包括宣抚副使刘韐、解潜、折可求、范琼部，计划采用兵分数路、分进合击的战术一举消灭金军。由于指挥不当，被各个击破，救援太原再次失败。

在救援太原过程中，北宋抽调了当时最精锐的部队，由最著名的将领统帅，结果一次比一次失败得惨痛。随着不断损兵折将，宋朝最后残存的一点军事实力也消耗殆尽。种师道看到形势已经到了无法收拾的地步，就向钦宗建议赶快迁都长安，暂时避开金军锋芒。种师道的建议又没有被钦宗采纳，因为当时很多大臣都认为种师道年老昏聩，所以才会提出逃跑的下策。钦宗在众人的鼓动下，满怀豪情地说，朕将与京师共存亡！他错误地以为可以像上一次一样，平安渡过难关。没想到，京师在金军的围攻下最终陷落。眼看自己就要成为亡国之君，钦宗才懊悔地说，朕后悔当初没有听从种师道的话。可惜的是，钦宗的话种师道已经听不到了。就在钦宗拒绝迁都后不久，种师道就病逝了，而钦宗也带着满肚子的悔恨与惆怅，在金军押解下踏上北上之路，并在寒冷、幽暗的遥远国度凄惨地熬过自己的下半生。

金军攻陷开封城后，指明索要李纲、吴敏、种师道、刘韐等曾经主张抵抗的北宋大臣。此时种师道早已病逝，于是他的侄子种洌被送到金营。粘罕谋臣韩昉对种洌说，我当年在雄州曾见过你伯父，如果宋朝皇帝肯听从他的话，一定不会出现今天的局面，种师道是个忠义之人。在场的人听完后不禁对种师道肃然起敬。后来种洌护送种师道的灵柩回老家安葬，在路上遇到强盗，强盗听说是种师道的灵柩，纷纷放下武器，上前跪拜，然后赠送种洌大量金银作为对种师道的敬意。

种氏家族作为北宋中后期从战争中成长起来的武将世家，可以说是当时武将中的佼佼者，为北宋的国防做出了积极的贡献。但是这样一个为国家屡立战功的家族，在崇文抑武国策大环境下，关键时刻却始终得不到朝廷全力支持，其提出的种种策略也难以得到实施。从种世衡到种谔，最后到种师道、种师中，种氏家族每一代人身上都有着浓厚的悲剧色彩。这不仅是一个武将家族的悲剧，更是一个国家的悲剧。

武将与士兵：
—————— 北宋皇帝的两大失误

亡国前奏：被压抑的武将众生相

由于是通过兵变上台，赵匡胤深谙驭将之道。他做了皇帝后，很快就不信任那些和他一同夺取后周天下的功臣。李筠、李重进起兵反宋，赵匡胤开始派石守信、高怀德、王审琦等人领兵征讨，但是没过多久，他都亲自前往指挥。与其说他重视李筠、李重进的叛乱，不如说他更担心石守信等人也利用外出作战机会发动一次陈桥兵变。赵匡胤利用"杯酒释兵权"解除了宿将的兵权，便有意提拔一些资历浅、容易控制的中下级武将如潘美、曹彬，让他们带兵东征西讨，完成统一大业。

对曹彬、潘美这样资历浅的将领，赵匡胤也不能完全放心。曹彬奉命征讨南唐，临行时，赵匡胤当着所有出征武将的面将一封装有诏书的信交给曹彬，郑重地对他说，战场上有谁不服从指挥，可以凭诏书先斩后奏。将领们看到曹彬拥有生杀予夺的特权，没有人敢违抗命令，作战中不敢有丝毫懈怠，所以信封一直没有拆开。得胜回朝，曹彬将信原封不动地交还给赵匡胤。赵匡胤笑着当众打开，众人惊奇地发现里面竟是一张白纸。其实赵匡胤的真正目的是，如果有军将犯法，曹彬按照吩咐打开诏书，发现是白纸，一定得向朝廷请示。征讨后蜀时，北宋士兵发生了掠夺钱财和残害百姓的恶性事件，结果激起了兵变。这场兵变的根本原因还是在于赵匡胤对武将的不放心。征蜀前，赵匡胤命令王全斌等主将，有问题需要集体讨论，不能独断专行，表面上是避免个人指挥失误，实际上是怕主将权力太大。由于事事需要讨论，没有人敢做决断，往往一件事情争论不休，数日不能解决。宋军在蜀地时间一长，士兵纪律涣散，酿成兵变。所谓"将在外君命有所不受"，在宋朝是行不通的。战场上的决定权，最终都控制在皇帝手中。

正因为深谙皇帝对武将的防范心理，曹彬、潘美等人处事都小心翼翼。史书上记载，曹彬为人谨慎，虽然做到枢密使的高官，仍然保持低调的处事风格。潘美每次去外地上任，总是将妻子、儿女留在京师，只带几名侍妾赴任。如果哪个侍妾生了儿子，潘美就打发侍妾和儿子一同回到京师，美其名曰归宗，并且还向皇帝报告说，请皇上替我费心照看家人。一个行事尽量低调，一个用妻子、儿女作为人质，目的都只有一个，那就是让皇帝对自己放心。

陈桥兵变时，赵匡胤是后周的殿前都点检，掌管禁军，权力很大。北宋建立后，为了从制度上压制武将，赵匡胤废除了这一职务，并故意压低殿前司和侍卫司主将的职位。为避免武官高位显，在军队中有过高的威望，赵匡胤一般不肯授予武将很高的职位。像常年镇守西北边防的郭进、李汉超等将领，赵匡胤赋予他们相当大的自主权，但郭进是防御使兼西山巡检，李汉超临死前的官阶是观察使，差遣是关南兵马都监，官职级别之低，不难想见。

宋朝每逢作战，皇帝总要事前拟好所谓的阵图交给统军将领，命令他们作战时只能按照阵图行事。太宗时，李继隆为镇州都监，契丹犯边，李继隆与崔翰等宋将率众迎击。战前，太宗已经给他们做好了阵图，结果临战之前打开阵图，发现太宗的设想根本不符合战场实际情况。虽然诸将都知道按照太宗的阵图，肯定会失利，但谁都不敢违抗太宗的旨意。他们知道，只要按照阵图作战，即便是战败了，皇帝也不会怪罪；相反，如果在战场上擅自改变阵图，那就是违抗圣旨，就算取得胜利，也要受到处罚。在皇帝的心里，武将能够听话远高于战场上的胜利。正在两难之间，李继隆坚定地说，战场上情况瞬息万变，怎么能照搬预先设计的阵图行事？如果战后皇帝以违抗圣旨降罪，让我一个人承担好了！太宗对武将猜忌相当严重，李继隆却敢擅自更改钦定阵图，除了作为军事将领的一种本能责任感外，更重要的是恐怕考虑到了自己的特殊身份，可以保证事后不会受到惩罚。李继隆是皇亲国戚，他的姐姐是太宗明德皇后。有了李继隆的担保，宋军调整了阵势，终于取得了战斗的胜利。

战后，太宗果然没有责备李继隆。此后，史书上就没有再记载李继隆临阵改变阵图的事情，但这并不是说宋廷从此废除了阵图制度。神宗时，每次朝廷出兵，他都要闭门苦思，然后将写好的阵图交给将领。可见直至神宗朝，皇帝仍不肯放弃阵图这一做法。这只能说明，李继隆在以后的战争中，没有再敢改变皇帝颁发的阵图。史书称，李继隆"多智用，能谦谨保身"。明德皇后病危，想见他最后一面，皇帝下令督促李继隆赶紧去，但他只是来到万安宫门前拜笺，始终没有入内。由于身份尊贵，皇帝曾经让诸王到李继隆府上拜谒，他竟然不准备茶水。李继隆不是一个不通情理之人，他做出如此违背人伦常理的事，目的就是装糊涂，明哲保身。像他这样谨慎的人，心里肯定清楚，改变阵图这种事情，只可以做一次，不可再多做一次。自己身为武将，又是皇亲国戚，更处于敏感的位置，稍不留神，就可能触动皇帝脆弱的神经，给自己招来杀身之祸。

在皇帝的有意引导下，文官掌握了整个社会舆论话语权，形成了对武将一边倒的歧视。著名文学家欧阳修就在自己的著作中愤愤不平地说，宝元、康定年间（1038—1041），禁军三衙的都知、押班、殿前马步军见舍人时，都毕恭毕敬，称"不敢求见"，舍人只不过派人打发他们而已。到了庆历三年（1043），自己做舍人时，已经没有这个礼节了；但是三衙管军的官员在路上碰到舍人，还是要立即停住马，让舍人先过去。等到自己在外地做了十多年官又回到朝廷任翰林学士，发现三衙的仪仗相当排场，看到学士，并不躲避，只是分道而行。这些做法，可能只是随着社会风气的变迁而产生，但在欧阳修看来实在是有悖"常理"。正因为文臣内心对武将根深蒂固的蔑视，使他们这种自傲的态度不经意间流露出来。

武将曹利用在澶渊之盟谈判中，以北宋使臣身份到辽军大营面见萧太后，最终确定每年三十万的岁币数，为宋辽之间的议和做出了贡献，受到真宗的赏识，曹利用也因此做到枢密副使。但是，当时的枢密使寇准却很看不起曹利用，商议军国大事时两人经常发生冲突。每当这时候，寇准就轻蔑地说，你只是一介武夫，怎么能懂得军国大事？寇准对曹利用的轻视态度，除了针对他个人，骨子里面对武将的蔑视才是真正原因。

北宋著名武将狄青，原是一名禁兵，后来北宋与西夏开战，狄青被选派到延州参战，这给了他一个崭露头角的机会。史书上称狄青武功很好，善于骑射，作战时，每每冲锋在前。据说每次战斗，狄青都戴着铜制面具，然后披头散发地手持武器冲向敌方阵地。由于他这种势不可挡的气势，敌人都很怕他。狄青虽然出自行伍，但不是一介武夫。他颇有军事头脑，一次与经略司判官尹洙聊天，尹洙发觉狄青很有见解，就将他推荐给名臣范仲淹。范仲淹见到狄青后，也觉得他很有才能，对他另眼相看。范仲淹还在狄青临走时特意送给他一套《左氏春秋》，并反复叮嘱他说，身为将领，不知道古今之事，只是一介匹夫而已。

从此，狄青在战争间隙阅读古今兵法和大量书籍。慢慢地，狄青的名气越来越大，最后竟然连仁宗都知道了他的名字。仁宗对狄青产生了浓厚的好奇心，想看一看这个昔日的禁兵到底长什么样子。狄青接到诏书后，正准备动身赶奔京师，碰巧西夏对边境发动进攻，狄青无法抽身。仁宗听说后愈发感兴趣，特意派遣了宫廷画师前往前线，将狄青的相貌画下来带回宫中。

在一向看不起武将的北宋，皇帝对一员武将产生如此浓厚的兴趣，确实有些让人感到意外。其实，狄青能够从当时无数武将中脱颖而出，受到仁宗格外关注，与当时特定环境有关。自从北宋和西夏开战以来，宋军不断损兵折将，既打击了仁宗君臣的信心，也暴露了宋朝军事力量不足的危机。在这种情况下，出现一个英勇善战的武将，自然就格外引人注目，成为人们心目中的英雄。更重要的是，狄青还得到当时名臣范仲淹的赏识，这在无形中也提高了狄青的身价，给他增加了一丝神秘感。自身的军事才能，外加得力文官的赏识，使狄青声名鹊起，并且在仕途上也比较顺利。但是，在奉行崇文抑武国策的北宋，狄青的这种神秘和声望，很快在战争结束后就成为他进一步发展的障碍。

庆历四年（1044）六月，知渭州（今甘肃平凉）尹洙离任，朝廷任命狄青接替。结果诏书刚刚颁布，就引起朝臣强烈反对。谏官余靖接二连三上书，他认为，渭州是西北重镇，当年文官范仲淹都不敢专任，如今却要让一个粗暴武夫狄青主持当地事务，实在让人难以接受。为了让仁宗改变态度，余靖特意提醒仁宗，本朝因为武将素质低下，所以才派文官进行镇抚，加以控制。狄青出身下层士兵，没有奇功，提拔如此之快，让人难以信服。与此同时，还有很多官员也纷纷上书，他们的观点与余靖相似。在这种情况下，仁宗只好重新任命知渭州人选。

皇祐二年（1050），侬智高攻陷两广，朝廷震动，仁宗命狄青总督诸将前去征讨，言官称狄青是武将，不能有如此大的权力，必须派走马承受进行监督。仁宗也有些疑惑，就问丞相庞籍该怎么办。庞籍说，以前我军屡次作战失败，就是由于大将不能统一指挥，部将各自为战。从刘平以来，我军损兵折将，差不多都是因为这个原因。现在狄青有勇有谋，善于用兵，希望朝廷不要担心。仁宗这才下令行营各军都听从狄青节制。

走马承受是宋代设立的一个官职，表面上是为了方便朝廷与军队的联络，实际上就是朝廷派到部队监督将士的耳目。在日常军事行动中，走马承受自恃有皇帝撑腰，往往颐指气使，处处指手画脚，干涉军队指挥，而武将害怕这些人向皇帝打小报告，往往对其曲意逢迎，不敢有所顶撞。仁宗康定元年（1040），北宋与西夏在三川口发生战斗。在战斗进行到激烈的时候，走马承受黄德和率精锐部队逃遁，主将刘平面对黄德和的临阵脱逃，除了苦苦请求，丝毫没有办法。受黄德和逃跑影响，宋军军心涣散，在西夏军队围攻下溃败，将领刘平、石元孙等数人阵亡。

狄青鉴于宋军屡败，士气低落，下令诸将不得擅自行动。广西路钤辖陈曙为了贪功，竟然趁着狄青尚未到达之际，贸然发兵八千进攻侬智高，企图抢夺军功，结果遭受重创。狄青知道后，将所有将领叫到中军大营，当场宣布陈曙及其手下三十二名将校违抗军令，然后下令推出斩首。这事震动了在场的所有人，因为自从北宋建国以来，对临阵败逃的武将，很少处以极刑。狄青仅是一个统帅，一次就斩首三十二名将校，实在令人吃惊。在场的文官孙沔和余靖都吓得相顾愕然。从此，将校不敢再违犯军令。狄青根据敌情，审时度势，迅速将侬智高击溃。同样的一支宋军，只是因为军令不严，所以才屡次遭到失利，而狄青通过严格军法，树立主帅的权威，就起到立竿见影的效果，宋代军事体制的弊端可见一斑。

平定侬智高后，仁宗任命狄青为枢密使，结果又遭到很多文臣的反对。丞相庞籍也坚决反对，他说，太祖当年派遣曹彬南下平定南唐，回朝后不过只是赏赐了三十万钱，因为太祖很重视官职的授受。现在狄青的功劳不及曹彬，如果任命他担任枢密使，已经是人臣的极致了，假设以后再出现侬智高那样的情况，狄青再次立下大功，陛下将要用什么官职来赏赐他？同一个狄青，在出征前后，庞籍对他的态度为什么截然相反？其实，这不难理解，还是宋代文官内心深处对武将的防范心理在作怪。出征前庞籍要求给狄青独立指挥的权力，目的是让他能够更好地施展军事才能，平定侬智高叛乱。但在论功行赏时，狄青武将的身份就凸现出来，在庞籍看来，像狄青这样的武将，立有战功，只要赏赐些钱财就可以了，握有权力的高官显职是万万不可以授予的。

在文臣眼中，每个武人都有造反的可能。他们没有造反，只是因为他们职位比较低，在军队中没有很高的威信，而一旦获得高官，那么他们一定会对整个朝廷不利。毫无疑问，在文臣看来，武将就是一群素质低下、心怀叵测、蠢蠢欲动的潜在危险分子，朝廷既需要他们保家卫国，但又坚决不能让他们得到应该得到的位置。出于保护朝廷安全和防范武将的目的，武将注定一辈子只能看着文臣的眼色行事。

由于狄青出身下层士兵，凭借自身的努力获得了最高军事长官的职位，在广大士兵看来，觉得是在长期压抑的生活中看到一丝光明，他们将狄青视作本阶层的骄傲，所以每次狄青出门，都有很多士兵争先恐后地围观喝彩，争相目睹狄青的风采。这样很正常的现象，在文臣眼中成了相当严重的问题，他们接二连三地上书，要求朝廷罢免狄青枢密使职务，像欧阳修就"忧心忡忡"地在上书中说，狄青在士兵中享有很高的声誉，这不是一件好事情，出于对他的保护，希望皇帝将狄青调到外地任职。接着，京师里面出现了很多不利于狄青的谣言，甚至有谣言将他与篡夺李唐天下的朱温进行比附。狄青看出自己处境危险，便主动提出辞去枢密使的职务，仁宗允准，并将其调任地方。即便如此，朝廷还不放心，屡屡派使臣以探望的名义监视狄青。狄青看到自己始终无法得到皇帝和文臣的信任，也害怕遭到无妄之灾，整天担惊受怕，很快就去世了。狄青之死，完全是由于文臣的扼杀，但是当时几乎没有人认为他死得可惜，似乎他注定只有一死才能真正洗刷掉身上的嫌疑。

与狄青相比，北宋另一著名武将王德用的命运似乎要好一些。王德用出身于武将世家，他的父亲王超是太宗潜邸旧臣，在真宗朝也受到重用。虽然王超不善谋略，作战经常失败，也因此受到处分，但由于皇帝的信任，官位倒越做越高，死后赠侍中，又赠中书令，追封鲁国公。相比于父亲的无能，王德用很年轻的时候就显露了军事才能。至道二年（996），太宗下令兵分五路，试图一举荡平李继迁，王超亲统六万士兵出征，年仅十七岁的王德用就以前锋的身份随军出征，并带领军队冲锋陷阵。由于很年轻就随父征讨西夏，所以王德用在西夏名气很大，再加上他长相特别，身材魁伟，面庞黝黑，脖子以下却很白，所以人称黑面相公。西夏人看到小孩子啼哭不止，往往吓唬孩子说，黑大王来了。

不过，王德用参加的战斗并不是很多。他在仕途上能稳步前进，这可能与他父亲的身份有关。仁宗时，想任命王德用为签书枢密院事，王德用推辞说，臣只是一名武将，得到陛下的信任在军队中为国家效力，已经很不容易了。我平时不学无术，不堪担当枢密院的职务。仁宗不答应，将其任命为枢密副使，后又提升为知枢密院事。

王德用虽然担任枢密院的最高长官，却因为是武将而刻意自我贬损。按照朝廷旧制，宰相和枢密院长官可以推荐馆职人选。有人想到馆职谋职，就偷偷找王德用，希望他能在皇帝面前推荐自己。王德用说，你是通过科举考试进入仕途的，有人推荐的话，也应该是由科举出身的文官才相配；我是一名武将，从来不看书，如果由我来推荐你，那就不合适了。身为枢密院长官，王德用无论从条令规定还是从资格上来说，都完全可以荐举士人，但他却坚决不肯这样做，因为他很清楚，国家的一些权力是不能由武将操控的。王德用很知趣，在枢密院屡次请求辞职，平时也不参与决策，尽管保持低调的作风。但是，王德用还是免不了受到文官的猜忌。

有人在他长相上大做文章，说王德用长得像太祖赵匡胤。文官孔道辅跟着上奏，不仅说王德用长得像赵匡胤，还危言耸听地说他家里的房子"宅枕乾冈"。乾冈，就是西北冈。王德用以西北冈为依傍修建住宅，这本是当时风水择地的一般原则。但是由于王德用的住宅位于皇宫西北的乾位，乾是天的代表、皇权的象征，这样看来，王德用就有凌驾于皇帝之上的嫌疑了。孔道辅说王德用在士兵中很有威望，从国家安全考虑，不能再让他在枢密院供职。这种奏章几乎可以让王德用死无葬身之地。

王德用很清楚自己处在危险的边缘，稍有不慎，灭顶之灾就会从天而降。他再次向皇帝提出辞呈，并将自己的房子也捐给朝廷。在给皇帝的辞职书中，王德用不卑不亢地写道：我长得像太祖皇帝，这是父母生我的时候就决定了的；我的房子依傍西北冈修筑，但是这房子是先皇赐给我家的。不久，王德用被调离枢密院，贬为右千牛卫上将军，下放到随州（今湖北随州市）。州里设了判官，明显是负责监视王德用。王德用的家人看到这种情况，心里都很害怕，王德用却表现得很从容，他并没有像狄青那样在担惊受怕中死去，行为举止像平常一样，只是不再接见客人。后来有人告诉他，曾经陷害他的孔道辅死了，王德用没有表现出幸灾乐祸，只是轻描淡写地说，孔道辅身为言官，弹劾大臣是他的职责，怎么会害我呢？朝廷少了一个忠臣，非常可惜。后来，朝廷要防御西夏和辽朝，又重新起用王德用。

经历了这次危机后，王德用的仕途反而愈发顺利。皇祐三年（1051），王德用上疏请求致仕，仁宗下诏王德用以太子太师致仕，大朝会缀中书门下班。虽然退休，遇到朝廷重大节日，王德用仍然出现在朝班中。一次辽朝使臣不解地问，黑面相公又被朝廷起用了么？仁宗听到这话，下令起复王德用以河阳三城节度使、同中书门下平章事判郑州。至和元年（1054），再次担任枢密使。第二年，富弼担任宰相，契丹使者耶律防来宋。王德用陪同耶律防在玉津园射箭，耶律防说，宋朝天子让您掌管枢密院而用富公担任宰相，将相都恰如其人。仁宗听说后十分高兴，赏赐王德用一张弓，五十支箭。晚年，王德用屡次求退，不得已，朝廷让他退休，仁宗还特意下诏，让王德用五天参加一次朝会，因为年老体衰，可以让儿孙辈搀扶。王德用死后，朝廷赠太尉、中书令，给他家里赏赐黄金。

仁宗朝是北宋武将地位最为低落的时期，狄青就因为文官的迫害而悲惨死去。在这种情况下，王德用虽然也一度遭到迫害，但后来仕途却一帆风顺，似乎成为皇帝的宠臣。不过，仔细分析王德用后期得宠的原因，很大程度上是由于外部条件的诱因。由于北宋在与西夏的战斗中屡屡受挫，辽朝趁机逼迫北宋朝廷将岁币由每年三十万增加到五十万，北宋朝廷苦于招架，只得答应。为了不让辽朝进一步轻视北宋，朝廷迫切需要一个武将典型来对外宣传。在这种情况下，王德用无疑成为最好的人选。他在西夏和辽朝都有一定威信，为人又很谨慎，因此仁宗才会比较放心地让王德用作为北宋武将的形象出现在政府高级领导班子中。当然，王德用虽然担任枢密使的职务，但他只是一个摆设，不处理任何实际事务。对王德用个人来说，他晚年飞黄腾达，受到朝廷"重用"，似乎是他的荣耀，但其实是一个悲剧，作为一名武将，他没有办法在战场上施展自己的军事才华，只能作为文官的陪衬出现在朝堂上。他只是一个符号和工具。朝廷需要的不是他的军事才能，而是一个可以用作对外宣传的活标本。

雇佣兵：有奶便是娘的队伍

赵匡胤建国后，将募兵作为一项不变的国策确定下来。赵匡胤对这项政策很满意，他自信地说，可以给赵宋王朝带来百代之利的，只有养兵之策。由于不断募兵，北宋军队数量像雪球一样越滚越大。仁宗至和二年（1055），枢密院上奏全国士兵总数，太祖开宝年间（968—976），全国有士兵三十七万八千人，其中禁军十九万三千人。而庆历年间（1041—1048），全国有士兵一百二十五万九千人，其中禁军八十二万六千人。短短不到八十年间，士兵数量就增加了四倍。另据记载，皇祐初年，全国的军队已经增加到了一百四十万人。虽然士兵数量越来越多，素质却越来越差。

由于北宋政府募兵，更多的是为了维护社会治安，防止百姓造反，这就使国家在招募士兵时不太考虑被征者的素质，很多游手好闲甚至地痞流氓之类都进入军队。遇到天灾人祸，朝廷募兵的对象更是那些可能对社会产生危害的不良分子，这些人把社会上的一些不良习气带到军营中来，如此一来，军队中充满了市井气和流氓气，严肃的军纪逐渐遭到破坏。"要当官，杀人放火受招安。"这是宋代流传甚广的一句话。由于宋廷实行招抚政策，很多盗贼接受招安就都可以摇身一变成为朝廷官员。像北宋末年的宋江等人，在接受招安后被任官，趾高气扬地行走在大街上，引起路人的惊愕。文官李若水记载了这一场面："大书黄纸飞敕来，三十六人同拜爵。狞卒肥骖意气骄，士女骈观犹骇愕。"宋江等三十六位首领被授官，他手下的士兵自然被编为朝廷军队。

北宋建国初，赵匡胤为了防止士兵素质下降，曾特意制定了一些规定，比如士兵不允许穿着丝绸等制作的华丽衣服，每次发放军饷和军粮，士兵必须亲自去领取，不允许让他人代领。而且还特意规定住在城西的士兵要到城东仓库领粮食，住在城东的士兵要到城西领粮食，目的就是要士兵养成吃苦耐劳的习惯。可是，随着大规模战争的结束，士兵的训练形同虚设，素质急剧下降。欧阳修就曾不无担心地上奏，如今士兵当值，让别人替自己携带武器；禁兵发粮饷，雇人替自己扛粮食。这样的士兵，怎么肯辛苦作战呢？

赵抃到过陕西，看到当地禁军虽然很多，平时却很少进行军事训练，而主帅和一些官员私自役使士兵为自己劳作，或者五七百人，或者千余人，这些士兵连规定的校阅都不参加。他在上奏中发出这样的质疑，万一出现紧急军情，国家让这样的军队参战，这和让毫无军事训练的市人参战有什么区别？其实，在宋夏战争时，禁军就已经暴露出战斗力不强的弱点。当时西夏军队对北宋军事主力禁军毫无畏惧，每次交战碰到宋朝禁军都感到很高兴，因为他们知道禁军战斗力极差。相反，由边境普通百姓组成的非正规军队，战斗力反而远远强于禁军。有时候宋军将领为了让西夏军队上当，就故意把禁军和非正规军队的旗帜、番号进行交换，让西夏军队在进攻时误以为是禁军而掉以轻心。虽然宋军通过这种战术取得了一些胜利，但毕竟不是长久之计。

到了北宋末年，禁军由于常年疏于军事训练，有些士兵甚至都不会骑马，好容易骑上战马，却因为害怕从马上掉下来，两只手死死地抓住缰绳；有的士兵干脆连弓箭都拉不开，或者射出去的箭没有一点力道。这样一支部队，在灭辽、抗金战争中屡遭败绩，也就不让人感到奇怪了。

宣和四年（1122），宋将刘延庆统帅十万军队，外加投降的郭药师常胜军，浩浩荡荡杀奔辽朝的燕京。当时燕京兵寡将弱，主要依靠萧干统领的不到一万辽军。由于实力对比悬殊，刘延庆自以为辽军肯定望风而逃，所以军队行进毫无纪律，结果被萧干半路劫杀。初战失利，刘延庆慌了手脚，赶紧下令闭关不出。后来郭药师偷袭燕京失败，萧干派兵虚张声势，佯作进攻状，刘延庆不辨真伪，连夜烧营而逃，军饷物资统统丢弃。得知宋军不战自退，萧干趁机追击，宋军又败，最后仓皇逃回雄州（今河北雄县）。

靖康元年（1126）正月初二，金将斡离不所部攻陷相州（今河南安阳），迅速逼近黄河。钦宗任命内侍梁方平率领骑兵七千人、步军都指挥使何灌率兵两万扼守黄河，阻挡金军渡河。梁方平根本就没有做抵抗的准备，只是天天饮酒作乐，看到金军逼近，仓皇逃窜。负责把守黄河渡桥的宋军也吓得将黄河上的桥梁烧断，仓皇逃跑。至此，黄河对面已经没有任何宋军把守。第二天，斡离不不慌不忙地找到小船，将自己的队伍安然渡过黄河。由于人马太多，足足花了五天时间，才把骑兵渡过河，步兵接着渡河。

十一月，粘罕率领的西路军赶到黄河北岸，此时负责把守黄河渡口的是宣抚副使折彦质。北宋朝廷这一次对黄河比较重视，不仅有折彦质带领十二万人，还有李回带领的一万骑兵，数目如此之多的宋军分布黄河沿岸，声势颇为壮观。金将娄室对粘罕说，宋军人马众多，我军如果强行渡河作战，胜负难以预料，不如虚张声势，恐吓宋军一下！当天夜里，金军准备了数百面战鼓，同时擂响，声震天地。折彦质听到震天动地的鼓声，以为金军趁夜色杀过黄河，吓得连夜逃跑，李回也匆忙逃走。第二天，金军安安稳稳地渡过黄河。

除了战斗力不强，北宋末年的士兵还暴露出雇佣兵特有的劣性，有奶便是娘。金军攻陷开封后，守城宋军一哄而散，宋将范琼很快就变节成为金军的爪牙。金人打算废黜钦宗，改立张邦昌为傀儡皇帝，开封留守王时雍怕百官不服，就骗百官到秘书省，指使范琼将省门关闭，以重兵将会场团团包围。然后范琼当众宣布推戴张邦昌为皇帝。在这种情况下，谁也不敢提出反对意见。为了稳定军心，范琼露骨地对士兵说，当兵的目的就是养家糊口，所以赵官家来了我们吃饭，张官家来了我们照样吃饭。宣赞舍人吴革计划起兵杀死张邦昌，夺回徽、钦二帝，范琼知道后，假意与他联合，在骗取吴革信任后，将其全家和同谋者全部杀死。张邦昌登基，很多宋臣都流露出悲痛的表情，只有范琼等少数人洋洋自得，以开国功臣自居。

靖康之难，金军嘲笑宋朝忠义之人只有李若水一人而已。上百年的养兵政策，换来的却是范琼之流的助纣为虐。与范琼表现相似的还有两支北宋朝廷花费巨资招募的军队——常胜军和义胜军。

常胜军源于辽朝末年天祚皇帝时期，其初创时被称为怨军。辽朝末年，女真崛起，阿骨打领导女真族人民反抗辽朝的残暴统治，为此辽朝屡次派兵弹压。然而，辽朝军队屡战屡败，伤亡惨重。因此，天祚皇帝下令召募这些死难将士的后裔及一些流离失所的老百姓充兵，组成了怨军。辽朝统治者企图雇佣这些人为亲人报仇雪恨，攻打女真，可恰恰相反，这些雇佣军反倒变成了统治者一个极为沉重的包袱。养这支军队的费用姑且不论，怨军还经常打家劫舍，犯上作乱，弄得辽朝统治者非常头疼。

宣和四年（1122），金朝军队在辽朝北面节节胜利，南边宋军声势浩大，已兵临城下。常胜军首领郭药师自知燕山府难守，于是率部投降宋朝。

辽朝灭亡后，按照宋金海上之盟的约定：宋、金联合夹攻辽朝后，宋朝收复燕云十六州，燕云之地的汉族归属宋朝，契丹、奚等少数民族，则迁徙到金朝的统辖区内，常胜军士兵均系少数民族，理应归属金朝。但在常胜军的归属问题上，北宋、金朝两国统治者出现了两种截然不同的态度。昏庸的徽宗听信童贯的偏见，以燕云十六州的汉族富民、工匠等同常胜军作交换，自以为得计，换来一群亡命之徒，并给予他们丰厚的待遇，重用他们捍边卫国，将防御金军的重任交给这帮雇佣军。其实是养虎贻患，后来的史实即能证明这一点。

常胜军镇守辽朝涿州时，应该属于辽朝的精锐部队，其军事实力极为强大，但士兵数量有限，郭药师投降后，常胜军在北宋统治者的竭力扶植下，其力量迅速壮大起来。宋朝统治者放手让郭药师在燕山地区招兵买马，因而常胜军人数很快增加。与此同时，宋朝政府还将燕山府的政治、经济、军事大权毫无保留地交给了降将郭药师。虽然宋政府曾派遣王安中出任燕山府知府，但大权旁落，燕山府的实权被牢牢掌握在郭药师之手，颇有尾大不掉之势。

宋朝政府对常胜军的宽容态度使常胜军更加骄横跋扈、肆无忌惮。他们在燕山地区大肆劫掠百姓财产，使燕山地区民不聊生，这些地区的人民对宋政府大失所望。原来童贯计划用燕山地区富民田宅养活常胜军，事实上是不可能的。常胜军的存在，使河北、河东、京东地区社会经济遭到罕见的摧残，又加重了宋朝的经济负担，使冗兵冗费更加严重。宋朝统治者将防御和抵抗金军入侵的希望完全寄托在常胜军身上，使河北地区边防形势更为恶化。这对北宋来说，无疑是致命的失误。

宣和七年（1125）年底，斡离不率军南侵燕山府，常胜军高级将领张令徽等人不战而降，临阵倒戈，接着郭药师也率部背叛宋朝，投入斡离不的怀抱。自此，宋金对峙的短暂局面便彻底打破了，斡离不在短短的十几天里，不费吹灰之力便占领了宋朝北方军事要地燕山府，不仅如此，还得到了实力雄厚、装备精良的数万常胜军。其后宋金签订和约，但金朝退兵时，所过之处，无不进行一番洗劫，河南、河北之地惨遭劫难，这些计策都出自常胜军降将郭药师之谋。徽宗禅位钦宗，斡离不担心形势会发生变化，想要暂时停止进攻，以观时变，郭药师却对他说，宋朝不一定有所准备，可以继续进军，见机行事。斡离不觉得郭药师的建议更好，就继续指挥军队向开封进攻。

义胜军是北宋政府招募的另一支部队。当北宋在招抚燕云地区百姓内迁时，贪图当地男子悍勇可用，从中招募了一批山后汉儿，称作义胜军，其中驻扎在河东大约有十万余人。朝廷以为依靠义胜军就可以防守河东，所以对义胜军待遇远远高于其他的禁军。时间一长，义胜军由于所给钱粮不及时而怨声载道，而当地的禁兵看到自己的待遇竟然不如一支投降百姓组成的军队，心中极为不平，他们以为自己的口粮都被义胜军所夺走，所以两支部队之间冲突不断，禁军扬言要杀死所有义胜军，义胜军听说后都很害怕，暗中动了叛乱的念头。

金军进攻开封，义胜军趁机纷纷投降。像代州守将李嗣本准备率领军队抵抗，结果被义胜军擒获献给粘罕。粘罕逼近太原，太原帅张孝纯派义胜军首领耿守忠带领八千士兵驻守险隘的石岭关阻挡粘罕，没想到耿守忠不做任何抵抗，将石岭关拱手让给粘罕。

作为重金招募的军队，常胜军和义胜军不但不能保护边境，反而投降敌方，助纣为虐，宣告了北宋养兵政策的彻底失败，也预示着北宋亡国无非只是早晚之事。常胜军的投降，使大宋王朝苦心经营一百六十多年的河北防线土崩瓦解，靖康之耻便提前到来了。

变法

风云

大变法：
———————— 谁开启了靖康之难

王安石：宋代官场中的另类

提起王安石，几乎无人不知。九百余年来，就中国传统士大夫所应具备的个人才华和文学造诣而言，王安石一直为世人所推重和认可。然而，他的政治地位却是跌宕起伏。自靖康之难发生后，很多人便将北宋亡国与王安石变法联系起来，认为王安石变乱宋朝祖宗法度，导致了靖康之难。时至今日，这种见解仍有相当强的影响力。

宋代，官员往往集学者、文人于一身。在同时代的官僚中，具有这种个性的士大夫并不罕见，王安石是其中最突出的人物之一。但是，他行事方式与众不同，为人所侧目，其政治理念在宋朝的官僚体制中似乎也不受欢迎。其实，王安石对支撑整个国家持续运转的基本游戏规则并非茫然无知，但在自己理想化政治理念的驱使下，这些规则往往会被他无情地摒弃。这似乎预示着他政治生涯的悲剧难以避免。

正因如此，后世人们或是出于现实政治利益的驱使，或是出于其他原因，九百多年来，从未停止过对王安石进行人身攻击。例如，关于王安石的相貌，北宋末年以来，就有很多妖魔化的描述。早在徽宗时期，便有人盛传王安石的皮肤如同蛇皮一般，恐怖异常。其实，王安石容貌雄伟、目光炯炯、气宇轩昂，时人就有"牛耳虎头""目睛如龙"的赞语，这些描述应该是比较接近事实的。

然而，王安石率性自然，往往不拘小节，与其天庭饱满、官运亨通的相貌很不相称。据说，王安石日常生活朴素而简单，不喜欢在仪表着装上花费过多的心思，常常穿着平民化的破旧衣服，当时很多士大夫觉得此举明显有失读书人礼仪。同样有很多人，包括一些现代的研究者，从一些明显不实的记载出发，称王安石不修边幅，到了生活邋遢、不讲个人卫生的程度，这倒是言过其实。

王安石的这一性格还体现在其他很多方面。时人魏泰曾经记载过这样一件事情，王安石面相虽棱角分明，然而脸色却常常黑里带黄，有失威仪和气度。于是，便有幕僚向他进献治疗此症的药方，称用"澡豆"洗面，便可将这种有碍观瞻的肤色褪去。"澡豆"是我国古代贵族一种常用的洗涤用护肤品，由豆粉与多种药材混合制成，用其洗涤手和脸，可使皮肤光润。其配料并不困难，民间早已流行，在当时的社会条件下，王安石毋需多少花费，便可以天天敷用原来豪门巨室才能享受的高档护肤品。然而，王安石却明确告诉他的属下，人的模样长相乃上天所赐，这些改善皮肤面貌的"澡豆"对他而言没有任何意义，自己绝对不会使用。

王安石入仕后，也把这种天性带到了官场上。王安石为官简朴，在宋朝众多文官中非常罕见。宋朝立国以来，就着力宣扬以礼治天下，以教抚万民。因而，宋朝官员出巡，其仪仗、扈从等方面都有明确的规定，尤其不能越级用礼，否则会被判以大不敬甚至谋反之重罪。但这同时也意味着，几乎没有官员会降低自己的仪仗标准，虽然这样做并不违法。这种礼制规定实际上也是一种从外部激发官员尽心效命的激励机制，它不仅使整个官僚集团等级森严，而且也从很大程度上满足了官员们得到社会承认的欲望。王安石似乎对这一套代表身份和地位的外在形式有着不同的认识，无论是出巡，还是在官署办公，其官场礼仪都很简单。相比之下，王安石的作风更容易为他赢得清廉的良好印象。

熙宁七年（1074），陈升之罢相，出任镇江军节度使兼判扬州。在任内曾经前往金陵（今江苏南京）拜访罢相闲居的王安石。其仪仗队伍非常庞大，舟楫相连，浩浩荡荡。一路上，吏卒的喝道声不绝于耳，旗帜遮天蔽日、迎风招展。显然，这些敲锣打鼓的壮观场面无疑是在向人们宣示为官者的荣耀。而王安石则仅乘小轿一顶，除轿夫两人，其余别无随行人员，轻车简从，悄然出入于芦苇丛中，竟在半路相迎。陈升之在船上望见王安石，连忙下令停船靠岸，欲与王安石相见。但由于陈升之随员众多，全是大船载运，所以船队在江面上逡巡了很久，才找到合适的停泊场所。费尽波折与王安石见面后，陈升之感到非常羞愧，归途中下令偃旗息鼓，吏卒也不得于舟中喝道。显然，王安石是一位不拘小节的政治家。他这些与其同僚迥然相异的个性为他极高的官名和文声抹上了一层浓浓的传奇色彩，也为他日后与很多官员的冲突埋下了伏笔。

宋朝立国以来就形成一种不成文的规定，凡在进士考试中取得甲科高第者，在派往外地任职三年之后，就可以进呈他的个人著作而申请考试"馆职"，即史馆、集贤院、秘书省等馆阁职事。虽然这些职位品阶并不很高，也没有多少实际执掌，但却可以身居中朝，成为晋升到高级官员最便捷的途径之一。因此，凡是具有此类条件者，几乎无不循例而为。王安石在仁宗庆历二年（1042）以甲科第四名及第，当然具备了这一资格。然而，他却没有遵循这一惯例，以试馆职直接进入中央，而是一直担任地方行政官员。王安石担任舒州通判期间，朝廷甚至两次主动召其到京城，参加馆职考试，他都婉言拒绝了这一好意，声称举家在京城居住，花费太高，自己家中贫穷，无力供养。实际上，他是在以这种很难算作理由的借口加以推托。在很多官员看来，馆阁职位是可遇而不可求的机会和美差，王安石竟避之唯恐不及。于是很多人推测王安石是在沽名钓誉、以退为进，试图以暂时的隐忍换取将来更大的回报，而二十年后的历史似乎也印证了这一无端的猜测。其实，这一看法的缺陷正在于对王安石的性格没有深入的了解，对他的自信和抱负缺乏最基本的认知。

可以说，王安石是一个头脑清醒的人，更是一个务实的人。他深知中央的闲散官职虽然是升官的快捷方式，但却不能提供实现自己政治抱负的机会，而担任地方官则可以充分施展自己的才华，为黎民苍生做些实实在在的事情。当然，北宋王朝对各级官员的任用，大都依循规章惯例，而绝少考虑被任用者的个人志愿或特殊才能。在这种官僚架构和管理体制中，年青的王安石也开始了最初的苦闷。

嘉祐三年（1058），王安石担任江东提刑，时人记载了他在任内不拘一格选用州学学官的经过。刘平是在对西夏战争中殉难的将官，其幼子刘季孙以右班殿直的武官身份主管饶州（今江西波阳）酒监。王安石职掌江东提点刑狱，巡查辖区内的酒监管理是其分内之事。一日，王安石巡历至饶州酒监，左右欲往通报，要主管官员前来迎接，他立刻予以阻止，径直进入了办公场所，实施突击检查。只见厅内窗明几净，办公物具摆放得有条不紊、秩序井然。忽然，厅堂后壁上一首不见题名的七言绝句映入王安石的眼帘。王安石静静地凝视着黑白分明的厅壁，随从官员见状，都以为酒监的负责官员可能会遇到麻烦。不料王安石一连几个"妙哉"，毫不隐讳地赞赏所读到的诗句，并询问左右，此诗为谁人所作。随从官员忙告以实情，乃酒监刘季孙所为。王安石立刻召见刘季孙，两人相谈甚欢，王安石对刘季孙的人品、才能赞赏不已。事后不久，便将其升为饶州的州学学官。

这件事在当时引起轰动，"一郡大惊"。刘季孙因其父为国捐躯而进身武官，虽然他颇具文采，自幼熟读经史，但在宋代官员任用和管理体制中，没有取得进士出身是很难升迁的。更重要的是，他入仕以来一直属于武官系统，其右班殿直的职衔相当于武官的最低层。在重文轻武的社会大背景下，刘季孙一直郁郁不得志，于是便在公事厅的后壁上留下了这首为王安石赞赏不已的七绝：

> 呢喃燕子语梁间，底事来惊梦里闲？
> 说与旁人浑不解，杖藜携酒看芝山。

显而易见，刘季孙看见燕子欢快的身影而触景生情。燕子在房梁间呢喃私语，自己心事重重，在睡梦中也难得片刻安闲。梁间燕子尚且能与同伴倾吐衷肠，自己的忧愁和苦闷却没有人能够理解，只得借酒消愁，纵情于山水与佛寺之间。这首诗完美地表现了刘季孙的人生苦闷，也是他当时仕宦生涯极不如意的真情告白。看似平静的笔触却深深隐藏着自己炽热的情感，充满了内心的挣扎、无奈以及无尽的孤独感。

正是这首诗深深打动了此时同样仕途不尽如意的王安石。嘉祐三年（1058），王安石由知常州（今江苏常州）任上调任提点江南东路刑狱。提点刑狱虽然仍是亲民的地方官，但毕竟只主管一路的司法和监察，远不如作为地方最高行政长官的知州更能发挥王安石经天纬地的才能。可以说，这时的王安石空有一腔抱负，却不得尽情挥洒。王安石见到刘季孙的诗作，似乎找到了知音，便毅然打破常规，将刘季孙自低级武职拔擢为文职的饶州学官。这种由武职直接转为文职的情况，在宋朝严格区分文武的社会条件下，无疑是石破天惊之举。

王安石将通行的官场规则与行事惯例抛在脑后，提拔一名低级武官，这种不拘一格的做法在当地产生了巨大反响。饶州众多参加科举考试的士子对这一任命严重不满，集体到州学请愿，希望王安石收回成命。客观而论，王安石和刘季孙同城为官，在此之前对刘季孙已经相当了解，而刘季孙的才学无疑也能够胜任州学学官的职务，王安石的这一举措和任命无可厚非。然而，在后来熙丰变法中，王安石掌握了朝中人事大权，由于开展变法的需要，在更大的范围内打破惯例提拔年轻官员，不仅不可避免地遇到朝野上下前所未有的阻力，同时，也出现了许多用人不当的情况，进而严重影响到新法的贯彻和执行，这未免是过于突破常规，但这些已经不是王安石所能控制了。

王安石上述性格和作风始终贯穿了他的整个仕宦生涯，甚至渗透到了他的书法当中。大多数后世之人虽然对王安石的政治功业颇有微词，但对他的书法却非常推崇。明代的陶宗仪就竭力称赞道：王安石的书法完全没有雕饰，并不是刻意而为，他自己甚至没有将书法视为一种艺术，而仅是作为一种表达思想的工具和载体，最终目的在于传递文字背后的实际意蕴。他并没有对书法有过多的关注，但是却能达到很高的艺术造诣，追步东晋书圣王羲之，而很多读书人穷其一生勤习书法，也远远达不到他的艺术境界。由此可见，在书法造诣上，王安石完全是无心插柳，却能绿树成荫。

黄庭坚是宋代的大文学家和书法家，虽然对新法基本持反对态度，但对王安石的书法却同样赞誉有加。他有一段非常形象而又贴切的比喻，似乎能够解开这一谜团，"荆公（王安石）率意而作，本不求工，而萧散闲远，如高人胜士，敝衣破履，行乎大车驷马之间，而目光已在牛背矣。"意思是说，王安石的书法，率性自然，并不求工巧，就如同一个世外高人，虽然穿着破旧的衣服和鞋子，在达官贵人乘坐的高车大马之间徒步穿行，但其目光早就远在华贵的牛车之上了。可见，王安石高超的书法造诣是建立在王安石率性自然、淡泊名利的品格之上的，他胸有大志、理想高远，在宋代的知识分子中卓尔不群。正因如此，王安石的书法方能在强手如林的宋代书坛占有一席之地，以至一直为后世读书人津津乐道。

事实上，王安石早在少年时期，就立下了治国平天下的宏愿。仁宗宝元二年（1039），王安石的父亲王益病逝于建康（今江苏南京）通判任上，时年十八岁的王安石留在建康，与家人一起守丧三年。在此期间，他曾经写下了这样的诗句："男儿少壮不树立，挟此穷老将安归？吟哦图书谢庆吊，坐室寂寞生伊威。才疏命贱不自揣，欲与稷契遐相希。"意思是说，岁月有如白驹之过隙，少壮时若不能立下大志，必定终生将无所成就。虽然父亲刚刚过世，自己无所依靠，但仍要以古代的稷、契等圣人为榜样，建立名垂青史的盖世功业。于是便辞谢一切婚丧庆吊的世俗应酬，专心学业，刻苦攻读。

王安石以古代的圣人自许，有着非常浓厚的圣人情结和强烈的社会责任感。这既反映了他的远大抱负，但也正是这一点，导致了王安石与神宗失欢，最终归老乡里的悲剧命运。不仅专制皇权容不得自己的朝廷里有一个掌握大权的圣人，他的同僚对此也极为厌恶和愤愤不平。对皇帝和大臣来说，圣人只有远古才有，仅是用来崇敬、膜拜，而并非要实际服从他。仁宗时期，王安石被夺去状元的事情或许就是其圣人情结从中作祟的直接后果。

庆历二年（1042），王安石到京城开封参加了进士考试。殿试前，王安石本名列第一。但当仁宗详细审阅其考卷时，发现王安石所作赋文中有"孺子其朋"一语，便大为不悦，当即认为王安石此言犯了宋朝的忌讳，"不可魁天下"，遂将王安石由第一名降至第四名。

"孺子其朋"一语出自《尚书》。《尚书》是先秦时期的一部重要文献，秦汉以来，一直为后世儒家所推崇，被列为五经之一。仁宗何以会因为王安石引用了《尚书》中的一句话而将其降了科第名次呢？这句话到底何忌讳之有呢？

原来，这句话是周公旦对周武王的儿子周成王的训导之辞。西周初年，翦灭殷商不久，周武王病逝，成王年幼，在当时复杂的政治形势下，周公摄政称王。于是，西周王室中对周公当政心怀不满的部分贵族趁机勾结殷商的旧族在东方发动了叛乱。为稳定政局，周公毅然进行东征，平定了东方的动乱，并在洛阳地区营建东都。周公当政七年，东都兴建完成。这句话正是周公将成王迎接到东都、还政于成王时对其谆谆教导中的一条。

虽然王安石这篇赋文现已不传，后世之人无从知晓引用此语的具体语境以及王安石的真实用意，殊为遗憾，但他无意中犯了文字错误（忌讳）则是毋庸置疑的。虽然是断章取义，但联系到他二十年后熙宁、元丰年间的功德业绩，这段一语涉忌、被夺状元的小插曲却在不经意间透露出王安石的远大抱负和现实情形之间的矛盾，同时也为其日后的滚滚骂名埋下了伏笔。事实上，大宋皇帝无论如何也不愿自己的王朝里出现一个类似圣人周公的大臣，时时教诲帝王如何管理天下子民，善于纳谏、能够平心听取臣子建言的仁宗赵祯也不例外。更重要的是，朋党的话题极其敏感，自太祖皇帝立国以来，最高统治者一直为防止官员之间结党营私而殚精竭虑，并逐渐成为宋朝皇帝立朝执政的头等大事之一，美其名曰祖宗家法。王安石试卷中一语涉忌，遭仁宗冷遇也在情理之中。

也许是巧合，在王安石及第后的次年，被誉为开宋朝一代士风的范仲淹就得到了仁宗皇帝的期许和信任，开始进行宋王朝第一次大规模的变法运动。范仲淹的新政以整顿吏治为核心，力图使有才能和德行的人得到提拔和重用。但是，改革在一定程度上触及了许多官员的既得利益，赞成改革的人实际上并不多。很多朝中大员指责范仲淹等新政官员拉帮结派，完全就是"朋党"，甚至还有个别官员上奏仁宗，诬称富弼等人竟有篡位之心。

范仲淹、欧阳修等变法官员也不甘示弱，公开声明，正邪两方必定会各有其党，一心向善的众多君子结为朋党，宋王朝定能江山永固、社稷长存。虽然仁宗表示不信篡位之流言，但面对新政官员结党之嫌，他却陷入了深深的忧虑。无论如何，他也不能容许自己身边出现一个结党的政治集团。终于，庆历五年（1045）正月，辽、西夏对宋的威胁相继解除，仁宗在犹疑不定的矛盾和权衡中，先后罢去范仲淹、富弼和支持新政的宰相杜衍，短暂的"庆历新政"遂告失败。显而易见，新政的失败与仁宗内心浓重的朋党之忌密切相关，而日后王安石虽然受到神宗前所未有的知遇之恩，但最后似乎也没能摆脱与范仲淹同样的悲剧命运。

王安石胸有大志，甚至以圣人自许，在士林中独树一帜，自然也很难得到同僚的真正理解。王安石进士及第之后，直接成为当时扬州最高地方长官韩琦的一名幕僚。韩琦是一代名臣，历事仁宗、英宗、神宗三朝，曾两度拜相，稳重忠厚如汉之周勃，善断人事如唐之姚崇，有"宋朝第一相"之美称。那时王安石勤苦读书，经常通宵达旦，有时实在困倦难支，就和衣在书桌前小憩片刻，结果，不知不觉已天色大亮。此时，王安石才匆忙换上公服，根本来不及早晨必须的个人梳理。当他不修边幅、一脸倦容出现在扬州府衙的办公场所时，韩琦便认为王安石定是夜夜笙歌，常常流连于灯红酒绿的风月场，忘情于舞榭歌台的温柔乡，于是便语重心长地告诫年轻的王安石，"君少年，无费书，不可自弃"，意思是说，你还很年轻，应当用心读书，切勿放任自己，以致自毁前程。作为顶头上司，韩琦这番带有训斥意味的教诲显然也是好意，但却使王安石入仕以来第一次蒙冤受屈。

王安石当时并未做任何争辩和解释，只是事后对旁人感叹道："韩公非知我者。"意思很明确，韩琦并不是真正理解他的人。王安石虽有着杰出政治家不记私仇的大度，却不料一语成谶，在与韩琦日后同朝共事的激荡岁月里，两人渐行渐远。时人有一则未署年月的记载说，一次朝廷辩论中，王安石与韩琦为某事激烈争论，王安石情急之中说道，若如此行事，便是一俗吏所为。韩琦不紧不慢说，我本来就是一名俗吏而已。韩琦也在神宗准备任用王安石为相时，说王安石的才华尚可，但过于自以为是，可以委任为翰林学士之类的顾问官职，担任宰臣、主持国政则万万不可。显而易见，韩琦对王安石的行事方式非常不满，认为其完全不堪宰执的重任。虽然这些冲突大多出于为国事谋划的公心，并非私人间的意气恩怨，与早年的误会更是毫无关系，但这多少反映出王安石对当时整个官僚阶层的失望，他欲实现胸中的宏伟抱负，显然不能寄托在韩琦等人身上。朝中的元老大臣也对王安石很有成见，难以理解王安石的远大理想，更遑论支持其付诸实施了。这样，王安石便在当时的官僚中愈来愈孤立。变法开始后，选用新人和年轻官员便成为他的唯一选择。

事实上，王安石与大多数同僚的矛盾和冲突，不仅在于其远大理想难以得到广泛的理解，也不仅在于其舍我其谁的自信遭到众多人的非议，还有另外的因素。他对宋代社会的看法非常独到，处理实际问题的方式也往往与众不同，这便成为王安石愈加孤立的另一个重要因素。

王安石一生多次担任司法官员，其判案经常与众不同。南宋史家李焘就详细记载了其中一个案例。嘉祐七年（1062）秋，王安石由担任负责替皇帝起草诏命的知制诰一职，被临时差派去纠察京城刑狱。当时，开封府恰好审结了一桩死刑案。当时，京城开封盛行斗鹌鹑。一个青年人有一只号称常胜将军的鹌鹑，大概是在各种场合战无不胜。消息传出后，他的一个朋友便借来把玩，爱不释手，进而向这个年轻人索要此物，年轻人当即断然拒绝。乞取鹌鹑之人见状就依仗与青年人私交甚笃，强行携带鹌鹑逃窜，这个青年人急忙追赶。追逐过程中，由于求宝心切，青年人不慎踢到了强夺者的肋骨，致其当场倒地死亡。这是此案的大致经过。

开封府判定此人当处死刑，王安石翻阅卷宗之后，立即对开封府的判决进行了反驳，认为按照大宋刑律，公然夺取和背地偷窃都是盗之所为。鹌鹑的主人不愿意将鹌鹑送给死者，而死者强行夺取并携带鹌鹑逃跑，显然是盗贼所为。鹌鹑主人追逐并殴打死者，乃是缉捕盗贼的行为，虽然不慎失手致其意外死亡，但应当不予追究。而开封府则审理失察，将无辜之人落为死罪，判决严重有误。开封府尹不服王安石的批驳，遂将此案提交上级司法机关，即刑部、审刑院和大理寺会审裁断。刑部、审刑院和大理寺被合称为"三法司"，其会审乃是最终裁决。三法司经过仔细讨论，认为开封府的原判合情合理，并未错判，王安石应到皇宫的阁门谢罪。

在这件事情的处理过程中，王安石的自信暴露无遗。他坚持自己判断正确，坚决不去谢罪。最后，由于当时的执政大臣对王安石很了解和敬重，这件事情也就不了了之了。当然，以现在的司法观念来看这个案例，无论是开封府抑或是王安石的判决，固然都有失当之处，但王安石的裁断分析似乎更接近于实际情况，更重要的是，两个不同判决的背后更隐藏着两种司法思想的不同。

杀人偿命，天经地义，这是中国传统道德中非常重要的一环。宋朝司法官员并无专门的职业司法训练，科举考试以考察士子对儒家经典的掌握为主，以考察其文学素养为基本标准，只要文采出众，即可登上仕途。因此，在执法过程中，官员往往多以人情和常理进行推断，据此做出判决。王安石却能对伤人性质进行仔细考辨，具体分析，区别对待，并严格依据现有的法律规定做出判决，此种负责任的精神和独到的眼光以及与众不同的处理方案在宋朝官僚集团中的确难能可贵。

事实上，宋朝官员很少有人在实际判案中，把国家法典放在至关重要的地位。历史上，包拯的确一定断案才能，但在宋史本传中，能看到的相关记载更多的则是其笃孝、亲民、不畏权贵的一面。然而，后世小说、曲艺竭力颂扬的却是他精于断案，以至誉其为包青天。但是，这在宋史中仅有一条史料可供佐证。当时，包拯知天长县，有人来告状，称自家的牛被割去了舌头。包拯面对这种毫无证据的诉讼，只好另谋对策，他要求告状之人，回去之后把这头牛杀了卖肉，这本是无奈之举。然而，时隔不久，便有人来告发此人没有在官府登记，私自杀牛，这恰恰中了包拯预先设下的圈套。按照北宋的法律规定，耕牛不能随意宰杀买卖。包拯当即厉声斥责告状者，为何割掉了别人家牛的舌头又要告发人家？是何居心？这桩小小的案子便真相大白。

这个故事虽然在某种意义上说明了包拯的惊人判断力，同时也昭示着其在诸多环节上隐藏着武断的可能。从这个案例可以看出，他判案最基本和最首要的原则是人情和常理，而并非宋代已经制定得相当严密的国家法典。当然，国家法令毕竟不是巨细无遗，总是存在某些漏洞。虽然包拯、王安石判案所依据的恐怕并不完全都是现成的法律条文，而更多的是执法者的经验、判断，但王安石的司法理念似乎更倾向于最大限度地发挥法律条文的作用。

虽然王安石有着卓尔不群的性格、远大的理想以及不同于常人的见解，但在北宋中期名士辈出的时代，他并非完全找不到知音。同王安石一样，煌煌巨制《资治通鉴》的作者司马光，就是一位在个人品德上绝不给人以口实的"完人"。他幼年时砸缸救人的故事，在宋代就广为世人传颂，但天资聪颖并不是司马光最突出的长处。少年时代，他还有一件很有趣的轶事鲜为人知。有一次，少年司马光对刚下树的青核桃很是好奇，玩赏半天却怎么也剥不开核桃青涩的厚皮。他的姐姐见状，便过来帮忙，却也不得要领。姐姐走后，一个丫环用开水烫了烫核桃，一会儿就剥开了。姐姐回来后问他是谁剥开的，司马光谎称是自己设法剥开的。司马光的父亲司马池，亲眼目睹了事情的全部经过，于是他严厉地训斥司马光：小孩子怎么能撒谎！作为长辈，司马池尽到了教育儿女的责任。这件事对司马光触动很大，从此，为人诚实便成为司马光言行的重要准绳。

司马光为人之简朴与王安石几乎如出一辙。宝元元年（1038），二十岁的司马光考中进士，在专门为新科进士举办的庆祝宴会上，众举子按照惯例戴上了花，唯独司马光没有戴。旁人劝他，这是圣上的恩赐，不可违背。他才勉强戴了一朵，这表明司马光并不喜欢这种俗套和形式。更重要的是，司马光和王安石对社会的责任感和使命感有着惊人的相似。入仕之初，司马光受命出任华州判官，在其家中，司马光有时会忽然将手中的事情放在一旁，穿上官服，手执笏板，正襟危坐，当时几乎所有人都不能理解他的用意。后来司马光的学生兼助手范祖禹问及此事，司马光回答道，我当时忽然想起天下大事了。可见，司马光同王安石一样，从年轻时起，就以天下为己任，是一位有强烈责任心与使命感的人。

正因为王安石与司马光有诸多相似之处，两人即在相互倾慕中逐渐成为挚友。仁宗嘉祐年间，王安石曾经写过两首《明妃曲》，情词凄婉，其中尤以"汉恩自浅胡自深，人生乐在相知心"句最为著名。意思是说，尽管汉朝给予王昭君的恩惠不如胡人深厚，但是人生的快乐贵在知心，王昭君只有回到中原故土，才能真正享受到人生的快乐。由于王安石在后世读书人心中，已然成为靖康之难的罪魁祸首，所以这两句诗便一直为后人误读以至诟病。南宋初年，范冲甚至肆意曲解这首诗，称王安石认为胡人对王昭君的恩情要远胜汉廷，进而诋毁王安石是无君无父的禽兽。

司马光却对此诗很是推崇，专门写了一首诗唱和王安石的这一佳作，其中写道："愁坐泠泠调四弦，曲终掩面向胡天。侍儿不解汉家语，指下哀声犹可传。传遍胡人到中土，万一他年流乐府。妾身生死知不归，妾意终期寤人主。"意思是说，王昭君身处胡地，远离故土，言语不通，只能弹琴奏乐来寄托对汉朝的思念。她虽然知道有生之年难以回到家乡，但期望自己创作的乐曲能够传到汉廷，感化当时的汉朝皇帝，避免类似的悲剧再度发生。可见，司马光不仅完全认同王安石的看法，而且在此基础之上，进一步做了合理的发挥和想象。不仅如此，针对王安石平日不拘小节，司马光还用调侃的笔调写了一首诗，戏称王安石浑身破布，虱子遍体。两人交情之深，由此可见一斑。

即便如此，王安石与司马光在性格方面仍然有着很大的不同。这种差异在变法尚未开始时就已经初现端倪。仁宗嘉祐年间，王安石和司马光同在包拯主管的三司任职。有一年四月，三司院内牡丹花盛开，三司使包拯便邀请二位已经很有声名的下属同僚一同前来赏花。席间，兴之所至，包拯举酒相劝，司马光和王安石平日均是不善饮酒。此时，碍于上司的面子，司马光就随和地饮了几杯，而王安石则无论包拯怎么劝，就是滴酒不沾。

可见，王安石是一个原则性极强的人。在某种意义上，可称为意志坚定，但同时在某些时候也会被视为"一意孤行"，更何况在纷繁复杂的政治博弈中，坚持原则往往会成为悲情英雄的代名词。相比之下，司马光显得更通达于人情世故，更善于折中和策略性的妥协，更深谙倾听和权变之道。而这些基本的素养正是一个成熟的政治家所不可或缺的。从某种意义上讲，如果没有神宗的知遇，王安石可能永远也没有机会在全国范围内施展他的才华。

总而言之，王安石胸有大志、舍我其谁的强烈社会责任感，以及在当时官僚阶层中卓尔不群的个性着实令人钦佩，其坚持原则的性格和对社会问题与众不同的独到见解的确值得赞赏，但在当时的时代境遇和历史条件下，这些性格都被无可奈何地蒙上了一层或轻或重的理想化色彩。正因如此，当王安石真正走到大宋王朝的权力中心，在即将开始的熙丰变法中，他的这些性格便不可避免地导致了很多问题，其中尤以处理人事问题的失误最为突出。后面要谈到。

神宗：有心机的中兴之君

神宗皇帝是一位立志有为的年轻君王。他不单单要对宋朝开国以来的国内积弊进行改革，其最终的宏伟抱负是要重整河山，恢复汉唐帝国的风采。其实，在神宗登基以前，改革的浪潮早已风起云涌，最为著名的应算是此前二十年的庆历新政，虽然前前后后只持续了一年有余便宣告流产，但却在宋代社会中留下深刻影响，此后逐渐酝酿着新的改革大潮。然而，即便如此，由于北宋立国以来文官制度的发达和武将地位的日趋低下，也由于神宗的远大志向在北宋诸帝中非常少见，因而众多曾经力主改革的臣僚也很难认同和理解他的宏愿。

神宗即位后，问政于庆历时期叱咤风云的新政主帅富弼等人，询问富国强兵之道。结果，这位三朝元老做了这样的回答，陛下即位之始，应当广布恩德，与民休息，希望您能二十年口不言兵！这样劝导似的话语让神宗结结实实碰了一个软钉子，使神宗对朝中绝大多数臣僚非常失望。于是，在官僚集团中卓尔不群的王安石逐渐进入了神宗的视野。

当神宗还是太子时，王安石的好友韩维长期担任其记室参军，经常向神宗称道王安石的学问和为人，这使得少年时期的神宗对王安石便有了深刻的印象。他继位之后，立刻起用王安石知江宁府（今江苏南京），同年九月又改命他为翰林学士，把他调回了京城开封。

熙宁元年（1068）四月，王安石第一次与神宗皇帝对面长谈。神宗一见到王安石便问，今日治国之道，当以何事为先？王安石回答，应当以选择治国理念为第一要务。神宗又问，唐太宗何以能成为几百年来才有的一代明君？王安石答道，陛下您应当师法尧、舜；唐太宗并无多少识见，其所作所为不尽合乎圣人法度；唐太宗只不过是乘着隋朝末年的乱局得以称雄一时，再加上他的子孙后代大多昏庸不堪，所以才能够最终博得明君的美誉，其实他本人并没有多少值得称道的地方。陛下您还是应该事事师法上古之圣人，后世帝王不足以成为治理天下的典范。

这番话给了正在准备兴利除弊的神宗莫大的鼓舞和自信，由于当时大多数朝中重臣并不支持神宗对现行体制进行大的调整。相反,王安石却能如此推心置腹,这对神宗而言是何等珍贵。

退朝之后,王安石又向神宗递交了一篇讨论宋朝开国百余年政策利弊的文字,对赵宋建国以后的各方面制度设置进行全面的分析和切中要害的批评,建议神宗打破这种无所不在的因循苟且局面。神宗将王安石的奏札看了一遍又一遍,爱不释手,兴奋异常,感觉终于找到了知音,王安石正是能够帮助自己实现远大抱负的不二人选。

神宗虽然年轻,但谋略心机却很深。当他还是太子时,天性好学,常常忘记吃饭,英宗不时派遣宦官去劝止他,怕他累坏了身体。良好的教育和自幼长于宫廷,对政治斗争的耳濡目染造就了神宗老成持重的性格。神宗要任用王安石进行大规模的全面改革,就必须对中央的决策班子进行调整,将那些难以理解自己宏愿的元老重臣清理出朝廷;同时,借此进一步树立皇帝的权威,牢牢掌控住最高权力。

神宗即位后,身为两朝顾命重臣的韩琦和欧阳修便成为神宗操控最高权力和推行新法的重要障碍。参知政事欧阳修一向心性耿直,议论朝政往往知无不言、言无不尽,没有什么忌讳。他经常当面品评别人的优劣长短,即使是与台谏监察官员进行争辩,也定要分出是非。在英宗为自己生父正名分的闹剧中,欧阳修又坚定地站在了英宗一边,犯了众怒,台谏监察官员早已准备合力把欧阳修赶出朝廷。但欧阳修有拥立英宗的功劳,深得英宗的信任和赏识,所以,终英宗一朝,尽管台谏官员非常看不惯欧阳修,却一直苦于抓不到他的把柄。

神宗刚刚即位,台谏官员便开始了对欧阳修肆无忌惮的报复。英宗丧期还未过,有些别有用心的人发现,欧阳修进入福宁殿时丧服下竟穿着紫衣。福宁殿是停放英宗灵柩的地方,紫衣在宋代是高级官员的朝服,在英宗的灵堂穿着朝服显然是大不敬。御史得知后,立刻上奏弹劾,幸好神宗没有计较,只是让欧阳修即刻换去紫衣,并没有过分追究，因为以这样的理由而驱逐前朝重臣显然难以服众。

不久，以御史中丞彭思永为首的台谏官员攻击欧阳修不修帏薄，称其与儿媳关系暧昧。虽然神宗对此事很不以为然，当即斥责彭思永没能尽忠职守，一味在闺门之私的小事上大做文章，却将国家大事置之一旁，但同时也将诬陷欧阳修的章奏转交枢密院查处，从而使谣言进一步扩散。欧阳修得知，异常愤怒，一月之内九次上书，请求神宗公正处理此事：帏薄不修是禽兽也不为的丑行，为天地所不容。如果确有其事，老臣甘愿引刀就戮；如果此事纯属子虚乌有，就请圣上务必追查责任，严惩生事之人，否则难以洗雪臣之冤枉。可见，欧阳修态度非常强硬，不仅仅是在为自己的名节辩白，更是要讨回公道，追究彭思永等人的责任。

这时，欧阳修的亲家吴充也上奏神宗：此事请陛下定要追查到底，辨正虚实，以正视听，明示天下，使欧、吴两家不致枉受屈辱。其实，宋朝的监察官员有"风闻言事"的特权，即可以凭借道听途说之言，对朝中大臣进行弹劾。神宗本想循此惯例，不予深究。但在欧阳修等人的压力下，神宗不得不将参与其事的监察官员彭思永、蒋之奇等都逐出朝廷，并告示天下，还欧阳修以清白。然而即使如此，欧阳修事实上已无法继续在朝中担任要职。他本人在短时间内，遭受了数次平白无故的弹劾后，也深感身心疲惫。数日后，欧阳修便一连六次上表，请求外出为官，不久便得到了神宗批准，命其出知亳州（今安徽亳县）。

罢免彭思永后，神宗起用东宫旧臣王陶为御史中丞。王陶仗着与神宗的特殊关系，一上任就将攻击的矛头直接对准宰相韩琦，率监察官员突然发起了攻击，指出英宗治平年间，韩琦曾经提升没有什么资历和名望的武将郭逵为同签书枢密院事，使其跻入执政行列，后来又同意郭逵以现任执政为陕西路宣抚使兼判渭州（今甘肃平凉），这样便直接导致郭逵很有可能拥兵自重，危害朝廷。五代时期的后周世宗郭威当年就是以枢密使坐镇大名，夺取天下，建立后周，而太祖赵匡胤也是以同样的方式夺得了皇位。因而，宋朝开国以来，历朝皇帝一直防范武将篡位夺权，很少有武将能拥有这样高的职权和地位，对郭逵的这一系列任命明显犯了宋朝最高统治者的忌讳，有悖于宋朝防制武人的传统国策。

王陶还奏称，韩琦必定是花言巧语惑乱了先帝的决断，否则英宗是不会违反祖制成宪的，建议神宗将郭逵签书枢密院的职务罢去，只让其担任知渭州的地方官。神宗认为，王陶的上奏言过其实，郭逵是英宗提拔的大臣，现在并未见有大的过失，如果将其降职，反而是在显示先帝用人上的失误，因而并未罢黜郭逵，但同时也没有对王陶无中生有、诬陷大臣的行径进行处罚。可见，神宗是希望韩琦像欧阳修一样，能够自己提出辞呈。

随后，王陶又奏劾韩琦，称其作为宰相，竟不在文德殿值班，目中无人，甚至征引两汉时霍光、梁冀专权的事情来说明韩琦此举极其飞扬跋扈，指斥韩琦对神宗不敬较之西汉的霍光有过之而无不及。其实，宰相必须到文德殿值班的规定，仅仅是在真宗大中祥符初年执行，没过多久便渐渐废弃，至英宗即位时的治平四年（1067），已将近六十年。可见，韩琦只不过是遵循旧例，因为百官在前殿朝见皇帝后，宰相还要赴政事堂商讨、处理各种政务，如果每天都到文德殿值班，其他重要的政事肯定会受到影响。

神宗对此并非完全不知，但却将王陶的弹劾文字批转给了韩琦。韩琦看罢相当不满，甚至有些愤怒，他当面回击了王陶的指控：臣韩琦并非跋扈之人，陛下要处置微臣，只需派遣一名小宦官前来，臣便立刻束手就擒了。显然，韩琦的言辞非常激烈，但他并未直接针对王陶本人，却给神宗出了一个实实在在的难题。以韩琦当时的地位及其在朝野上下的巨大影响力，定然是牵一发而动全身，这着实让神宗暂时难以做出决断。

神宗听了韩琦这番话，不禁为之动容，感到事态严重，自己能入继大统，毕竟有韩琦的一份功劳。朝中很多大臣也都认为，王陶话说得很是过分，明显是小题大作，意在诬陷大臣。而韩琦此时也数次上表待罪，请求外放。在这种情况下，神宗不得不照顾多数官员的情绪，并没有立刻同意韩琦的外放请求，反而下诏罢免了王陶御史中丞的职务，改任为翰林学士，与韩琦在英宗年间结下政治怨恨的司马光则接替王陶担任御史中丞。

然而，参知政事吴奎等认为，任命王陶为翰林学士有褒奖罪臣的嫌疑，坚持请神宗将王陶降职外放，并且称病不出，不理政事，以此表示对这一任命的不满。显而易见，吴奎并非不知王陶的背景，他之所以做出如此强硬姿态，大概是担心树倒猢狲散，且王陶留在皇帝身边，对以韩琦为首的宰相势力始终是巨大而潜在的威胁。面对这种进退两难的局面，神宗大怒，立刻免去了吴奎参知政事之职，将其外放出知青州（今山东益都）。

新任御史中丞司马光虽然与韩琦素来不睦，但他也清楚意识到，宰相是否到文德殿值班，只是无关紧要的小事，在神宗即位之际，一件无伤大雅的事情竟使行政中枢和监察部门分为两派，结下难以化解的政治怨恨；反而把改革政事积弊、解除黎民百姓疾苦等大事置诸脑后，这种行为完全是极其不负责任的重大过错。所以，一方面他明确表示支持王陶，指出王陶是因为议论宰相的是非而被罢免的，如果宰相现在不能按照规定到文德殿值班，那么今后御史中丞就无法行使职权了，希望能在宰相到文德殿值班以后，自己再正式就职。其言外之意则是，韩琦不到文德殿值班，虽然无可厚非，但必须用行动来表示一种对台谏官员的尊重，这与宰相文德殿值班的是非并无任何关系，完全是为了表明一种态度。另一方面，司马光又向神宗建议，暂时不要任命王陶为翰林学士，只让他担任晋升为御史中丞以前的旧职，这样就保持了宰执大臣的脸面，是较为妥当的。否则，神宗即位之初，英宗尚未安葬，就尽逐前朝大臣，于情于理也很难说得过去。神宗接受了司马光的建议，召回了吴奎。可见，司马光的调停为稳定政局起了一定的作用。

事实上，在神宗即位后的几个月里，一系列台谏官员参劾宰执大臣的政治风波，并非毫无联系的偶然事件。英宗安葬后，数日内，神宗即免去了韩琦、吴奎、郭逵、陈旭等四人的宰辅之职，终于清除了韩琦等人在朝廷中的势力。可见，这一切都是神宗事先精心策划好的。前面关于欧阳修的几桩事，不过是驱逐韩琦的前奏罢了。在这一系列政治风波中，许多牵涉其中的朝中大臣均未看透神宗的用意。王陶毕竟是东宫旧臣，极善于揣度圣意，知道神宗登基之初，非常不满韩琦等宰执权力过大，萌生了改换宰辅大臣的想法。看透了这一层，他自以为得计，一上任就立刻对韩琦进行捕风捉影的攻击，以谋求宰执大臣的重位。但神宗并不欣赏他的这种行为，此事过后，王陶便很快被神宗抛弃，再也没有得到重用。

熙宁二年（1069）二月，神宗任命王安石为参知政事，主要负责变法事宜。同时调整了人事安排，组成新的执政班子。神宗任命了五位执政大臣，时人有"生老病死苦"之称。"生"指王安石，他正生机勃勃地筹措变法。"老"指曾公亮，他年近古稀。"病"指富弼，他因为反对变法而称病不出。"死"指唐介，他反对变法，每日忧心忡忡，变法刚开始就病死了。"苦"指赵抃，他不赞成变法，但又无力阻止，成天叫苦不迭。从这个宰执班子中可以看出，除了王安石以外，其宰臣大多是反对进行变法的。这也正是神宗的良苦用心，他既希望通过王安石来帮助自己实现胸中大志，又选用旧臣对王安石的权力进行牵制和平衡。

其实，早在两年前，神宗起用王安石为翰林学士的五天后，司马光和吕公著也被神宗任命为翰林学士。翰林学士是皇帝的私人秘书，除了负责起草任免将相、册立皇后太子、对外宣战等重大诏令之外，还是皇帝的最高侍从顾问，职权很高。在信任王安石的同时，神宗下达这一任命，明显有制衡掣肘之意，这为日后宋朝统治集团的严重分裂埋下了祸根，给整个北宋末年的政治带来了极其负面的影响，到了靖康年间，这种政治恶习仍然延续，甚至有愈演愈烈之势。当金人已兵临城下之时，开封朝堂上的一班朝中重臣，却还在为一件无关痛痒的琐屑小事争论不休，无法做出决断。

王安石独特的个性一方面使自己很快取得了神宗的认可和信任，得以辅助神宗开始变法大业，但另一方面，这种过于理想化的政治品格也成为变法过程中无形的障碍。执政之初，王安石将自己完全置于满朝文武的对立面，对宋王朝的法令制度与当时的官僚集团持公开否定的态度。在出任参知政事前不久，他甚至对神宗说出这样的话：臣王安石来侍奉陛下，是为了帮助您有大的作为，然而，现在的法度和风俗一切败坏。朝廷中鲜有君子，多为庸庸碌碌之辈和奸诈险恶之徒。庸人以尸位素餐、不思进取相标榜，奸人则以诬陷直臣、诋毁忠良为能事。君子一旦有所建言，奸人必定心有忌恨而攻击君子，而庸人则定会随声附和。陛下若真欲重用微臣，必定要有所防范。这样的话，很容易开罪众人，但王安石似乎不管不顾。

当然，王安石在全面推行新政前，也预料到会不可避免地招致举朝上下的诘难和反对，所以在开始全面变法后，就对所有与自己政见不合的大臣进行无情的打击，同时提拔了一批赞成新法而有才干的年轻官员。王安石希望通过这种方式能够改变整个国家官员的风气，提高行政效率，有效推促新法的推行，但结果却并非完全如其所愿。

熙宁二年（1069）秋天，在神宗的支持下，王安石制定并颁布了青苗法。北宋政权建立以后，仿效前代的办法，在各地设立了常平仓，规定在粮食丰收年份，由各地政府适当提高谷物的价格，大量收购，以防粮食价格过低，农民受到损失。在灾荒之年，政府则要以低价卖出仓中储存的粮食，以救济灾民。显然这一规定是非常合理的，不仅可以保证民众的利益，同时也可使政府有利可图。

但是，宋朝的官僚管理和行政体制明显有很多问题，往往是中央出台好的政策到了基层就变了味道，或者很难执行下去。有的地方官员，把调节粮价的有限本金大部分挪作私用；有的官员则根本不重视这一政策，认为粮食既要收购还要卖出，非常麻烦，彻底对这一规定置若罔闻，不理不睬；更有的官员阳奉阴违，与豪商富贾及囤积居奇的大户人家相互勾结，借调节粮价的机会从中大肆牟取私利。至北宋中期，常平仓基本上已经名存实亡了。应该说，常平仓法难以推行并不是法令本身出了问题，宋朝官僚制度的巨大缺陷是造成这一事实的关键因素。

王安石的青苗法正是针对这一情况而出台的。青苗法最基本的内容是，政府在春季青黄不接时提供贷款给农民，秋收时农民再还贷款，借期六个月，还贷时交纳一定比例的利息，利息依当时的乡村标准而言并不算高。早在庆历七年（1047），王安石知鄞县任上，曾试行过将谷物在青黄不接时贷给农民，待收获后连利息一并偿还。由于王安石亲自主持和监督这一政策的推行，所以当时在鄞县的成效颇为可观。

但是，小范围的成功并不意味着能在全国范围取得良好的效果，而王安石和神宗也考虑到这个问题，因而，青苗法最初只是在京东、淮南和河北三路试行。朝廷准备在局部范围取得一些实际成果和经验后再向全国推广，显然这是较为稳妥的做法。但实际情况却并非如此，上有好之者，下必有乐之者，青苗法在上述三路试行并没有多久，还未取得多少实效和经验，其他诸路却争先恐后地开始实施。这样，青苗法在全国范围内迅速推行开来。

青苗法的确抓住了当时宋朝社会的一个重大弊病，从法令的内容和推行的目的来看，一方面限制和夺取了豪强之家出放高利贷的部分权利，另一方面也充分保障了农民顺利获得必需的生产资本，可谓利国利民的"良法美意"。但是，如同常平仓法一样，青苗法在整个国家范围内具体实施和操作的效果却还要牵涉到很多因素，尤其是官员的素质和管理，起着至关重要的作用。

熙宁三年（1070）二月初一，时任河北四路安抚使的韩琦上书神宗，指出青苗法操作过程中的诸多问题。当时，韩琦固然是一位坚定反对新法的官员，其对青苗法的指责很可能有夸大之嫌，但由于他在地方任职，应该说，他的意见多少还是能反映青苗法在实际实施过程中存在的一些问题。其中包括，由于各地都有贷出青苗钱的配额，主管推行青苗事宜的提举常平司便要求本路的地方官员，必须把不愿请领青苗钱的人户名录上报，而后提举常平司派出人员前往劝说，如果劝说后还有人不愿意请领青苗钱，知县和相关官员就要受到处分。这样，地方官员因为害怕承担责任，青苗钱由自愿申请立刻变成了强制发放，不管民众是否需要，都必须贷青苗钱并交纳利息。这样，青苗法在实施中彻底脱离其立法本意，甚至有现代学者据此评论，这无异于给民众额外增加了一项赋税。

应该说，青苗法在某种意义上取得了一些效果，在某些地区有很好的社会效应。然而，整个宋朝的地方官员并不能都如知鄞县任上的王安石那样，真正尽职尽责进行推行，很多基层官员只知道逃避责任，根本不考虑青苗法的最初本旨。事实上，常平仓法难以推行已经暴露了宋朝当时官僚管理体制的诸多问题，在青苗法推行过程中，官员管理的简单化并没有改变这些弊端，反而使问题变得更加复杂和难以解决，而王安石和神宗的"良法美意"也因此完全变了味道。归根结底，宋王朝官僚制度和政府管理方式的弊病是导致青苗法难以取得预期成效的重要原因。而要解决和改变这一弊政，则是王安石和宋神宗在那个时代很难办到的。

这样，熙宁三年（1070），随着新法的开展，朝中越来越多的官员开始反对新法，即使是王安石曾经的挚友，也有很多人对新政不满，其中即有身为御史中丞的吕公著。他给神宗上了一道反对青苗法的奏疏，直截了当地批评青苗法：自古有作为的君王，没有一个能失却了天下人心，还可以励精图治，也没有一个能够通过威胁或者强迫的手段，而赢得天下人心。昔日所谓的贤人，当今都认为青苗法于国家宗庙社稷有百害而无一利，难道这些君子转眼之间竟都成了不肖之臣？可见，吕公著的态度非常明确，认为推行青苗法定会失了天下人心，意在请求神宗三思而后行，要考虑到朝中其他元老重臣的意见。但是不久，吕公著便被罢去了御史中丞之职，黜知颍州（今安徽阜阳市）。

这一重大人事变动的直接原因竟源自一个小小的误会。据说，吕公著在与神宗一次面谈中告诉神宗，韩琦因力主废除青苗钱，多次被执政大臣攻击和压制，新法官员曾布批驳韩琦奏疏的文字，甚至被布告全国，因此韩琦不久将要兴兵进京，除去皇帝身边的恶人。其实这一说法很值得怀疑，吕公著平日为人谨慎，与同僚谈话犹考虑再三，完全不可能在神宗面前言谈如此轻率。况且，吕公著与韩琦是姻亲，从常理讲，他也是不会如此中伤韩琦的。更何况率士兵进京的大事，宋朝从来就不曾有过。事实上，这番话是另一位大臣孙觉对神宗讲的。他在吕公著与神宗谈话的数天前朝见了神宗，发表了类似的言论，可能是因为两人都长得一副好胡须，神宗就误记为吕公著了。

吕公著与王安石有很深的交情，吕公著之任御史中丞就是他推荐的，他希望吕公著能协助他推行新法。可是，吕公著任御史中丞后，坚决反对新法，更反对神宗和王安石重用吕惠卿，称其存有奸邪之心，不可担当重任。因而王安石对吕公著非常失望，早已有了将其驱逐出朝廷的打算。这件事情发生后，王安石自然不会为其辩白，反倒可以趁此机会遂了自己的心愿。

新人政治：权力投机的陷阱

在罢免了吕公著后，神宗任命李定为监察御史里行。李定是扬州人，少年时曾受学于王安石。熙宁初年，李定任秀州（今浙江嘉兴）军事判官，受孙觉的推荐来到京城，首先拜见了监察官员李常。李常问他，既是从南方而来，当地民众如何看待青苗法。李定答道，当地民众都认为青苗法很好，人人无不拍手称快。李常便告诫他，现在朝野上下都在争论这一法令的是非，千万不要再把这些话口无遮拦地说出来。不久，李定又前往拜见王安石，留下了一句深得王安石欢心的话：我只知道据实而言，并不知道在京城不能谈论新法的好处。可见，李定是新法的积极拥护者，但同时也难免掺杂一些政治投机的私念。王安石立刻将李定推荐给神宗，让他给神宗谈谈青苗法的好处。

最初，神宗和王安石准备任命李定为知谏院。但是按照宋朝繁杂而又等级森严的官制，宋朝的文官可分为选人、京官、朝官三类。科举考试及第的士子最先得到的是选人身份，其最关心的事情就是此后能否升入京官和朝官，只有做上京官才能被人看作真正的文官官僚，才能在士大夫社会里昂首阔步，才能真正有资格担任更重要的官职。当时李定仍是选人的身份，还没有通过"改官"即由选人升入京官行列。于是，这一任命当即遭到宰相曾公亮、陈升之的否决，称此前并无选人直接擢升为谏官的先例。在这种情况下，王安石遂利用自己的权力，直接升了李定的官阶，使其成为朝官，并改命他为监察御史里行，"里行"是较低官阶的官员担任御史的称呼。

然而，即便如此，知制诰宋敏求、苏颂、李大临仍然认为李定由选人直接升为朝官，没有经过有关部门必要的考核程序，且是委以监察官员的重要职务，显然不符合本朝官员管理制度的规定和惯例。虽然朝廷急于用人，事出有因，但这样做严重破坏了祖宗法度，其弊远远大于利，因而拒不起草任命李定的诏书。有鉴于此，王安石不顾曾公亮的反对，撤销了宋敏求等三人的职务，时人称之为"熙宁三舍人"。其实，宋敏求等人这样做是在行使职权，应该说是完全正当的，并无多少过错。王安石为一名低级官员的任命而不惜与宰相曾公亮发生冲突，同时罢免三名高级官员，这就不免让人感觉有些蹊跷。

仔细分析李定所担任的监察御史这一官职的执掌，就可以解开这个疑团。宋朝的台谏是御史与谏官的合称，在政治生活中有着非常特殊的地位。仁宗时期，台谏的组织机构和官员设置更趋完备，台谏势力在政治舞台上的作用日趋重要，他们是监督和弹劾宰相、执政最重要的工具之一。正因为如此，作为最高统治者，宋代帝王充分利用了这一制度，使臣子之间"异论相搅"的家法得到合理而充分的保障。台谏官员只要表示忠于皇权，便可以完全不负责任地任意攻击政敌，而不必受到严厉的处罚。

神宗即位之初，就曾利用担任御史中丞的王陶驱逐了韩琦、欧阳修等执政。从这个例子多少可以窥出台谏官与皇帝关系的端倪。这一年的四月，王安石曾和神宗有过一次面谈，王安石问神宗，陛下可知今日政令为何难以推行？神宗很清楚王安石明显是有所指，就顺水推舟，这是因为朕任命的台谏官员不得其人。王安石立刻建议神宗，陛下现在应该重新选择台谏官员人选，如果不对台谏进行大胆的调整，新法仍然免不了会遭到攻击和阻挠。

在神宗的支持下，王安石罢黜吕公著、宋敏求等人，任用李定，是为了夺取台谏，控制言路，为变法扫清障碍。不久，李定即被监察御史陈荐等人参劾，称其是一个不服母丧的名教罪人，宰相曾公亮以前就极力反对任用李定，这时也进言表示支持陈荐。在这种情况下，王安石被迫将李定从台谏重地调为他任。但在参劾李定的过程中，监察御史林旦、薛昌朝、范育，包括第一个上言攻击李定的陈荐等人也都被罢免，这成为台谏进行改组的信号。不久，王安石的好友谢景温被任命为负责御史台日常工作的侍御史知杂。他不但是王安石之弟王安国的姻亲，同时也是新法的坚定拥护者。

这样，数月之间，台谏中的旧人为之一空。在台谏如此重要的职位，全部任用新晋官员，在北宋历史上还是比较少见的。自仁宗朝以来，台谏官员不能全部都是执政的私人，这是台谏制度发挥作用的最基本要求，而王安石却彻底打破了这一规则。况且，在等级森严的官场上，官员的晋升、委任多是熬年头、凭资历，而神宗、王安石所提拔的官员大多非常年轻、资历很浅，大大突破了传统的用人规则，自然要遭到许多人反对。

朝中元老重臣几乎都全力反对这一任命，但也无可奈何。于是不少人倚仗其既有的特殊政治地位，恣意鄙薄乃至凌辱新晋官员。时人邵博温曾经记载了这样一个故事，元老重臣文彦博出任北京大名府（今河北大名）的最高行政长官，支持新法的年轻官员汪辅之新任河北东路转运判官，前来拜见文彦博。文彦博故意不闻不问，直到汪辅之已经等得心烦气躁，才珊珊出来接见，而且待客礼数非常简单，还对汪辅之解释说：刚才家里人让我洗头，忘了你在这里等我，请不要见怪。在这番客套话的背后，显然有着轻蔑的含义。听了文彦博的一番话，汪辅之当时已是羞恼万分，站也不是，坐也不是，立刻起身告辞。后来，汪辅之事先定下了巡视大名府库的日期，并首先通报了文彦博，文彦博却不予理睬，故意在汪辅之到来的当天举行家宴。等到汪辅之按照预定的时间来到府衙，处理巡视事宜，属吏却来报知文彦博在家中举行宴会，取不到库房钥匙。汪辅之顿时大怒，却也无可奈何。可见，一代名臣文彦博耻于受到年轻官员的约束，竟然荒废政事，故意刁难新法推行者，于国于民有百害而无一利。

不仅如此，王安石迅速提拔年轻官员的做法，本身也出现了很多问题。宋人朱彧有一则有趣的记载，称这些新提拔的年轻官员不熟悉朝廷礼仪，曾遭到神宗身边优伶的取笑。一个伶人故意骑着一头驴直奔皇宫而来，被卫士们拦住，伶人便说了这样一句台词：现在不是凡有脚的都上得了吗？言外之意是，只要有官员能够积极支持新法，得到神宗及王安石的青睐和认可，不管其官位尊卑、才能高下，都会被委以重任。其实，这则故事很有可能只是民间的传言，或者是笔记作者的一面之词。但至少可以看出，新提拔的官员人数不少，其中不乏滥竽充数之人。

苏轼于王安石罢相退居金陵之时，从黄州（今湖北黄冈）去常州（今江苏常州）的途中特地去看望了他，二人虽政见不同，但却相见甚欢，其中有一段对话颇耐人寻味。王安石说，君子应当言必行，行必果，须以拯救天下黎民苍生为己任，以辅佐帝王建立功业为职责。苏轼便戏谑道，今之君子，为了能够早半年升迁，即使要其去杀人也敢做得。王安石笑而不答。显然，王安石的笑，并非会心的笑。当时官员群体中的某些人，为了把自己的晋升提前半年，竟到了不择手段的地步。投机变法已成为很多沽名钓誉者的升官发财之道。

神宗和王安石怎么也没想到变法竟然从根本上并无大的收获，整个官僚集团不仅仍然按照原来的潜在官场游戏规则运作，而且还导致了国家管理的混乱和无序，变法派和反变法派两股政治势力之间的政见之争，逐渐演变为党同伐异的党派之争，而变法派内部的分裂和争斗则更使局势雪上加霜。甚至有人声称变法败坏了宋代士人的良好风气。吕惠卿就是一个相当典型的例子。

在变法派官员中，吕惠卿无疑占有重要地位。王安石比他年长十一岁，非常赏识和器重吕惠卿的学术、才干。因为有王安石的提携，加之在变法初期异常坚定与积极，吕惠卿在政治上迅速发迹。王安石第一次罢相之际，鼎力举荐吕惠卿为参知政事。但是，吕惠卿却有着极强的权力欲，当上参知政事后，那种争强好胜、嫉妒贤能、处事不公的恶劣品性开始表现出来。在王安石退居金陵期间，吕惠卿就已暗中施展手段排挤王安石。王安石复相后不久，吕惠卿又无事生非，甚至以辞职相要挟，在神宗面前巧言攻击王安石。一次，他竟对神宗说：此次王安石复相，长期托疾，无所事事，与以前大不相同。当年王安石尽心竭力为陛下谋划治国之术，今日反而成这个样子，必定是心里有不如意的事情，故不能安于相位。大概是因为微臣在朝中担任要职，才惹得王安石不高兴，使他不能像以往那样尽心分担陛下的辛劳。朝廷可以没有吕惠卿，但不可以没有王安石，这就是我要向您辞职的原因。

吕惠卿这番话的确很巧妙，在看似不经意间便向神宗巧妙透露了王安石此次复出为相，其实并没有尽心效命的信息，而且还隐晦指出王安石之所以出现这种情形，是因为嫉妒自己的才干和能力。而他自己则做出了高姿态，以大局为重，先行辞职，来挽留王安石，继续辅佐神宗进行新政。显然，吕惠卿的这种伎俩是以退为进，蓄意在神宗面前丑化王安石的形象，进而达到固宠保位的目的。后来，在诸多问题上，吕惠卿无不与王安石严重对立，并继续恣意离间神宗与王安石，节外生枝，制造矛盾。总之，吕惠卿已经完全与王安石离心离德、反目成仇，直接导致了变法阵营内部的分裂，进而带来了一系列严重后果。

事实上，吕惠卿并不算是变法官员中最令人不齿的一类人。虽然在一定条件下，他容易为功名利禄、权势地位所左右，但毕竟对神宗和王安石主持的改革事业有着较高的热情，也具备从事实际工作的才干，只是缺乏一定的道德修养和秉性操守。变法官员内部如邓绾等人，其道德观念、官场节操则是最为卑琐不堪。他们虽有一定的学养和才干，但善于趋炎附势、见风使舵，一事当前，主要考虑个人的利害得失，完全没有政治家应有的操守。

熙宁三年 (1070)，邓绾任宁州 (今甘肃宁县) 通判。他上书神宗，大肆称颂新法，引起了王安石的注意。不久，王安石便将邓绾推荐给神宗，并提升他任宁州知州。邓绾得知任命后，很不满意，嫌升迁太慢，竟自言自语道，急着召我进京，就这样打发我回去了？王安石得知，便遣人问邓绾想担任什么样的官职，邓绾回答，至少应该是馆职一类的吧。来人便问，做谏官怎么样？邓绾毫无推托之意，竟大言不惭地回答，凭我的才学，完全能够胜任。时隔不久，邓绾果然被授予了集贤院校理的馆职，后来又被委以同知谏院的重任。

邓绾在开封的同乡听闻此事，都非常看不起他，认为实在有失读书人的品行和操守，对他嗤之以鼻。同乡们一起聚会饮酒时，常以邓绾作为耻笑、戏谑的对象。邓绾完全不在意这些，还针锋相对地留下了一句遭千古唾笑的处世格言，"笑骂从汝，好官须我为之"。意思是说，只要我能升官发财，随便世人怎么评价，与我全无干系。虽然这句话有可能是某些存有偏见的史家和官僚士大夫，为了刻意丑化变法派的形象，而进行的夸张，但至少可以说明，在当时的变法官员群体内部，丧失人格、不顾廉耻、利欲熏心之徒也确有其人。邓绾在日后政治生涯中的所作所为也成为他这句名言的最好注脚。让这样的官员去执行新法只能适得其反，神宗和王安石的"良法美意"不得不大打折扣，甚至造成极为不良的政治影响。

变法派自身的分裂和问题，直接影响到了王安石与神宗之间的君臣关系，使得神宗在心理上留下了难以磨灭的沉重阴影，从而逐渐转变了对变法派及反变法派的看法，并将对变法派集团充分的信任与依赖转变为单纯的利用了。其实，整个变法一直都在神宗皇帝的掌控之中。神宗即位之初，在举朝上下无人支持他施行有为之举的情况下，神宗对王安石十分赏识，非常信任，甚至是言听计从，对扶持变法派也倾注了较高的热情。但即使在这种情况下，神宗还是进行了很多人事上的安排，对变法派和王安石进行牵制。除了前面提到熙宁二年（1069）的执政班子中王安石的相对孤立外，富弼之婿冯京政治倾向明显保守，在王安石担任参知政事五个月后，即被委任为枢密副使。这一任命表明，神宗对王安石还是有所防范的。随着变法的全面展开和政治纷扰的出现，神宗与王安石的关系也悄悄发生了微妙的变化。

熙宁八年（1075）二月，王安石重新回到中央，神宗基本上是自作主张、自行其是了。时人吕本中曾有这样的说法：王安石再次为相，神宗对其多少有些厌烦，处理政事，多不听从他的建言。王安石后来对自己亲近的官员感叹道："只从得五分时也得也。"意思是说，神宗能听一半我的建议也好啊。言外之意是神宗不重视他的意见。元丰七年（1084）即神宗去世前半年，神宗指定了太子老师的人选，分别为司马光和吕公著，两人都是全力反对王安石新法，并一直被王安石压制的反对派。此时，王安石已隐居于金陵达九年之久。

　　熙宁初年被视为须臾不可或缺的股肱之臣，何以会落到如此地步？神宗为何会对一度曾被自己视为老师的王安石产生厌烦情绪呢？变法派内部和王安石自己出现的问题只是一个诱因，最根本的原因在于神宗恪守祖宗家法，维护和巩固绝对的皇权，容不得丝毫的冒犯，宁愿臣子不以天下治乱为己任，也不愿他目无君父。王安石自少年以来，一直具有浓浓的圣人情结，受到神宗知遇以来，更是常常教导他应该如何处理政务，神宗自己也尊称王安石为"师臣"，可谓"义兼师友，言听计从"，对王安石看似无比信赖。然而，王安石已然处于功高盖主的风头浪尖之上了。正因为如此，政治形势一旦发生变化，这种信任就会立刻荡然无存，很难经得起世事沧桑的考验。

　　可以说，神宗自登基以来，一直坚持臣子"异论相搅"的祖宗家法，即皇帝有意让政见相左、各不相容乃至怀有宿怨的大臣共处一朝，使之相互牵制，以便君主在最高统治集团内部消除任何潜在威胁。在整个神宗朝，即使是在神宗对新政和变法派最有信心的时候，都一直有反变法派的官员身居要职，以制衡和牵制变法派。熙宁三年（1070），神宗为了保证变法的进行，虽然支持王安石彻底扫清旧党在台谏中的势力，但同时仍然利用一些坚决反对新法的官员进行掣肘。前面提到文彦博仗势慢法、恣意羞辱新法官员汪辅之，事情过后，汪辅之立刻秘密上奏神宗，弹劾文彦博。很明显，文彦博的做法毫无道理，理应受到责罚，但神宗不仅没有斥责文彦博，反而公开祖护，将汪辅之的奏章直接交给了文彦博，并作了批语："辅之小臣，敢尔无礼，将别有处置。"这无异于颠倒黑白，竟然严厉斥责奉公守法的官员无礼，甚至还警告汪辅之不要再来告状，否则定要严惩不贷。可见，为了安抚反对变法的元老重臣，以实现对变法派集团的掣肘和制衡，即使是积极参与变法的新政官员，也往往会成为神宗利用的工具。

神宗极力维护绝对皇权，始终恪守"异论相搅"的祖宗家法，再加上王安石理想化的政治品格，使得本来就纷乱复杂的变法运动更加光怪陆离。但有一点是肯定的，君臣二人都一直想改变的官僚风气似乎没有多少变化，而行政效率和管理水平也没有多大改观。同时，宋朝士大夫阶层在新法的推行和争论中则出现了巨大的分裂，单纯政治见解的不同逐渐演变为亲同仇异的党派之争，几乎所有的朝中大臣都不可避免地被卷进了党争的旋涡。而其后的哲宗朝和徽宗朝，这种性质复杂的党争愈演愈烈，党派之间的倾轧、复仇、清算以及绞尽脑汁的人身攻击，自元祐以来即成为家常便饭。大宋王朝在这种不停的政治动荡和内耗中无可避免地愈来愈虚弱，很难再恢复元气。

兵败：文人统兵的并发症

王安石是一个理想主义者，神宗又何尝不是，这或许正是他们君臣知遇的基础。神宗的最终目标是开疆拓土，恢复汉唐，追步汉武帝、唐太宗，建立一番盖世功业。在当时并不利于宋朝的国际环境下，在纷繁复杂的变法过程中，他孜孜以求的就是收复燕云、灵（今宁夏灵武）夏（今属陕西靖边）故土，血洗数世之耻。

早在即位之初，神宗就迫不及待地开始了他的拓疆大业。治平四年（1067）六月，鄜延路边防要塞青涧城（今陕西青涧）的驻防将领种谄奏称，西夏常年用兵，国内疲于战事，西夏国主唯恐边境部族人心思变，准备将横山（今陕西横山）地区的部落内迁至其首都兴州（今宁夏银川）附近，横山部落安土重迁，不愿离去。其首领嵬名山集结数万之众，准备归顺宋朝，希望神宗能够同意其归附。此事得到了陕西转运副使薛向的支持，神宗大喜过望，立刻招薛向入朝，商讨对策。

薛向是对西夏的主战派，他在英宗治平三年（1066）底，曾面见英宗，专门谈论关于西夏的边事，其中就有关于如何夺取横山地区的具体建议。当时英宗正在病中，皇子赵顼即后来的神宗在其左右侍药，听到薛向的议论，非常欣赏。此时，君臣二人便在种谄奏疏的基础上定下了一个以夷制夷的方略。神宗还特意嘱咐薛向，对宰执要严格保密，横山事务由他下达手诏亲自指挥。神宗认为，打击西夏的时机已经来临，他计划策反在故绥州（今陕西绥德）的嵬名山部，进而彻底消灭西夏。但是，时任御史中丞的司马光从文彦博处得知这一计划，便接连上奏，加以劝阻。神宗大为恼火，立即解除了司马光御史中丞的职务，让他重新担任翰林学士。可见，神宗立志用武力打击西夏的决心很大，已经没有人能够加以阻拦了。

此时，种谄已经收降了嵬名山之弟嵬夷山。趁此时机，种谄一面命令嵬夷山，携带金盂等财物前往横山说服嵬名山；一面秘密向神宗请示，准备发动突然袭击。得到神宗密旨后，种谄连经略司都没有通报，便与大将折继世于治平四年十月率兵长途奔袭横山，包围了嵬名山的营帐。嵬名山大惊，立刻披挂上马，准备举兵抵抗。看到时机成熟，嵬夷山便趁机劝说嵬名山：兄长既然已经有心归附，何以如此反复，况且您已经收下了宋朝的礼品。嵬名山见事已至此，无力回天，便率部众向种谄投降。这样，种谄在神宗的支持下，软硬兼施，在几乎没有伤亡的情况下，一举夺取了西夏横山地区的绥（今陕西绥德）、银（今属陕西米脂）两州。

然而，这场大胜离神宗以夷制夷的战略构想还有很大的差距。西夏得知嵬名山被诱降，即以其人之道还治其人之身，以会谈为名诱杀了宋朝边防将领杨定等数人，并立刻点集数万军马前来争夺绥州。种谔非常镇定，大开城门，命嵬名山率其部出城向夏军挑战，自己则率众紧随其后，各色旗帜遮天蔽日，军队阵形非常整齐。夏军见到这番阵势，非常惶恐，不知宋军有多少兵马，赶忙主动撤军五里，极大削弱了士气。种谔又命大将燕达、刘甫在城外险要两翼埋伏精锐，自己则为中军。西夏军队通过准确情报，得知自己兵力明显处于优势，便重新布阵准备攻城。

开战前，种谔令老弱军士故意在城中擂鼓呐喊，将夏军的注意力吸引到自己的中路。战端一开，种谔身先士卒，率中军与敌军接战，夏军众多，眼看难以抵挡之际，种谔一声令下，左右两翼的伏兵出其不意，从外围包抄，杀入敌阵。夏军顿时阵脚大乱，土崩瓦解，大败而逃。种谔率军追击二十里，斩首甚众。从这场大战可以看出，种谔是一位有勇有谋的优秀将领，先用心理战，大唱空城计，在士气上先赢了一着，后又巧设奇兵，自己更能奋勇当先，居于作为诱饵的中军，结果自然大获全胜。但就是这样一位才能卓越的将才，却在后来元丰年间的几场战役中遭到无端的排挤，甚至被剥夺了战场指挥权。

虽然绥州保卫战由于种谔指挥得当，取得了重大的胜利，但是，种谔是领了神宗密诏突袭横山的，在整个绥州战役之前，神宗事先并未通知陕西沿边各路经略司。因而，在夏军大举反攻之时，陕西各地未做丝毫准备，整个作战前线严重缺乏作战所需的大批粮草、钱帛等战备物资，也没有调集军队、加固城寨、布防险要，更没有考虑如何接纳归附蕃部。不仅如此，前线的军事指挥也非常混乱，各路将领只要得到邻近安抚使司和转运使司转发的命令，便各自直接领兵攻入西夏境内，并无统一的指挥。

宋朝的中央决策机构在很多具体问题上的看法也很不一致。打了胜仗，政事堂下令嘉奖，枢密院却下令警告。在前线修筑军事据点，枢密院追查责任，政事堂却通令奖赏。宋王朝军事指挥的混乱此时已经暴露无遗，在日后的靖康之役中仍然接连上演。眼看局势无法收拾，宋军可能全线溃败之际，西夏国王谅祚病故，事态才未急剧恶化。后来，立有大功的种谔成了前线战事不利的替罪羊，朝中大臣纷纷上奏，攻击其擅自挑起战端，致使宋夏之间重新燃起战火。神宗虽然很清楚，种谔是奉自己的密诏出兵，并无专擅之事，但为了堵住反战官员的嘴，同时也为了给自己一个台阶下，便将种谔连降四级，降到随州（今湖北随州）安置，待到此事逐渐平息，又将其官复原职。

应该说，王安石对富国和强兵都有一套完整的纲领，但从根本上来说他只是一个政治家而不是军事家。他虽然提出了很多主张，而在执政期间，变法的重点是在理财（富国）方面；为重振宋朝军力呕心沥血的则是神宗本人。绥州战役的失利并未打消神宗开疆拓土的雄心，反而激励他把更多的精力和变法的重点放在了强兵方面。在此前后，他曾题了一首五言绝句自勉："每虑夕惕心，妄意遵遗业。顾余不武姿，何日成戎捷！"意思是说要继承列祖列宗的遗志，收复国土。

要进行大规模战争，兵器的先进程度和科技水平至关重要。神宗深谙此道，非常重视兵器的生产、制作，并且下诏封赏进献新式武器之人，于是民间掀起了一股进献武器的热潮。然而，在手工业时代，新旧冷兵器的更新换代非常迟缓。虽然各地进献的武器种类繁多、千奇百怪，但大多并无进行大规模标准化生产的可能；有些虽然宜于制造，但实战价值却非常低。平民李宏献上的"神臂弓"可算是这股进献风潮中的最大收获。

宋朝兵器以弓弩为主。弓可供步兵和骑兵通用。弩，事实上是弓的一种，一般是用足开张，故只能由步兵使用。弩箭比弓箭射程远，穿透力更强，但其发射的间歇时间要长一些。李宏进献的神臂弓就是一种弩，射程远及二百四十多步，约合三百七十二米左右。在这样远的距离，神臂弓发射的弩箭仍然有足够的力量轻易穿透榆树树干厚厚的外皮，甚至直接没入半支弩箭的箭身。神臂弓只需一个人即可操作，很容易在实战中推广。此后，神臂弓在宋朝军队中长期使用，到了南宋初年，仍是令金军望而生畏的先进武器。因此，宋朝对这种精良兵器非常重视，特别制定了专门军事条例，不准私自制造、仿制以及毁弃。

床子弩这种重武器在神宗时期也得到了特别的重视和改进。床子弩有不同的款式和名目，一般都用四脚木架作为弩座，故相当笨重，不便运输，往往用于城防。在后来的太原保卫战中，床子弩就发挥了很重要的作用。但有时也可以用于野战，在澶渊之盟前夕，契丹大将萧挞揽就是中床子弩箭身亡的，使契丹军队的士气受到很大的挫伤。神宗时期最大的一种床子弩称为三弓八牛床子弩，需要七十个兵士共同操作，其箭称作"一枪三剑箭"，据记载，其有效射程约为四百六十五米。床子弩还有一种在较近距离射杀密集敌人的战术，称为"斗子箭"，即在床子弩的巨大弩弦上系上一个铁斗，在铁斗中放置普通箭镞数十只，发射出去可命中敌军数十人。其大规模使用场面十分壮观，无数箭镞飞向敌阵，如同一群寒鸦离巢，故又俗称"寒鸦箭"。在西方，直到十四、十五世纪，英国步兵使用的大弓有效射程不过二百米，显然远远不如宋朝的床子弩和神臂弓。可见，宋帝国军队的武器科技水平不仅比辽、金、西夏高，就是在当时的世界上无疑也是最先进的。

但是，兵器水平的先进仅仅只是在制作工艺和技术上的领先，要真正把这种领先转化到战场上还牵扯到很多复杂因素。兵器的制作质量就是其中极其重要的一环。在手工业时代，因制作有精粗之别，同样一种兵器的战斗效能就会相差很大。宋朝最突出的问题就是军事后勤生产的管理混乱和官员的普遍腐败，直接造成了兵器质量相当粗劣。宋人华岳记载，金朝每件军器上都有督造兵器官员的姓名以及造办年月，如果出现质量问题，就必定要追究监造官的责任，对其依法进行严厉处罚。宋朝监造官员的日子则好过多了，"制作之司，一切不问"，只要满足了朝廷要求的兵器数量，即使远远达不到基本的质量标准也可蒙混过关。其实，宋朝不是没有质量检测制度，比如，也明确规定，凡作坊工匠每制成一件兵器，须在该兵器上铭记自己和有关作头的姓名，刀剑盔甲可镌刻凿写，弓弩箭之类则须朱漆写记。显然，这一规定并非主要针对监造官员，仅是明确了工匠的责任。即使如此，由于种种原因，连这一不完全的责任制度也没有很好地实施和贯彻，常常成为一纸空文。这便导致一个很严重的问题，官员的责任感明显缺失，使得宋朝根本建立不起来一个严格的军事后勤责任制度。

应该说，神宗还是比较了解和重视这些问题。在他统治时期，进一步严格了军事后勤官员的管理和监督体制，也进行了一系列加强管理的改革，有一定的成效。在北宋诸朝中，神宗朝的兵器制造质量算是相对较高的。但即便如此，元丰元年（1078）十二月，神宗曾抽取三张弓箭，作为检验兵器制作质量的样本，结果大失所望，三张弓箭之间的质量竟然相差甚远，有一张甚至不堪使用。

神宗朝的情况尚且如此，北宋末年的情况则可想而知。平时的武器供应都很难保证，何况强敌压境的战争时期。靖康年间，宋朝军队的彻底溃败在此时似乎已经埋下了伏笔。金人围困开封时，东南各地起勤王之师，竟然严重缺乏兵器，于是安抚使翁彦国便慌忙命令扬州的作院赶制大量的神臂弓，限期一月完成，结果，只有很少仓促赶制的神臂弓在战场上发挥了作用，其他的则因为质量太差而根本无法使用。

随着新政的一步步深入，神宗感觉朝廷已经积聚了相当强的实力，完全可以继续支撑对西夏的战争，进而达成收复故土、迫使其臣服的目的。元丰四年，西夏上层统治者发生了内讧。神宗得到情报后，决定兵分五路，分别从东北、西北和正北三个方向直捣西夏的重镇灵州（今宁夏灵武）和兴州（今宁夏银川），结果西夏坚壁清野，将黄河以南的夏军主力主动撤至黄河以北，并出奇兵切断了北路军的粮道，使其惨败于灵州城下。灵州之战，宋军损失惨重，但宋夏军队的主力并未真正交锋，故神宗准备另寻战机，以便与西夏进行决战。

元丰五年（1082）五月，神宗得到环庆路经略司的情报，称西夏正在调集军马准备进犯。神宗大喜过望，立即命鄜延路经略使沈括和副使种谔草拟作战计划，并诏令给事中徐禧和宦官李舜举作为朝廷特派官员，前往鄜延路共同主持迎战事宜。徐禧是神宗新法的受益者之一。熙宁初年，新法刚刚施行，他仅凭几篇解决当时弊政的对策，便得到了神宗皇帝的青睐。这样，年青的徐禧并未参加科举考试，就直接被朝廷授予官职。

此后，徐禧更是官运亨通，迅速升迁，十余年便成为中央决策集团中的重要成员。可以说，徐禧是一个比较典型的新法官员。他对自己处理实际事务的能力非常自信，尤其喜欢谈论兵事。虽然此次到宋夏前线之前，徐禧从未担任过任何主管军事的实际职务，但由于他平日不断发表有关的军事评论和战术建议，使得神宗皇帝仍然认为他可以代表中央，到前线指挥这次意义重大的战役。

这样，一个从未经历战阵的谈兵书生，竟然成为指挥宋朝千军万马的前敌最高指挥官。大将种谔虽很有谋略，屡立战功，却只能听其发号施令，任其节制。这正是赵宋祖宗家法带来的后果。宋朝开国之后，历代皇帝都遵循前代惯例，不信任武将，从北宋初年的高粱河之役，到靖康年间帝国都城的陷落，莫不如此。当然，宋朝并非一味轻视武将，虽然对其防范很严，但对其专业化建议有时会予以采纳。此次战役最初的作战方案就是由种谔拟定的，而且得到了神宗的首肯。

其方案大致是，在西夏的战略要地横山一带建造数座城池，以占据地利，然后集中优势兵力全歼来犯的夏军主力。可见，其作战计划相当合理可行。当时担任鄜延路经略使兼知延州的沈括也支持种谔的意见。但是，为了不让种谔抢了自己的风头和破夏的头功，徐禧在视察了边境的形势之后，执意要对种谔的作战计划进行大幅度修改，提出了一套新的行动方案，并报请神宗批准。其意见最核心的部分是将加固银州城（今属陕西米脂）改为在距银州城十余里的永乐埭（dài）另筑新城。徐禧认为，新城会较旧城更能控扼险要。神宗出于对徐禧的信任，再加上沈括的附和，于是就采纳了他的建议。虽然种谔从军事角度极力反对筑城永乐，但神宗对此却完全不予理睬。从后来战争的进程可以看出，这一决策的失误是致命的。

元丰五年（1082）八月，徐禧与沈括等率蕃汉军队八万余人，运送粮草的役夫十六万余人，从延州（今陕西延安）出发，用十四天时间便建成了永乐新城。开拔之前，种谔仍然劝说徐禧不要执意在永乐建城。徐禧大怒，严厉警告种谔，难道你不怕死吗？如果再喋喋不休，惑乱军心，贻误战机，定以军法从事。种谔似乎并不畏惧徐禧的威胁，称建城于永乐，败局已定，既然如此，则我必死无疑。战败是死，违抗军令也是死，我宁愿违抗军令，被您处决于军营之中，也不愿抛尸于丧师辱国的战场。

作为一员久经沙场的老将，种谔对神宗为首的朝廷尽心尽职，面对徐禧等人不切实际的瞎指挥，他甚至以死相谏。然而，由于徐禧在先前已经与种谔因为作战计划的争端而交恶，更重要的是，他还担心种谔与自己争功，现在正好可以顺水推舟，当即奏报朝廷，称种谔骄横跋扈，心存异议。于是神宗诏命这员有勇有谋的战将留守延州（今陕西延安）。

西夏得知宋军在永乐建城，立刻发兵三十万前来争夺。宋军探报十余次来报徐禧，西夏大军数万正扑向永乐城，徐禧竟然不相信会有这种事，还大放厥词，敌人若是敢来进犯，正是我们立功的大好时机！待到夏军在无定河西排开阵势与宋军对垒，徐禧这才发现问题的严重性，急忙亲率二万五千军马前往增援。大将高永亨眼见形势紧迫，提醒徐禧，宋军守城的兵力与西夏的数十万之众相比，明显处于劣势，加之永乐城池狭小，而且系仓促建成，并不坚固，更糟糕的是，没有水源，很难长期固守。其实，这是委婉地提醒宋军主将，放弃永乐城，保存实力。徐禧却认为，高永亨是在扰乱军心，几乎要将其处斩。

就在这时，夏军也刚刚到达永乐城外。高永亨的兄长高永能建议，趁夏军立足未稳，出其不意，在其未摆好作战阵形之前，发动突袭。迂腐无能的徐禧却断然否决了这一良策，还煞有介事地引述了儒家经典中的教诲："尔何知，王师不鼓不成列。"意思是说，大宋朝的军队要摆好阵形，以彰显煌煌天朝的威严和气度，怎能随意出战。于是，徐禧命令曲珍率军在无定河边布阵，自己则手持黄旗对众将士训话，本帅以此旗为号，全部进退须以此旗为准。夏军这时已经布好阵形分路推进，漫山遍野都是夏军的旗鼓，震耳欲聋的呐喊声响彻永乐城外。看到这种情景，出阵宋军个个惊慌失措。曲珍赶忙向徐禧建议，现在军心已乱，不可与夏军交战，交战必败，请您下令收兵回城固守。

在当时情况下，这仍是不错的守策。守住城池，等待援兵的到来，只要西夏大军不能攻破永乐城，宋军以逸待劳，西夏军队是坚持不了多长时间的。徐禧竟然完全不予理睬，还斥责了曲珍：你身为大将，竟然遇敌不战而退，是何道理？夏军的精锐骑兵号称"铁鹞子"，其前锋这时已开始强渡无定河。有将领便向徐禧建言，可趁其半渡的时候对其发动突然袭击，否则后果不堪设想。其实，这一建议同前面高永能的进言一样都非常切合实际。永乐宋军在实力上处于劣势，西夏军队仗着人马众多，多少会有所轻敌，如果能充分利用战场上瞬息万变的各种有利因素发动突然袭击，打西夏军队一个措手不及，不仅可以大大鼓舞宋军斗志，甚至以少胜多，彻底扭转战场态势也并非没有可能。但徐禧仍然不听，竟按兵不动，又一次浪费了战场上这种稍纵即逝的大好机会。

西夏铁骑渡过无定河后，立即对宋军战阵发起了冲击。曲珍率鄜延选锋军为前驱，奋力抵御。选锋军是宋军中的精锐，个个手执银枪，身着锦袄，光彩耀目，在以前的战斗中常常以一当百，但这次与夏军接战，却抵挡不住铁鹞子的强大攻势，迅速败退，奔入城中，还把后阵的宋军也冲得七零八落。夏军乘胜追击，宋军在永乐城外的防线全线崩溃。曲珍只得率残兵败将入城，然而，山崖险峻，道路狭窄，骑卒缘崖而上，竟丧马八千匹。可见，在战役前宋军就没有一个周全的具体撤退计划，或者说根本就没有预料到这些问题。类似的情形在靖康年间更是不断地出现，成了宋朝军事行动的通病。

元丰五年（1082）九月初八，三十万夏军将永乐城围得水泄不通。永乐城依山而建，并无水源，只有城下靠近无定河，在建城时，宋军于河畔筑有水寨以供城中用水之需。夏军围困永乐城后便猛攻水寨。守寨大将李稷为保存军粮而不许役卒入寨，役卒便在水寨的土墙上开掘出一个梯子形的通道，争相挤踏，涌入水寨，而西夏军队则紧随其后，轻易攻入寨中。至此，城中水源彻底断绝。在这种情况下，城中宋军只得掘井三眼，但仅有的泉水连将校饮用都不够，士卒渴死者超过半数，甚至不得不用马粪汁来解渴。

神宗得知永乐被围，立刻令李宪、张世矩等前往救援，沈括也率军赶来接应，但都遭到夏军铁骑的阻击，难以前进。种谔则以镇守延州（今陕西延安）为借口，观望不救。在当时的情况下，若宋朝援军能够齐心协力，集中优势兵力，冲破夏军的阻击并不是没有可能。毕竟永乐守军吸引了夏军的主力，宋朝军队在其他战场上兵力明显占有优势，但宋军却缺乏统一指挥，各自为战，这样永乐彻底成为一座孤城。

在这种情况下，曲珍劝说徐禧集结仅剩的兵力组织突围，以免全军覆没。徐禧依然固执己见，还训斥曲珍道，永乐据关河要地，怎能随便丢弃？况且做主将的先弃城而去，军心就彻底散了。曲珍见状，继续劝说徐禧：不要过分计较眼前一城一地的得失，而要以国家的整体利益为重；末将并非是为自己着想，能在永乐孤城与您同仇敌忾、拼死御敌是末将的荣幸，虽死无憾，但就怕无谓的牺牲，会严重影响我军的士气，对朝廷也是一大无可挽回的损失。可以说，曲珍的建议完全是从宋夏战争的战略全局出发，不仅无可非议，而且具有相当的合理性。但是，患得患失的徐禧却武断地否决了率众突围的方案，决定誓与永乐城共存亡。

围城以来，夏军攻势不断。在密集弓弩的掩护下，每天都派万余人前来掘城。一旦被宋军射杀，尸体就被夏方迅速拖回或是用毛毡就地遮盖，以防宋军看到自己的伤亡，目的是打击守军的士气。但宋朝守军抵抗仍然相当顽强，后来西夏将领后哩鼎率大批援军赶来，命令夏军直接强攻。数万夏军如同蚂蚁一般，前呼后拥，不停地冲击着永乐这座小小的城池。就这样，昼夜不停的攻城战持续了十天，城下布满了西夏兵士的尸体。宋军虽然依旧死死守住了永乐，但似乎已经是强弩之末了。

此时，城中早已全无饮用水，夏军得到情报便在城下齐声高喊：汉人为何不降？你们没有水喝恐怕有三天了吧。徐禧在城头以水壶扬于外说道：若无水，这又是何物？夏军笑道，也就只剩这点了吧。九月二十日夜，大雨瓢泼，夏军趁机攻城，守军饥渴难耐，再加上连日不停拼杀，再也抵抗不住夏军的猛攻。夜半时分，夏军破城而入，除曲珍等几人率少数兵士突围外，徐禧等主将均战死城中，永乐守军全军覆没。

徐禧是一个北宋文人统兵的典型，一方面他的确能竭诚事君，血染征袍，战死沙场，为国家流尽了最后一滴血，践行了圣贤书中的教诲；另一方面却又书生气十足，只会纸上谈兵，根本不堪任为统帅。在冷兵器时代，军事统帅的素养至关重要，而文人统兵是北宋开国以来的基本国策，虽然宋朝的文臣中涌现出了许多相当称职的军事统帅，但也有不少像志大才疏的徐禧一样，只会夸夸其谈、意气用事，我们可以在几十年后的靖康年间看到很多这样的例证。如此一来，宋朝军事力量的实际战斗力往往要打很多折扣。

灵州、永乐之战，宋朝元气大伤，伤亡士卒、役夫数十万，花费钱谷银绢更是不可胜计。永乐败绩传来，神宗当朝失声恸哭。变法派官员章惇后来评论道：神宗皇帝英武有为，有并吞西夏之志，不幸将帅无能，所建非策。屡次兴师深入夏境，却没能建尺寸之功；也曾在边境进筑城寨，却落得覆军亡将之辱。民众苦于转送粮饷，使得关中陕西几乎耗尽民力；兵士疲于征战，结果逃亡成风。倾天下钱财用于对夏战争，却如同填深沟险壑，一去不回。

这一评价固然有一定的道理，但明显言过其实。神宗和王安石惨淡经营的强兵事业虽然不能算作完全成功，最终功亏一篑，但却奠定了绍圣、元符年间的拓边政策；虽然没有使宋朝的军事能力得到根本的改观，但却使宋夏战争的天平开始向宋朝一方倾斜，并最终在徽宗时期确立了宋朝在宋夏战场上的战略优势。

从某种意义上讲，章惇的这一番评论也是在为神宗开脱责任。从战事开始，庙堂之上的神宗就一直操纵、控制着前线的战局。宋军之惨败，原因固然很多，但神宗恪守文人统兵、以文御武、将从中御的祖宗家法则是其中非常重要的因素。应该说，神宗时期的军事力量在北宋诸朝中还是比较强大的。然而，因为灵州和永乐的丧师，神宗也在精神上遭到难以承受的打击，不久便抑郁病死。北宋王朝加强军力的努力虽然没有随之一去不复返，但无论是后来的哲宗还是徽、钦二帝，都依旧极力奉行文人统兵这一传统国策，使得日后的情况愈加糟糕。金兵大举南侵，宋军无法抵挡，大概只是早晚之事了。

党争旋涡：
——————— 北宋中后期政治的恶质化

太后临朝：反变法潮流与文字狱

元丰八年（1085）三月，三十八岁的神宗走到了生命的尽头。根据遗诏，八岁的皇子赵煦（原名赵佣）即位，这就是哲宗。由于皇帝年幼，英宗皇后高氏在宫中辈分、地位最高，被尊为太皇太后，实际掌握最高权力。这是北宋王朝统治集团的一次重大变动，整个大宋王朝处在一个新的历史关头。

北宋开国以来，新皇帝年幼，女主临朝已经成为一个惯例。开国皇帝赵匡胤的母亲杜太后虽然没有临朝参与听政，处理国事，但无疑是一个深谋远虑的政治家。赵匡胤通过陈桥兵变，由昔日的禁军最高统帅一跃而为一国之君。当时，左右之人前来向杜太后报喜，点检已做天子。太后闻讯，非常平静地说道，我的儿子素有大志，今日果然遂其所愿。可见，杜太后很有可能直接参与和筹划了赵匡胤夺取后周政权的政变。当满朝文武欢庆赵匡胤登基、口呼万岁之时，太后却皱起了眉头，左右之人忙问道：常言道"母以子贵"，圣上登基，您应该高兴才是。太后答道：做一国之君，并不是一件容易的事情。帝王治理天下，若能够治国有道，则可以江山永固，自然被人尊崇万分；若无道，则求为平民百姓亦不可得，这正是我所忧虑的。杜太后很清楚，若治国无方，帝王的境遇甚至连普通百姓都不如。因此，国家的最高统治者需要肩负沉重的政治责任。显然，杜太后是一个很有远见的女性。

杜太后之后，一连出现了几位左右朝政辅佐君主的皇后。宋代第一次太后垂帘听政是在真宗去世、仁宗即位之时。真宗刘皇后颇具政治才能，在真宗晚年实际上就已经操控了朝政。仁宗以十二岁的幼龄即位，刘太后理所当然垂帘听政，掌握最高权力达十一年之久，直到明道二年（1033）三月去世。像刘后这样，当政时间如此之长，即使皇帝成年，也不肯还政，直到去世之前，仍然实际掌握最高权力的，只有此时垂帘的高太后可与之相提并论。

高太后出身尊贵，其曾祖是宋初名将高琼，母亲为北宋开国元勋曹彬的孙女，姨母是仁宗曹皇后。幼年时，高太后与英宗都住在宫中，曹皇后将她视为亲生女儿。后来，仁宗和曹皇后亲自为两人主持婚礼，当时有"天子娶媳，皇后嫁女"的佳话，这种世家与皇室之间的联姻无疑有助于巩固高氏在宫中的地位。高太后历经仁、英、神三朝，政治经验非常丰富。哲宗能够顺利继承大统，很大程度上离不开她的定策之功。

神宗病重，他年龄最大的儿子延安郡王赵傭才十岁，而神宗两个同母弟弟却年富力强，雍王赵颢三十六岁，曹王赵頵三十岁，论声望、地位和出身，两人中的任何一个都有资格做皇帝，而宋朝初年也有赵光义继承其兄赵匡胤这种兄终弟及的先例。所以赵颢和赵頵极为关注选立皇储一事，时常去皇宫探视神宗病情。看过神宗后，赵颢还径直去高太后处，试图探听或是谈论些什么。神宗似乎也察觉到弟弟们的意图，但并未做更进一步的安排。到了神宗弥留之际，赵颢甚至还请求留在神宗身边侍候。高太后见两位亲王居心叵测，为防万一，便命人关闭宫门，禁止二王出入神宗寝宫，实际上是要他们断了念头，不要心存非分之想。同时加快了立赵傭为储的步伐，还暗中吩咐人秘密赶制了一件十岁孩童穿的黄袍，以备不时之需。

元丰八年（1085）三月，在大臣们前来觐见时，高太后当着众人的面夸赞皇子赵傭性格稳重，聪明伶俐，自神宗病后便一直抄写佛经，为神宗祈福，颇为孝顺，还将赵傭所抄佛经传给大臣们看。大臣们齐声称贺，高太后立即命人抱出赵傭，宣读神宗诏书，立赵傭为皇太子，改名赵煦，皇储之争总算平静下来。数日后，神宗去世，皇太子赵煦即位，改元元祐。可见，高太后在哲宗即位前基本上就掌握了实际权力。正是她的坚定支持，才避免了一场可能出现的皇位争夺，实现了王朝最高权力的平稳过渡。但是，这并不等于说，高太后算得上一位很有远见的政治家。她在处理国家大事的某些方面远远比不上仁宗时期主政的刘后。

高太后被后人誉为"女中尧舜"，完全是溢美之词。实际上，在很多问题上她往往表现得极为盲目和固执。神宗在位时期，高太后就是变法的主要反对者之一。她曾与仁宗曹皇后一起在神宗面前哭诉王安石新法败坏祖宗家法，害苦天下百姓。哲宗即位，高太后完全控制了朝政，便开始将在变法过程中被神宗冷落的旧党官员陆续召回朝廷。她的意图非常明显，就是要彻底否定神宗以及王安石的新法，并准备排斥新政官员。

哲宗即位之际，最高统治集团内部存在着逐渐缓解矛盾冲突的种种契机。在整个神宗时期，变法派和反变法派虽然始终存在着矛盾和斗争，但并未发展到你死我活、不共戴天的程度，甚至出现了朝中当政的变法派官员主动谋求缓和与反变法派冲突的迹象。神宗末年，变法派的重要人物、宰相蔡确宽宏大度地对待反对新法的吴充之子吴安持，便是一个典型的例子。元丰七年（1084）十一月，时任太常少卿的吴安持诬告蔡确之弟蔡硕，称其有贪污的嫌疑。蔡硕立即上书进行反击，指出吴安持诬告自己。原来，数年前，蔡确担任知谏院，在吴安持任职相州（今河南安阳）时依法审理了一桩案子，牵连到了吴安持。吴氏怀恨在心，企图通过对蔡硕的攻击，进而株连宰相蔡确。蔡硕请求神宗将自己的案子发给与双方都没有干系的机构公正处理，以查明事实真相。结果，经过开封府审理，蔡硕贪污一事系子虚乌有，吴安持随意诬告大臣，本当予以严惩。但是，蔡确却做出了高姿态，对此事不但没有过分计较，反而称吴安持是因为自己兄弟的事情而获罪的，请求神宗对吴安持实行特赦。五个月后，将吴安持从被贬之地直接荐举为滑州（今河南滑县）知州。这既体现了蔡确的大度，也可看出蔡确是从政治上考虑，有意与反变法派达成某种谅解。

但是，掌握最高权力的高太后却没有长远的政治眼光，抓住这一有利时机，弥合两派之间的矛盾，反而一味任用反变法派官员，并对变法派官员实施打击报复。哲宗即位，她迅速将反变法派领袖司马光召入朝廷，委以重任。此时，司马光已经进入迟暮之年，虽然众望所归，但在经历了十几年的蛰居生涯后，不仅对当时的政治发展不甚了了，更重要的是，失却了往日的大度和善于倾听不同意见的长处，变得刚愎自用。司马光回到朝廷以后，不分青红皂白，打着"以母改子"的旗号，武断废止新法。宰相蔡确和朝中其他支持新法的官员，不顾巨大的政治风险，据理力争，力图挽回，坚决为新法抗争。这样，蔡确的地位和明确的政治态度，使他成为反变法派争相攻击的对象。

元朝官修《宋史》将蔡确放在《奸臣传》中，其大致记载为：神宗变法时，王安石见蔡确颇有些才能，便推荐他担任考核武官的职位，而蔡确长于见风使舵和阴谋诡计，当他见到神宗有厌恶王安石之意时，竟不顾知遇之恩，上书参劾王安石。后来，蔡确为了谋取高官，甚至制造多起冤狱。他自知制诰升至御史中丞、参知政事，均靠夺取别人官位的手段获得。很多大臣都看不起他，而蔡确却自以为本事了得。在神宗病重之时，蔡确伙同邢恕有策立雍王和曹王之意，他们曾想通过高太后的侄子高公绘和高公纪达到目的。邢恕以赏花为名，将二人邀请到自己府中，对他们说，神宗的病情已无回天之力，延安郡王年幼，雍王和曹王都很贤明，有可能成为皇位继承人。高公绘大惊失色，明确表示，这是邢恕想陷害他们全家，急忙与高公纪一起离开邢府。蔡确和邢恕见阴谋难以得逞，便决定拥立赵偊，以夺策立之功，并趁机除掉与蔡确有矛盾的王珪。蔡确在与王珪同去探望神宗时，询问王珪对立储之事有何看法，而暗中却派开封知府蔡京率杀手埋伏在暗处，只要王珪稍有异议，就可以将他杀死。王珪胆小怕事，是出了名的"三旨宰相"，他上殿奏事时称"取圣旨"，皇帝裁决后，他称"领圣旨"，传达旨意是"已得圣旨"。见蔡确相问，王珪便慢吞吞地回答：皇上有子。言下之意，便是主张立赵偊为皇储。蔡确无计可施，便只好四处张扬说，自己有策立哲宗的大功，却反诬高太后和王珪有废立赵偊之意。

《宋史》是在宋朝国史、实录等资料的基础上修成的，而有关这一时期的国史、实录几经修改后，最终由反变法派官员的子孙增补删削而成，而变法派官员中重要人物的文集、笔记大多荡然不存。在现代研究者看来，某些记载大成问题，有些是无中生有，明显有诬蔑中伤的成分。同时，这一记载与当时台谏中反变法派官员对蔡确的攻击却有着惊人的相似。左司谏苏辙称蔡确阴险狡诈，以大兴冤狱而最终谋取了宰相职位。而侍御史刘挚则在没有确凿证据的情况下，攻击蔡确在神宗灵车出发前，没有尽到臣子的职责和礼数，明显有不恭之心。由此可见，当时党争的激烈程度已经到了令人不齿的地步，以致深深影响了后世对某些变法派官员的评价。可以说，后来掌握权力的宋代士大夫将这个人品多少有些问题的变法派官员彻底钉在了历史的耻辱柱上。

最终，蔡确成为众矢之的，被贬出朝廷。元祐元年（1086），蔡确罢相，出知陈州（今河南淮阳）。次年，蔡确再贬安州（今湖北安陆）。但这一政治迫害至此并没有结束。在安州游车盖亭时，蔡确写下了《夏日游车盖亭》十首绝句，被与他有过节的吴处厚所得。吴处厚曾在蔡确手下为官，希望他推荐自己，但被蔡确拒绝，吴处厚由此怨恨不已。终于，吴处厚等来了报复的机会，他将蔡确的诗上呈朝廷，说其中有五篇都有讽刺朝政的嫌疑，有两篇更是涉及垂帘的高太后，最明显的便是"矫矫名臣郝甑山，忠言直节上元间"一联。郝甑山，安州人，唐高宗时的忠直之士。上元三年（674），唐高宗曾想让位给皇后武则天，郝甑山上奏反对。显然，蔡确是在游览名胜时，赞美郝甑山的高风亮节，完全是即兴之作，并无含沙射影之意。

但吴处厚曲解诗意，说此处是将高太后比作武则天。而反变法派官员梁焘、朱光庭和刘安世等人立即加以发挥，肆意攻击，并以"邢恕极论蔡确有策立（哲宗）功，真社稷臣"的言论相弹劾，意思是说邢恕到处张扬，声称蔡确是哲宗得以继承皇位的最大功臣。高太后阅罢奏章，怒不可遏，立刻将蔡确贬到新州（今广东新兴）。吕大防和刘挚曾以蔡确母亲年老，岭南路远，主张改迁他处，高太后却格外坚定："山可移，此州不可移。"意思非常明显，就是一定要置蔡确于死地。在当时，被贬往岭南，实际上如同被判了死刑。岭南地区是蛮荒之地，不仅当地社会经济非常不发达，而且气候和自然环境也非常恶劣，被贬的官员大多很难适应。苏轼曾有诗云："问翁大庾岭头住，曾见南迁几个回？"意思是说，被贬往岭南的官员几乎没有能够活着回去的。

最初，高太后并不重视吴处厚捕风捉影的奏疏，只是在反变法派声称，朝中盛传蔡确有策立哲宗之功的言论后，她的态度才发生了根本的变化，立刻兴治大狱，极力维护自己的权威。可以肯定，神宗去世后，宋朝统治集团内部似乎存在一场围绕皇权继承问题而展开的斗争，虽然最后哲宗继承了皇位，但同时也留下了严重的政治隐患。以变法派蔡确为代表的一方声称，自己是哲宗继位的最有力支持者，而高后则对此非常不满，她曾在"车盖亭诗案"后对近臣坦言，蔡确并不是因为写诗讥讽朝政而遭重贬，完全是由于此人对国家社稷不利，蔡确若是死于被贬之地，正是国家社稷之福。高后欲置蔡确于死地，既是为了维护自己策立哲宗的头功，也是出于维护自己掌握最高权力的合法性。

反变法派则充分利用高太后女性主政的弱点，大起文字狱，欲置蔡确于死地。同时，再次开始对整个变法派集团进行斩草除根式的清算。在蔡确被贬新州时，当政的反变法派将司马光、范纯仁和韩维誉为"三贤"，而将蔡确、章惇和韩缜斥为"三奸"。他们将王安石和蔡确的亲党名单张榜公布，以示警戒，同时，再次重贬元祐元年被司马光斥逐的章惇、韩缜、李清臣和张商英等人，彻底铲除在朝的变法派，如李德刍、吴安诗和蒲宗孟等人，都被降官贬斥。可见，司马光的同僚及追随者充分利用高太后的支持，欲给变法派毁灭性的打击，来巩固自己的势力。

"车盖亭诗案"是北宋开国以来朋党之争中以文字打击政敌面最广、力度也最大的一起文字狱，但却不是最早的一桩，也不是最后的一起。庆历年间，范仲淹倡导新政，由于他和其他新政官员被指为朋党，短暂的庆历新政在激烈的党争中归于失败。而其政敌王拱辰等人却并未善罢干休，欲将参与新政的官员一网打尽，全部逐出朝廷，便利用新政官员苏舜钦、王益柔等人在进奏院中宴会所作诗篇为借口，制造了北宋历史上第一起文字狱。在进奏院的宴席间，王益柔等人都在酒后赋诗，但台谏官员最为感兴趣的是王益柔《傲歌》一诗，"醉卧北极遣帝扶，周公孔子驱为奴"，称诗句意在诽谤时政，对当今天子更是大为不敬。实际上，这一诗句无非是文人酒后的作品，完全没有寄托之意，但台谏的这一指控却正好迎合了仁宗准备进一步清算"君子"之党的想法。于是，在仁宗的支持下，反对新政的官员立即兴治大狱，牵连甚广，很快将新政官员全部贬出朝廷，称为"进奏院案"。

元丰年间，变法派针对反对新法的苏轼兴治的"乌台诗案"则是中国历史上非常著名的一宗。元丰二年（1079）四月，苏轼调任湖州，他按照惯例向神宗上表致谢，谢表中有"知其生不逢时，难以追陪新进；查其老不生事，或可牧养小民"的语句，意思是说，自己生不逢时，年岁渐长，难以跟得上时代潮流，对国家虽然没有什么用处，但也不会随意制造事端，清闲而执掌有限的地方官正是自己最好的归宿。可见，苏轼这段谢表文字，多少带有对因官场失意发牢骚的意味。掌管御史台的变法派官员李定等人抓住这个机会，指责苏轼以"谢表"为名，行讥讽朝廷之实，妄自尊大，发泄对新法的不满，请求予以严办。

他们还从苏轼的其他诗文中找出个别句子，断章取义，罗织罪名。如"东海若知明主意，应教斥卤变桑田"，说苏轼是指责新政中兴修水利的措施；而苏轼歌咏桧树的两句"根到九泉无曲处，世间惟有蛰龙知"，被人指称为影射皇帝，"皇上如飞龙在天，苏轼却要向九泉之下寻蛰龙，不臣之心，莫过于此！"于是，宋廷便将苏轼免职，逮捕下狱，押送京城，交御史台审讯。与苏轼关系密切的亲友，如苏辙、司马光、张方平，甚至已经去世的欧阳修、文同等二十多人受到牵连，而这些人大多都是反对新法的，这就是历史上著名的"乌台诗案"。"乌台"是御史台的别称，据《汉书》记载，御史府(台)中有许多柏树，常有数千只乌鸦栖息在树上，晨去暮来，号为"朝夕乌"。因此，后人将御史台称为"乌台"。在这一起文字狱中，御史台从最初的弹劾到后来的兴治大狱，始终参与其事，所以称为"乌台诗案"。

更具有讽刺意味的是，蔡确也曾在元丰时期曲解变法派官员汪辅之的《谢表》文字，称其有讥讽朝廷之意，结果，汪辅之被贬出朝，最后死于虔州（今江西赣州）。可见，兴治文字狱打击政敌，并不是反变法派官员的专利。这种以文字罗织罪名、排斥异己的方式是与北宋自庆历以来党派之争的发展相始终的，同时也随着党争的激烈而进一步加剧，一直延续到金兵压境的北宋末年。文字狱虽然并不首创于宋朝，至少在汉代就有记载，但是之后却极少出现。宋朝绵延不绝的党争则为其提供了以前难以比拟的广阔土壤。

可以说，"乌台诗案"是变法派官员抓住了苏轼发牢骚的言语而兴起的文字狱，其目的主要是为了维护新法；而"车盖亭诗案"则完全是反变法派凭空捏造的，目的在于彻底肃清朝中的变法派势力，对政敌的惩处也较之前者严酷了许多，成为激化、乃至毒化变法派与反变法派之间党争的重要事件，直接导致了绍圣时期变法派对反变法派的报复性倾轧。当初，蔡确被贬时，反变法派官员中就有人对这种日益升级的党争心存疑虑。范纯仁曾对吕大防说：岭南之路长满荆棘七八十年矣，今日重开，日后我们难免有此下场。意思是说，真宗时期的寇准、丁谓之争以后，几乎没有官员被处以贬窜岭南远恶之地的重罚，现在又开了这个先例，只怕日后变法派上台，我们也会有相同的命运。于是，便请哲宗向高太后求情。哲宗一直处在高后权威阴影下，他以沉默相抗议，并未有所表示，但待到亲政后，将大批元祐时期当政的反变法派大臣贬至岭南，印证了当初范纯仁等人的忧虑。至此，变法派与反变法派之间的争斗已经丧失了所谓政见之争的成分，完全变成了两党之间随意而又残酷的政治倾轧，深刻影响了北宋末年的政治，给北宋王朝带来了灾难性的后果。

哲宗亲政：政治报复的宿命

元祐八年（1093）九月，控制朝政八年之久的高太后去世，哲宗皇帝亲政，掌握大权。宋王朝又面临一场巨大的政治震动。

高太后在哲宗即位时，表面上一再表示她本性好静，垂帘听政是出于无奈，但实际上却丝毫不肯放松手中的权力。在高太后垂帘时期，军国大事都由她与几位大臣处理，哲宗年少，对朝政几乎没有发言权。大臣们也以为哲宗年幼，凡事都取决于高太后。朝堂上，哲宗的御座与高太后座位相对，大臣们向来是向太后奏事，背朝哲宗，也不转身向哲宗禀报。哲宗亲政后，在谈及垂帘时说，身为一国之君，他在朝中处理政务，当时唯一能做的，只是不停地看奏事大臣们的背部及臀部。显然，高太后和大臣们的这些行为大大伤害了哲宗的自尊心。

哲宗十七岁时，高太后本应该还政，但她发觉政治上日渐成熟的哲宗非常推崇其父神宗的变法事业，与自己的政治观念相去甚远，明显有恢复神宗时期新法的想法。当时，哲宗常使用一张旧桌子，高太后令人换掉，但不久哲宗又派人搬了回来。高太后问起缘由，哲宗居然这样回答，这是爹爹（神宗）用过的。高太后心中大惊，知道他将来必会逆反自己的所作所为。反变法派大臣刘挚曾上疏，让高太后教导哲宗，如何分辨君子和小人。高太后说，我常与孙子说这些，但他似乎不以为然。高太后由此愈加担心，迟迟不肯撤帘，仍然牢牢控制着朝廷的最高权力。此时，朝中重要职位几乎全被反变法派官员占据，他们依然有事先奏太后，有宣谕，必听太后之言，也不劝太后撤帘。高太后和反变法派大臣们的这种态度严重地刺激了哲宗，加深了哲宗心中的怨恨和愤怒。这是后来哲宗亲政后，大力贬斥元祐旧臣的重要原因。

尽管高太后和大臣在垂帘时没有考虑哲宗的感受，但他们并不放松对哲宗的教育。高太后任命吕公著、范纯仁、苏轼和范祖禹等人担任哲宗的侍读大臣，想通过教育，使哲宗成为一个恪守祖宗法度、通晓经义的皇帝，尤其是让哲宗仰慕仁宗，因为他创下了为士大夫津津乐道的清平盛世，而不是要他学习锐意进取的宋神宗。

此外，高太后在生活上对哲宗的管教也很严格。为避免哲宗沉湎女色，高太后自哲宗即位后，派了二十个年长的宫嫔照顾他的起居。又常令哲宗晚上在自己榻前阁楼中就寝，相当于限制了他自由活动的空间。但元祐四年（1089）十二月，民间却传出宫中寻找乳母之事。反变法派大臣刘安世得知后大惊，哲宗此时才十四岁，后宫竟然寻找乳母，担心哲宗沉溺声色。刘安世于是上奏章告诫哲宗自重。另一反变法派大臣范祖禹更是分别上疏哲宗和高太后，言辞极为激烈：陛下年幼，能够在复杂的形势下继承皇位，并使得国家安定，四夷顺服，都是太皇太后高氏的功劳。陛下本应该对自己严格要求，磨砺品德，自珍自爱，孝敬尊长，以报答高太后的大恩大德。但今年秋天，却听说陛下在后宫沉迷于声色之中，甚至已经有宫人怀孕，即将生育，并且外出寻找乳母。古人云：言之所起，必有其端。希望陛下能够内承慈训，外勤圣学，切勿辜负太皇太后的期望和国家社稷的重任。显然，范祖禹的上奏意在教导哲宗，事事都须听从高太后，不要恣意胡为。在这种情况下，高太后担心事态扩大，不利于国家稳定，便对外解释说，是神宗遗留下的几个小公主年幼，需要乳母照顾，但私下却将哲宗身边的宫女一一唤去审问。哲宗后来回忆说那些宫女们个个红肿着眼，脸色惨白，他心里很害怕，后来才知道是刘、范暗中告了状，而自己却浑然不知。从某种程度上说，高太后的这些做法虽然是为了照顾和教育哲宗，但却使得哲宗感到窒息，无形中增强了他的逆反心理。

随着高太后的逐渐衰老以及哲宗的日益成长，哲宗非常不愿一直生活在高太后的权力阴影之下。哲宗少年老成，面对不将自己放在眼中的高太后和元祐大臣，他也会用自己的方式表示反抗。每次大臣向哲宗和高太后奏报国家大事时，哲宗都沉默不语。高太后对此非常奇怪，有一次，便问哲宗，为什么在大臣奏事时不表达自己的看法，哲宗回敬道："娘娘已处分，还要我说什么？"弦外之音就是说，自己无非是一个摆设而已，何必让一个傀儡表明态度，不满之意溢于言表。

这样，哲宗和高太后的矛盾便随着哲宗的日渐成熟而逐渐暴露出来。

元祐五年（1090）秋，高后染病，反变法派大臣吕大防等人得到诏旨，赶赴皇宫探望。几位大臣赶到高后病榻前，一身黄袍的哲宗已经立在床前侍奉。吕大防连忙向高后问安："太皇太后圣躬万福？"高后怒气冲冲地说道，我这个老太太现在是个等死的人了，但长年累月一直保护和照顾圣上，却是我义不容辞的职责，唯恐有失列祖列宗致力于天下太平的遗愿，此心天地可鉴。不知官家（宋时对皇帝的称呼）您知道否？更不知诸位大臣和天下子民知道否？显然，高后这段答语是冲着哲宗说的，意在消解逐渐长大的哲宗对自己的不满。但是哲宗似乎并不领情，还没等吕大防回答，就脸色大变，厉声对吕大防等几位大臣说道，你们都先出去。可见，至少在当时，哲宗和高后已经累积了难以调和的矛盾，甚至有当面爆发冲突的可能。

这样，不仅反变法派，甚至连高太后也感到山雨欲来、变法派会复起的政治气氛。元祐八年（1093）八月，高太后垂危时，她告诫反变法派重要人物范纯仁和吕大防等人：我死后，必定会有很多人怂恿和挑动圣上，变更祖宗法度，你们当然不能听之任之，但眼看大势已去，自己也要早做打算，急流勇退，令官家别用一番人。可见，高太后实际上已经预感到，哲宗亲政后必定要起用曾经遭受残酷打击的变法派人士，要吕大防等反变法派官员提前准备，尽早退出朝廷，以保全身家性命。而后来的事实证明，哲宗亲政后，凡是高太后垂帘时弹劾变法派和罢免新法的官员几乎无一幸免，都遭到了贬谪和迫害，完全证实了高太后临终之际的预感。

哲宗亲政后，即改年号为绍圣，意为继承父亲神宗的事业，并立刻召回新党官员章惇、蔡卞、黄履和张商英等人。章惇等人曾是神宗变法时的重要人物，但在经历了元祐时期反变法派的残酷迫害后，他们的政治性格在党同伐异过程中遭到严重扭曲。当他们复出时，与亲政的哲宗一样，有着强烈的报复心理。

章惇博学善文。考进士时，其名次曾在侄子章衡之下，章惇深以为耻，在竞争异常激烈的情况下，居然重新参加科举考试，最终高中甲科。一次，章惇与苏轼外出游玩，走到一个潭边，见其下临万仞绝壁，有根木头横在上面。章惇请苏轼到绝壁上去题字，苏轼见绝壁下深不见底，当即摇头，连说不敢。章惇却从容地吊下绳索攀着树下去，在壁上大书"苏轼、章惇来"。上来后竟然是面不改色，神情自若。苏轼拍拍他的肩膀说："君他日必能杀人。"章惇问何以见得，苏轼说："能自判命者，能杀人也。"意思是说，毫不顾惜自己性命的人肯定敢去杀人。章惇听罢只是哈哈大笑，多少也表明了对苏轼这番评语的认可。

熙宁初，章惇深得王安石赏识，被委以要职。元祐初年，高太后和司马光废除新法，章惇与他们的冲突便越来越激烈，甚至还与司马光在高太后帘前争论，言辞极为尖锐。刘挚、朱光庭和王岩叟等人趁机上奏弹劾，称其有不恭之心，高太后大怒，立刻将章惇贬出朝廷，出知汝州（今属河南汝阳）。整个元祐时期，即使章惇已被贬为无足轻重的地方官，却仍然不断遭到反变法派各种各样的迫害和弹劾，以致被一贬再贬，其怨愤之情可想而知。

绍圣元年（1094），章惇被哲宗任为宰相。在返回京城途中，路过山阳（今江苏淮安），与陈瓘相遇。章惇素闻陈瓘大名，立刻请其登舟同行，问以当今治国之道。陈瓘答道：拿现今所乘之舟打个比方，治理国家就如同水中御舟，如果或左或右，偏向一方，则很难前行。明白这个道理便可以游刃有余，行舟顺利，国泰民安。显然，陈瓘敏锐地洞察到了当时的政治形势，知道哲宗亲政之后，朝廷里的政治风向可能要有大的改变。他的这番话相当于隐晦地告诫章惇，此时回朝，最重要的是要维护政局的稳定，切勿生出不必要的政治是非。章惇听罢，沉默不语。陈瓘见状，便继续说道：圣上对相公非常信任，委以宰相的重任。请问回朝之后，相公欲以处理何事为先？如果已经心中有数，成竹在胸，陈瓘愿闻其详。章惇沉思良久道，司马光是奸邪之徒，理应昭告天下，朝中之事，无急于此。

章惇毫无保留地说出了自己的心里话，回朝之后的第一件事，就是要将打击元祐年间掌权的反变法派作为当务之急。陈瓘听罢立即对章惇进行劝说：相公此言差矣。这就好比舟行不稳，本由船体偏左所致，只需微微调整即可航行正常。如果用力过猛，矫枉过正，使其由左偏右，则完全于事无补，舟船依旧难以顺利前行。现今当务之急，乃是消除朋党之间的争斗，希望相公能以不偏不倚的持中之论来辅佐圣上，否则可能会失却天下人对相公的殷切期望。显然，陈瓘对哲宗亲政后宋朝的政治走势忧心忡忡，他希望章惇能尽量消弭两派政治势力之间的矛盾，维持国家的稳定。但章惇却对陈瓘的劝解很不以为然，厉声道：司马光不遵循先帝遗志，大肆改作，误国误民，不是奸邪又是什么？由此可见，变法派与反变法派之间的继续争斗已经变得无可避免了。

果然，回到朝廷后，章惇不忘刘挚和王岩叟等人对变法派的攻击，变本加厉地对他们进行报复，证实了陈瓘的忧虑。章惇在哲宗的支持下，将反变法派的主要人物吕大防、刘挚、苏轼、梁焘等人都贬到岭南。他还利用哲宗不满当年刘安世和范祖禹谏宫中寻找乳母一事，将两人也贬到岭南。绍圣四年（1097），章惇等人频频上奏，哲宗又开始新一轮的打击元祐大臣。已故的司马光和吕公著等人均被追贬和削夺恩封，甚至还要开掘两人的坟墓，由于大臣以"发人之墓，非盛德事"相谏才作罢，但两人后代都被牵连遭贬。在世的元祐大臣，均被贬出朝廷，后来几乎都相继到了岭南。

章惇对反变法派还采取了一个极严厉的措施，即编辑元祐臣僚章疏，也就是把元丰八年（1085）四月以后所有攻击变法派和新法的章、疏都予以排比分类，再给上章、疏的人依次定罪，这一活动直到哲宗去世仍在进行。此外，章惇在贬逐元祐党人时，还以被贬者的姓名来确定贬所。苏轼贬儋州（今海南宜伦），是因为苏轼字子瞻，"瞻"类似"儋"。刘挚贬新州，因为"新"字音近似刘挚字莘老之"莘"。黄庭坚贬宜州（今广西宜山），因为"宜"字似其字鲁直之"直"字。而刘安世贬逐时，有人说刘安世曾算过命，说他命极好，章惇就在昭州（今广西平乐）上一指，既然刘某命好，让他去昭州试试。章惇竟将他人的生死视为儿戏，其所作所为不幸为苏轼所言中。

不仅如此，绍圣时期，变法派也仿效反变法派在元祐年间罗织的"车盖亭诗案"，制造了一起"同文馆狱"，对反变法派进行无情的打击，而力主其事者是蔡确的次子蔡渭。他在绍圣四年（1097）八月上奏哲宗称，其叔父蔡硕曾经在邢恕那里见到文及甫寄给邢恕的书信，其中有明确证据表明，反变法派官员刘挚、梁焘等人在元祐年间有阴谋废掉哲宗的企图。哲宗立刻下诏，命变法派官员翰林学士承旨蔡京与权吏部侍郎安惇，在同文馆审理此案。其实，刘挚等人早在绍圣初年就已被贬谪岭南，此案经蔡京等人审理穷治，也并没有找到刘挚等人谋反的确凿证据，但是宋廷仍然将刘挚等人的子孙一并禁锢于岭南边远之地，以示惩戒，这一政治迫害才最终告一段落。因为此案在同文馆审理，故而得名。"同文馆狱"由个人书信引发，是一起颇为特殊的文字狱，它不仅表明两党之间争斗的手段增多，更意味着围绕最高权力的党争进一步激烈化。到了徽宗时期，蔡京专权，文字狱更加盛行，各种文字都可能成为打击政敌的借口和工具。

事实上，哲宗如此重视此案，显然另有深意。蔡确一案牵扯到了元丰末年的皇位继承问题，而蔡渭这一奏书不仅明确牵涉到了哲宗的皇位，同时也是旧事重提，有借以表彰其父蔡确策立哲宗之功的用意。更为重要的是，"同文馆狱"为进一步清算和打击高太后及旧党的势力做了铺垫。不久，章惇、蔡卞等即奏称元祐时期，司马光、刘挚、吕大防等曾经勾结高太后身边的宦官陈衍、张士良，怂恿高后，阴谋废掉哲宗。哲宗立刻又命蔡京和安惇严加审理。蔡京将张士良抓入大牢，在其面前摆满了鼎、刀、锯等多种酷刑所用的刑具，并威胁劝说道，只要你张士良承认此事，即刻官复原职；若不承认，就马上大刑伺候。显然，蔡京是想通过威逼利诱，使张士良就范，进而掌握反变法派和高后密谋废帝的确凿证据。但是，张士良却誓死不从，当即仰天大哭道，太皇太后不可诬，天地神祇不可欺，乞就戮。意思是说，宁肯一死，也不能昧着良心诬陷太皇太后。蔡京见张士良态度非常坚定，却也无可奈何。

章惇、蔡卞自作主张，起草了废高后为庶人的诏书，奏请哲宗恩准。向太后，即神宗皇后，此时已经就寝，听闻此事，立即请哲宗前来，厉声道，我日日侍奉高太后，青天白日，这些事情我为何就一点也不知道？如果陛下定要如此行事，将来又欲如何对待我！哲宗听罢，恍然大悟，当即将章惇、蔡卞的奏疏就着蜡烛烧掉。次日上朝，章惇、蔡卞又重新上奏，力主哲宗废掉高太后。哲宗将其奏章扔到地上，大怒道，百年之后，你们让我有何颜面去见英宗皇帝！由于向太后的干预，这件废除高太后尊号的事才最终作罢。

由此可见，哲宗对司马光的"以母改子"非常不满，对元祐旧臣早年对他的冷落怀恨在心。哲宗对反变法派的仇恨心理不亚于元祐时被残酷打击的变法派。绍圣初，逢郊祀大礼，朝廷要颁布大赦诏令，按照惯例，连死囚都会免去一死。于是，就有大臣请示哲宗，可否赦免贬谪的反变法派官员，哲宗当时回答得极为干脆，绝不可以。绍圣四年（1097），曾布向哲宗建议，让谪居岭南的刘挚等人迁到环境稍微好一些的地方，以显示皇帝的恩德，哲宗却说：刘挚等人安可徙！连在岭南附近做些调动也不允许。尽管如此，高太后垂帘时对自己的压抑，哲宗虽然一直愤愤不平，却并没有到完全丧失理性，以致被变法派官员彻底牵着鼻子走。应该说，哲宗对旧党和高太后做了明显的区别对待。否则，新党章惇等人的挑拨如果得以成功，其政治后果将不堪设想。即便如此，在经历了新、旧党人的相互反复清算后，宋王朝统治集团内部的政治形势已经是每况愈下，形成了一种恶性循环。

内部纷乱：元祐年间的党争

元祐年间，反变法派官员在宋王朝的统治集团中占了绝对的主导地位。不过，在以各种形式联合起来对变法派进行倾轧的同时，其内部也分为几大派别，进行着或明或暗的争斗，后世称之为"洛、蜀、朔党争"，其中尤其以洛党与蜀党的斗争最为激烈。

元祐初年，以苏轼为首的蜀党和以程颐为首的洛党之间的矛盾是通过一件偶然事件浮出水面的。元祐元年岁末，司马光病死，朝廷命程颐主持丧事。此时，恰逢朝廷有祭祀大礼，苏轼、苏辙兄弟在参加完朝廷贺礼之后，前往司马光灵堂吊唁。路上遇到朱光庭悻悻而归，苏轼兄弟问朱光庭为何如此，朱光庭答道，程颐认为，庆礼和丧礼不可以同日举办，岂能贺礼完毕即来吊丧，所以自己被拒之门外，不得吊丧。这样，苏轼兄弟不得不怅然而归，但苏轼当着众官员的面说了一句戏谑程颐的话，"鏖糟陂里叔孙通也"，众人皆大笑。鏖糟陂是汴京城外西南十五里的一个地名，此处杂草丛生、乱七八糟，因而称之为鏖糟陂，而鏖糟即肮脏、不洁净的意思。苏轼将京城附近的一个地名巧妙地拾取过来，意在讥讽程颐与历史上有名的腐儒叔孙通一样，泥古不化。朱光庭本是程颐弟子，于是苏轼的这一戏谑成为元祐党争的征兆。

反变法派内部在司马光病死之前就已不是铁板一块，他们的思想方法以及对社会现实的看法都存在这样那样的差异，加之地域的不同，这种差异在司马光死之前就相当显著。随着精神领袖司马光的离世和变法派势力被完全驱逐出朝廷，反变法派迅速分裂为几个带有浓厚地域色彩的政治集团。苏轼兄弟与程颐因丧葬之事交恶，不过是这一分裂过程中的一段小插曲而已。

事实上，高后虽然很欣赏苏轼兄弟的才华，但并没有在政治上将其倚为重臣。元祐年间，占据权力中心的是围绕司马光、吕公著的一个小圈子。程颐是司马光非常看重的人物，他在司马光的一手操作下，在短短的数月间，便由布衣平民被提升为哲宗的老师，这在两宋三百多年的历史上绝无仅有。苏氏兄弟虽然也被司马光、吕公著相继引荐，但他们之间既无深厚的私交，又无相同的学问旨趣，更无完全一致的政治见解，只是苏氏兄弟在神宗时期一直强烈反对新法，才被司马光、吕公著看中，以图共同对付变法派。但是，元祐初年，当掌握大权的司马光等人武断地废止新法时，苏轼兄弟不仅没有趋炎附势，反而毫不顾忌个人得失，针对某些政策，挺身而出，与司马光展开争论，而后来的洛党和朔党的人物此时则唯司马光之言是从，完全是步调一致。这样，便导致了反变法派内部无可避免的分裂和争斗。

由于天性和过人的文学才华，苏轼不仅不赞同司马光的某些做法，甚至还因此对司马光及以其为首的反变法派核心势力进行戏谑。元祐初年的一次朝议上，苏轼与司马光争论免役法的利害，多有不合之处。回到自己府中，苏轼气呼呼地连声大叫"司马牛"，以发泄心中的不满。司马光在当时的权势和地位可以说是如日中天，苏轼竟然因为意见与其相左而对司马光进行这样的攻击，这无疑是司马光及其门生故吏断然难以接受的。

对司马光尚且如此，苏轼对其党羽的某些行径更是鄙视有加。程颐在担任帝师后，妄自尊大，故弄玄虚，经常无故装腔作势讽诫哲宗。一次，哲宗见春光正好，便到宫中花园游玩，并一时性起折下一树枝，程颐见到，便故作姿态斥责道："方春万物生荣，不可无故摧折。"还有一次，程颐听说哲宗在晨起洗漱时特意将蚂蚁放生，便在讲经完毕向哲宗询问此事。哲宗道，确有此事，唯恐伤及生灵，程颐即慢条斯理说道："推此心于四海，帝王之要道也。"意思是训导哲宗，做皇帝的就是要用这种仁慈之心来治理国家。程颐这些迂腐不堪的言行及有些倨傲不恭的态度让哲宗非常反感。苏轼听说之后，即对其大加讽刺诋毁，指斥程颐矫情饰伪，是奸邪。

这样，苏轼被列为蜀党党首，自然成为洛党和朔党网罗罪名的首要目标。元祐元年十二月，苏轼为学士院考试馆职出了一篇策题，其中有这样一段话：宋朝开国已经百余年，自太祖至神宗已传六世，虽然治国的法度略有差异，但都广施仁政。今日朝廷欲效法仁宗皇帝为政之忠厚，但却患百官不能尽心职守，以至于因循苟且；欲效法神宗皇帝励精图治，但却害怕官员不理解其意，以至于为政刻薄。如果能够行忠厚之政而不导致苟且，励精图治而不失之于刻薄，必定能天下大治。应该说，这是苏轼站在较为公允的立场上对百年来北宋历史的反思，也是当时很多心系天下的士大夫非常关心的问题，从中也不难看出苏轼对当时朝政的忧虑和彷徨。客观而论，这是一道非常好的策题。

然而，朱光庭是洛党党首程颐的弟子，时任左司谏。他借此机会对苏轼进行弹劾，首先挑起了蜀党和洛党之间的党争。朱光庭指出，"媮""刻"二字是苏轼对仁宗和神宗的概括，显然是在诽谤先帝，犯下了不忠不孝之罪。苏轼听闻后，立刻上奏章为自己辩白称，微臣所谓的"媮"与"刻"，专指百官不能奉行，唯恐会出现这些问题，与两位先帝毫无关系。高太后看了苏轼的奏疏后，也觉得朱光庭的说法完全是捕风捉影，毫无道理，于是无意追究此事。如果高后能立刻宣布处理的结果，此事肯定会到此为止。但是，在苏轼上章自辩后，朝中便盛传朱光庭因为这一弹奏未果，即将被逐出朝廷。这一传言直接导致了洛党和朔党中的诸多官员交相上奏，攻击苏轼，声援朱光庭，其中包括朔党领袖王岩叟。而蜀党一方也不甘示弱，侍御史吕陶不顾自己与苏轼是同乡的嫌疑，上疏表示支持苏轼。这样，像对新党的倾轧一样，三党之间开始了绵延不绝的相互攻击，其言辞和手段也越来越令人不寒而栗。高后也下诏训诫，为这等小事，不值得如此水火不容。但是，直到元祐二年（1087）二月，随着朱光庭出任地方官，这一政治风波才基本告一段落。

洛党和蜀党针对苏轼策题的攻击仅仅只是开始，而同时对于政敌的进攻，蜀党也不会无动于衷。元祐二年（1087），与苏轼交往密切的孔文仲上奏指出，洛党领袖、崇政殿说书程颐为人并不端正，是个十足的小人，并列举了若干事实来证明其罪状。据说，孔文仲的上奏是受了苏轼的指使。现存史料还没有支持这一说法的明确证据，但有一点是可以肯定的，苏轼长期以来对程颐不以为然是众所周知的事实。御史中丞胡宗愈也趁机上奏称，程颐目光短浅，不堪朝廷重用。

高太后早已对程颐的迂腐举动非常不满。哲宗当时得了疱疹，不能久坐，难以上殿听政。程颐给哲宗讲解经书时，发现了这个问题，便问宰相吕公著是否知道此事，吕公著回答不知。程颐便道，圣上与太后理应同时临朝，处理政务，圣上不能上朝，太后亦不当独自听政。况且圣上有疾，宰辅大臣却不知，实在令人寒心。第二天，吕公著便将程颐的这番话上奏，以询问哲宗的病情。显然，程颐这一书生气十足的言论，无意间触动了高太后的权威，孔文仲和胡宗愈对程颐的弹劾，便正好成为高太后将程颐贬出朝廷的借口。不久，程颐便被逐出朝廷，担任西京河南府（今河南洛阳）国子监主管的闲职。虽然高太后对程颐的反感是其被罢免的主要原因，但孔文仲等人的弹劾无疑起到了推波助澜的作用。

元祐年间，洛党对苏轼的攻击一直没有停止。元祐六年（1091），也许是受了"车盖亭诗案"成功将新党一网打尽的启发，洛党成员贾易多方寻访，终于觅得苏轼扬州题诗一首，立刻上书弹劾。元丰八年（1085）五月，神宗驾崩不久，苏轼曾在扬州一所佛寺题下了"山寺归来闻好语，野花鸣鸟亦欣然。此生已觉都无事，今岁仍逢大有年"的诗句，因为苏轼当时正遭受贬谪之苦，贾易便诬称，此诗意在庆幸神宗去世，尤其是"山寺归来闻好语"一句最为明显。贾易对最后一句更是任意发挥，指称从此可以看出，所谓"大有年"，是苏轼兄弟意在专擅权柄，大肆提拔四川籍的官员，培植党羽，陷害忠良，颠覆宋王朝的江山社稷。可见，贾易这一毫无根据的诬陷，不仅欲置苏轼于死地，而且明显有将蜀党成员一网打尽的意图。由于苏轼急忙上疏为自己辩白，太皇太后高氏也始终欣赏苏轼的才华，而贾易的胃口似乎也显得有些过大，因而，这一起文字狱在当时并没有造成大的政治震动，朝廷只是令苏轼出任扬州知州而已。

虽然洛党和朔党对蜀党及苏轼的一系列攻击没有取得像倾轧新党那样的巨大效果，但是却常常将与三党没有丝毫关系的官员，尤其是四川籍官员卷进党争的旋涡。元祐六年（1091）八月，贾易因为弹劾苏轼被罢免了侍御史一职。高太后认为，宇文昌龄可以担任这一空缺职位。但是，朔党官员刘挚却上奏称，宇文昌龄固然很有才能，但却是四川籍的官员，前不久苏轼引发那场风波还未完全平息，现在就把宇文昌龄选入台谏，肯定会在政治上造成不必要的麻烦。于是，此事便作罢。其实，宇文昌龄与三党之间的争斗没有任何瓜葛，但却因此影响了他的仕途。这样一来，必然造成一个结果，所有的四川籍官员不得不将自己的政治命运与蜀党紧密联系起来，无形中进一步加剧了朝中愈演愈烈的党争。

可以说，元祐年间这场规模巨大、延续甚久的反变法派内部争斗没有什么积极意义可言，只是加深了统治集团的内部争斗，使北宋的党争更加复杂化、情绪化。绍圣年间，当政的变法派内部也发生了一些微妙的变化，更是直接影响了徽宗朝和钦宗朝的政治。

变法派和反变法派之间以及其内部的争斗给北宋的历史发展带来了灾难性的后果，甚至影响到了军事斗争。靖康年间，李纲说过这样一段话：用兵作战和士大夫的风气之间看似并无联系，其实二者互为表里。朝廷赏功罚罪，本应令人心服口服。但是，数十年来，士大夫之间相互攻击，惑乱人主视听。元祐大臣一心为国操劳，如司马光等人，皆是匡扶社稷的重臣君子，却被一概指为奸党，致使是非颠倒，朝政混乱，最终导致靖康之难的奇耻大辱，可见并非偶然。姑且不论以司马光为代表的元祐旧党是否能被称作能够匡扶社稷的君子，这番评论出自善于统兵作战的文臣李纲之口，多少能说明一些问题。可以说，连绵不断而又酷烈异常的党争，对宋朝军政造成了极其恶劣的影响。

北宋王朝的军事力量在党争的影响下，各种腐败现象空前严重。虽然军政腐败这一恶疾是封建王朝的通病，但宋王朝从元祐时期开始，这一问题显得尤为突出。南宋史家李焘记载，元祐年间，前线上报的军功几乎都有虚报的嫌疑，或是夸大其辞，或是张冠李戴，而前线的指挥官则大多对此习以为常，见怪不怪。庆州（今甘肃庆阳）知州章楶却一反常例，在战役结束后据实上奏，很多人便怀恨在心，运用党争中两派都使用过的伎俩，对章楶进行恣意的诽谤和攻击，竟指责他不能体恤下情，对部下少恩，还有拉帮结派的嫌疑。

本来，鉴于唐代中期以来出现的朋党倾轧，宋朝的最高统治者一直以来都非常重视防范群臣结党营私，奉行"异论相搅"的治国方略，并将其提升到了祖宗家法的高度。这些措施所起的作用仅仅是维护了宋王朝君主专制的绝对权威，使得唐中期以来那种独立于皇权之外的党派倾轧销声匿迹，但并没有从根本上消弭统治集团内部以新的形式出现的朋党之争。从某种意义上讲，恰恰相反，这一套祖宗家法成为滋生北宋党争的一个重要因素。可以说，从元祐时期的党争开始，直至靖康之难，北宋的权力中心几乎没有平静过，全国规模的政治动荡层出不穷，每一次最高权力的更迭都会导致党争的进一步加剧和酷烈。北宋王朝在一次次的大规模内耗中，不可避免地愈来愈虚弱。

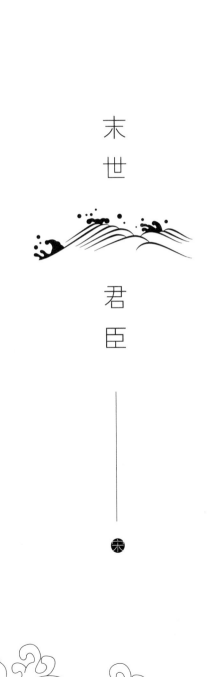

末世

君臣

徽宗：
——————— 大宋王朝的掘墓人

轻佻：后宫粉黛与坊间名妓

元符三年（1100）正月，年仅二十五岁的哲宗（徽宗的六哥）英年驾崩，没留下子嗣。显然，皇帝只能从哲宗的兄弟中选择。神宗共有十四子，当时在世的有包括端王赵佶（神宗第十一子）在内的五人。赵佶虽为神宗之子，却非嫡出，按照宗法制度，他并无资格继承皇位。

哲宗去世当天，向太后（神宗正宫皇后）召集群臣商议后事，她哭着对执政大臣们说：国家不幸，哲宗皇帝无子，天下事须早定。言下之意，就是要尽快决定皇位继承人。针对这一无法回避而又难以回答的难题，当时在场的宰相章惇大声陈述了自己的意见：按照礼法，当立哲宗同母弟简王赵似；如果不行，无嫡立长，也当立申王赵佖为帝。这一建议过于直白，完全排除了庶出的端王赵佶。由于章惇看不惯赵佶的所作所为，因此他不希望赵佶继承皇位。同时，章惇对向太后的打算也不清楚，还以为自己是举足轻重的宰相，在立嗣这一重大问题上，太后不能不考虑自己的意见。然而，向太后看中的恰恰是赵佶。赵佶并非向太后所生，究竟是什么原因使向太后坚持立赵佶为帝，目前学术界尚无定论。这可能与赵佶杰出的书画才能和他在向太后心目中良好的印象有关。

赵佶在向太后眼中，是既聪明又孝顺的孩子。他每天都到向太后住处请安，因此向太后特别偏爱赵佶。哲宗病重期间，军国大权掌握在向太后手中，对将来谁继承皇位，她早已胸有成竹，因而她未接受章惇的意见。在她看来，上述提到的人选都是神宗的庶子，不能区别对待，更何况申王眼有疾病，不便为君，还是立端王为好！表面上看，向太后办事公平，但在这些冠冕堂皇的言辞背后，显然是在偏袒赵佶。于是，章惇大声反对说："端王轻佻，不可以君临天下！"这是将攻击的矛头直接转向了赵佶的人品，而向太后却不以为然，仍然固执己见。双方为此僵持不下，互不相让。关键时刻，知枢密院事曾布首先附和太后之议，尚书左丞蔡卞、中书门下侍郎许将也相继表示赞同。章惇势单力薄，只好不再争辩。赵佶就这样被向太后、曾布、蔡卞等人推上了皇帝宝座，他就是徽宗皇帝。这年，他十八岁。

章惇之所以对赵佶有轻佻的批评，恐怕与赵佶从小的爱好有关。赵佶生于元丰五年（1082）十月十日，自幼养尊处优，逐渐养成了轻佻浪荡的花花公子习性。据说在他降生之前，其父亲神宗曾到秘书省观看收藏的南唐后主李煜的画像，"见其人物俨雅，再三叹讶"，随后就生下了徽宗，"生时梦李主来谒，所以文采风流，过李主百倍"。这种李煜托生的传说固然不足为信，但在赵佶身上，的确有某些李煜的影子。徽宗自幼爱好笔墨、丹青、骑马、射箭、蹴鞠，对奇花异石、飞禽走兽有着浓厚的兴趣，尤其在书法绘画方面，更是表现出了非凡的天赋。

随着年龄的增长，赵佶变得声色犬马，游戏踢球更是他的拿手好戏。赵佶身边有一名叫春兰的侍女（原名乔小茹），花容月貌，又精通文墨，是向太后特意送给他的，后来逐渐变成了他的玩物。但赵佶并不满足，他以亲王之尊，经常微服游幸青楼歌馆，寻花问柳，凡是京城汴京有名的妓女，几乎都与他有染。有时他还将喜欢的妓女乔装打扮带入藩邸，长期据为己有。

与此同时，赵佶结交了一批与他臭味相投的狐朋狗友。他的挚友王诜，娶英宗之女魏国大长公主，封为驸马都尉。但王诜为人放荡，行为极不检点。虽然公主温柔贤淑，尽心侍奉公婆，而王诜却偏偏宠爱小妾，她们竟然多次顶撞公主。神宗为此曾两次将王诜贬官，但他却不思悔改，甚至在公主生病时，当着公主的面与小妾淫乱。品行如此恶劣之人，却是赵佶的坐上宾。他们经常一起光顾当时汴京城内有名的妓馆——撷芳楼。王诜藏有名画《蜀葵图》，但只有其中半幅，于是时常在赵佶面前提及此事，遗憾之情，溢于言表。赵佶便铭记于心，派人四处寻访，终于找到另外半幅画，就把王诜手中的那半幅也要了过去。王诜以为酷爱书画的赵佶要收藏这幅画，哪知赵佶却将两张半幅画裱成一幅完整的画送给了他。于此可知二人之间的深厚情谊。

赵佶对王诜如此大方，王诜自然投桃报李。有一次，赵佶在皇宫遇到王诜，恰巧因为忘带篦子，便向王诜借篦子梳头，王诜把篦子递给他。赵佶见王诜的篦子做得极为精美，爱不释手，直夸篦子新奇可爱。王诜不失时机地说：近日我做了两副篦子，有一副尚未用过，过会儿我派人给你送过去。当晚，王诜便差府中小吏高俅去给赵佶送篦子。高俅到赵佶府中时，正逢赵佶在踢蹴鞠，便在旁边观看等候。赵佶善踢蹴鞠，而高俅早年便是街头踢蹴鞠的行家，精于此技。见到赵佶踢得好时，高俅便大声喝彩。赵佶便招呼高俅对踢。高俅使出浑身解数，陪赵佶踢球。赵佶玩得非常尽兴，便吩咐仆人向王诜传话，说要将篦子和送篦子的小吏一同留下。后来，高俅日益受到赵佶的宠幸，而有些仆人想与高俅一样，祈求恩赏，赵佶居然说："你们有他那样的脚吗？"赵佶之放浪形骸可见一斑。

当然，赵佶的轻佻品行，朝中也绝非仅章惇一人知晓。徽宗建中靖国元年（1101）正月，刚刚起复不久的哲宗朝宰相范纯仁在常州病死，在他遗奏中即有劝皇帝"清心寡欲，约己便民"之言。此话显然说得极重，非常直接地批评徽宗纵欲过度，这在宋代士大夫中是极为罕见的。同年五月，距向太后去世才四个月，朝中便有一个叫江公望的谏官上奏，劝谏徽宗说，皇宫内畜养珍禽奇兽，与陛下亲政之初的作为完全不相称。徽宗承认确有此事，即日下诏宫苑将禽兽全部放了。其中有一只鹦鸟，因畜养时间长，驱赶不走，徽宗便把江公望的名字刻在驱赶鹦鸟的杖头上，以旌赏直言敢谏之人，还可以吓唬鸟类不敢再来。由此可以看出，徽宗处理事情的确戏谑，轻佻之说，绝非章惇个人的感受。章惇后来以扈从哲宗灵柩入土不称职的罪名被弹劾，徽宗当即顺水推舟，将他罢相。数月之间，章惇屡遭贬窜，一直贬为雷州司户参军。不久，再徙往睦州（今浙江建德)，后来就死在那里。

徽宗即位后，本性难移，怠于政事，继续过着荒淫糜烂的生活。徽宗十七岁成婚，娶德州（今山东陵县）刺史王藻之女，即位后，册封王氏为皇后。王皇后生性俭约，相貌平平，贤淑端庄，不会取悦徽宗，虽为正宫，但并不得宠。此时，徽宗宠幸的是郑、王二贵妃。二人本是向太后宫的押班（内侍官名），生得眉清目秀，又善言辞。徽宗为藩王时，每到慈德宫请安，向太后总是命郑、王二人陪侍。二人小心谨慎，又善于奉承，颇得徽宗好感。时间一长，向太后也心领神会，及徽宗即位，便把二人赐给他。徽宗如愿以偿，甚为欢喜。据史书记载，郑氏入宫后，喜好读书写字，还能读懂奏章，皇帝也十分欣赏她的才华。显而易见，郑氏不仅姿色出众，而且还能帮助徽宗处理政事。因此，徽宗更偏爱郑氏，使她宠冠后宫。徽宗还多次赐给郑氏情词艳曲，后来传出宫禁，广为流传。王皇后去世，徽宗于政和元年（1111）册封郑氏为皇后。

除了郑、王二氏之外，受徽宗宠爱的还有刘贵妃、乔贵妃、韦贵妃等人。刘贵妃，出身寒微，却花容月貌，入宫即得到赵佶宠幸，由才人连升七级而至贵妃。然而，好景不长，她升贵妃后不久即去世。据史书记载，刘贵妃曾亲手在后宫庭院中种植了几株芭蕉，当时她似乎有些伤感，触景生情道，等这些芭蕉长大，恐怕我也看不着了。在旁的侍从忽闻此言，慌忙上奏徽宗，徽宗起初很不在意。谁知过了两天，刘贵妃突然病重，等徽宗前去探视时，刘贵妃已撒手而去，她的话果然应验。徽宗悲痛不已，特加四字谥号"明达懿文"，将其生平事迹编成诗文，令乐府谱曲奏唱。

正当徽宗为此伤感时，内侍杨戬在徽宗面前夸耀安妃刘氏有倾国倾城之貌，不亚于王昭君。徽宗于是将其招入宫中。刘氏本是酒家之女，出身卑贱，但长得光艳风流。徽宗一见，魂不守舍，瞬间便将丧妃之痛遗忘殆尽。徽宗大加宠爱刘氏，与她形影不离，若离了她，竟是食不甘味、夜不能寐。刘氏天资颖悟，善于逢迎徽宗。她还极善涂饰，每制一衣，款式新颖，装扮起来胜似天仙，不但徽宗喜欢，就连京城内外也竞相仿效。在徽宗看来，刘氏回眸一笑，六宫粉黛尽无颜色。道士林灵素见刘氏如此得宠，便曲意奉承，称刘氏为"九华玉真安妃"，绘其像供奉于神霄帝君之左。然而，随着时间的流逝，刘氏渐渐人老珠黄，风韵不再，生性轻佻浮浪的徽宗欲再觅新欢。

尽管后宫粉黛三千、佳丽如云，但徽宗对她们刻意造作之态感到索然无味，便微服出宫，寻找刺激。李师师，汴京（今河南开封）人，本姓王，手工工匠之女，四岁丧父，遂入娼籍李家，后来成了名噪一时的京城名妓。她色艺双全，慷慨有侠名，号称"飞将军"。李师师既名冠汴京，徽宗自然不会放过她。据史书记载，自政和以后，徽宗经常乘坐小轿子，带领数名侍从，微服出宫，到李师师家过夜。"春宵苦短日高起，从此君王不早朝。"

为了寻欢作乐，徽宗专门设立行幸局负责出行事宜。荒唐的是，行幸局的官员竟然帮助徽宗撒谎，如当日不上朝，就说徽宗有排挡

（即宫中宴饮），次日未归，就传旨称有疮痍（即染病），不再上朝。天子不惜九五之尊，游幸于青楼妓馆，并非光彩之事，所以徽宗总是小心翼翼，生怕被他人发现，多数朝臣虽然心知肚明，对徽宗的荒淫行为多少有所了解，但却不敢过问，致使徽宗更加放荡。秘书省正字曹辅曾经挺身而出，上疏规谏徽宗应爱惜龙体，以免贻笑后人，等等。徽宗听后，勃然大怒，立即命王黼等人处理此事。这些人自然领会徽宗的意图，以诬蔑天子之罪论处曹辅，徽宗当即将曹辅发配郴州（今湖南郴县）。徽宗纵情享乐，竟如此对待忠贞敢言之士！据统计，徽宗在位时期，宫女总数超过一万人，徽宗每隔五到七天，必御一处女，以便采阴补阳、延年益寿，可谓荒淫至极！徽宗尽情享受着生活的乐趣，而把国事托付于蔡京等邪恶之徒，致使北宋政治日益腐败，国势更加衰落。

昏庸：荒唐至极的内政外交

徽宗即位之初，曾经打算励精图治，把满目疮痍的国家恢复为太平盛世，为此他大刀阔斧地改革，除旧布新。他屡次下求直言诏，广开言路，平反冤狱，贬窜奸佞，选贤任能，俨然一个中兴天子。假如他能持之以恒，不受奸佞宵小所左右，能够吸取历史上那些亡国之君的教训，北宋末年的政局将是另一种面貌。

令人扼腕的是，这段清明政治并没有维持多久。徽宗十八岁登基，没有从政经验，况且他以庶子继承皇位，深恐威信不足，便请向太后垂帘听政。向太后倾向于反变法派，也正是在她的支持下，韩琦之子韩忠彦才得以顺利出任宰相。但不久，向太后宣布还政于徽宗，又过了一段时间，她就去世了。向太后死后，徽宗失去了靠山，军国大事全部落到他的身上。反变法派失去向太后这一依靠后，抵挡不住变法派的凌厉攻势，况且左相韩忠彦虽位在右相曾布之上，但他遇事懦弱，处处受到曾布掣肘，无所作为。因此，反变法派失势，以蔡京为首的所谓变法派再度得势。蔡京把持朝政后，徽宗便有意恢复神宗时的法令制度，激浊扬清的改革就此结束。从此，一个年轻有为的天子很快走上极度荒淫的道路，其变化之大之快，令人惊讶。

蔡京攫取相位后，辅助徽宗绍述神宗的改革事业。三十多年前，徽宗的祖父英宗也是在毫无准备的情况下坐上皇帝宝座的，但英宗是负责任的，而徽宗却逃避责任。徽宗只管安心在宫中发挥他的艺术天性，书画宝物、奇花异石、绫罗美女无所不好，把国家大事托付与蔡京等人；蔡京则乘机把持朝政，打击政敌，恣意引进亲信党羽，打着变法的旗号，肆意搜刮民间财富，为所欲为，君臣配合倒也"默契"。蔡京引导徽宗穷奢极侈，徽宗铸九鼎、建祖庙、修道观、建宫殿，大兴土木，尽情享乐。蔡京又创丰亨豫大之说，使皇帝更加欢喜。蔡京一切投徽宗所好，换来徽宗对他的高度信任。他在徽宗朝，四次出任宰相，前后执政二十年，成为名副其实的宋朝第一位权相。蔡京任相期间，其弟蔡卞知枢密院事，其子蔡攸领枢密院事，打破了北宋实行的亲属不得同时担任宰执大臣的回避制度。

有其父必有其子。蔡京长子蔡攸有宠于徽宗，官至节度使，能够随时出入宫掖，并经常参与宫中秘戏，或侍私宴。他和宰相王黼经常穿着短衫窄裤，涂青抹红，杂在戏子、侏儒之中，说些市井间淫谑浪语，以博徽宗之欢。蔡攸的妻室宋氏也尝出入禁掖。据说，有一次蔡攸进宫侍奉徽宗宴饮，徽宗连赐几大杯，蔡攸已酩酊大醉，徽宗仍不尽兴，继续赐酒，蔡攸跪拜在地恳求说：我的酒量已到极限，再喝就不省人事了，请陛下可怜可怜我，饶了我。徽宗大笑说：假若你死了，就又灌杀一个司马光。这也从一个侧面反映出徽宗对元祐党人的态度，更是徽宗荒淫生活的表现。

"六贼"之一的王黼，本名王甫，进士出身，因与东汉宦官同名，徽宗特为改名。王黼长得俊俏，风度翩翩，却阴险狡诈，卑鄙无耻。王黼起初因巴结宰相何执中而出任左司谏，不久获悉徽宗对右相张商英不满，而准备起用已致仕的蔡京，他遂立即上书攻击张商英，同时竭力称赞蔡京过去的政绩，从而得到升迁。王黼为进一步讨好蔡京，又攻击曾经提拔过他的宰相何执中，虽然蔡京并没有采纳他的建议，但他还是得以升迁。后来，王黼暗中投靠与蔡京相互争斗的宰相郑居中，激怒了蔡京。但王黼毕竟善于钻营取巧，找到了新的后台。他依附"六贼"之一的大宦官梁师成，并拜他为父，称其为"恩府先生"。在梁师成的鼎力举荐下，王黼很快拜相。他升为宰相后，借徽宗的名义大肆搜刮天下财物，献给徽宗的不过十分之一，其余尽归自己所有。他还公开卖官鬻爵，并标有定价，当时民间有歌谣曰："三千索，直秘阁；五百贯，擢通判。"意思是当时的官职是明码标价的，只要出钱就可以买得到。王黼还是个好色之徒，每晚选择美女姬妾居于卧室大榻周围的十几个小榻中，陪他寻欢作乐，称作"拥帐"。如此无耻之人，徽宗却宠爱有加。从这一侧面可以看出，北宋晚期的士大夫并非以天下为己任，而是谋求升官发财。为达到这一目的，他们不惜使用任何卑劣手段。当时的士大夫阶层已经堕落，士风大不如从前，而这无疑也是促成北宋覆灭的重要因素之一。

自称要赏尽天下花、踢尽天下球、做尽天下官的李邦彦，被称为"浪子宰相"，善于阿谀奉承，从不违背徽宗的旨意，也是一个怙恶不悛、厚颜无耻之徒，尤擅长讲些市井鄙俚的粗俗不堪的故事以取悦徽宗。一次，李邦彦侍奉徽宗宴饮，待到献技时，他赤身裸体，露出印在身上的十二生肖纹饰，装模作样，并说些淫秽的话语。徽宗开怀大笑，举杖要笞打他，他已爬上了拱门。在旁的宦官看见，便传圣旨让他下来，李邦彦回答说：黄莺偷眼觑，不敢下枝来。皇后得知，感叹说：宰相都如此，怎么能治理好国家！当然，徽宗一朝的奸佞之徒远不止这些，这几个人只是臭名昭著、恶贯满盈的典型代表而已。他们加上荒淫无道的昏庸之君，将整个社会弄得乌烟瘴气，政治极度黑暗腐败，北宋王朝陷入空前的危机。

徽宗在重用蔡京等人的同时，又极力推崇道教，企图以道教作为攘外安内的工具。宋朝皇室与道教的渊源很深。太宗继兄长赵匡胤之位，有"烛影斧声"之说，为洗刷自己弑兄篡位的嫌疑，平息社会舆论，便利用道士张守真、方士马韶制造并传播谣言，说他入继大统是上天和神的意志。太宗即位后，大力宣扬道教，不仅在终南山为张守真修建上清太平宫，起用王韶为官，还召见当时的著名道士陈抟、丁少微等人，赐他们封号、紫衣，命人整理道教经典，但尚未达到狂热的程度。宋朝第三代皇帝真宗在"澶渊之盟"后，为利用宗教神灵来"镇服四海，夸示夷狄"，迷醉朝野，安定人心，同时也为自我安慰，仰仗神力来保佑平安，就伙同大臣丁谓等制造神降"天书"《大中祥符》，甚至声称道教神仙赵玄郎是赵宋王室的始祖。随后，真宗自称为"崇文广武仪天尊道宝应章感圣明仁孝皇帝"，修建道观，优待道士，不断祭祀道教教祖老子李耳，并加封老子为太上老君混元皇帝。在皇帝的支持下，道教得到空前的崇奉，直到真宗去世，这一风气才有所缓和。

徽宗是继真宗之后又一个狂热崇奉道教的皇帝。徽宗只因在向太后的支持下，才以庶子的身份登上皇位，多少有些信心不足。要解释他之所以能继承大统，最好的借口就是皇权神授，是上天的安排。何况太宗、真宗的举动已为他树立了很好的榜样，同时也为徽宗留下了奉行祖宗之法的堂皇借口。这恐怕是徽宗尊崇道教更为重要的原因。

徽宗崇奉道教，始于元符末年。崇宁四年（1105）五月，徽宗赐道士张继先号虚靖先生，开始优待道士。原来僧道地位相等，不分伯仲，但徽宗为了推崇道教，便下了一道谕批：道士、女冠（女道士）序位在僧尼之前。这显然是利用至高无上的政治权力，人为地把道教抬到了佛教之上。非但如此，徽宗皇帝还效法真宗，大肆制造舆论，以骗取更多人信奉道教。政和三年（1113）十一月，徽宗前往圜丘祭天，以道士百人为前导仪仗队，蔡京之子蔡攸随行。车驾刚出南薰门，徽宗向东眺望，忽然问左右侍从说：前方玉津园东边好像隐隐有楼台殿阁，这是什么地方？蔡攸心领神会，马上附和说：我也看见云彩间楼台隐隐数重，绵延大约有数里长，都离地有数十丈，好像是上界仙府。过了一会儿，徽宗又问：看到人了吗？蔡攸又回答说：好像有道流、童子，手持幡幢节盖，相继从云中走出来，眉毛眼睛都看得很清楚，肯定是天神下降，昭示天子。经过徽宗君臣的一唱一和，道教神灵降临人间的说法迅速传扬出去。随之，徽宗便下令在其地修建道宫，取名迎真，并亲自写了一篇文章，叙述这一精彩纷呈的过程，并下令刊碑刻石，竖立于宫中。又在全国搜集道教仙经，还把每年的十一月五日定为天佑节，以纪念天帝降临，庇佑苍生。

接着，徽宗颁布了一系列鼓励道教发展的诏令。先是创置道流官阶，有先生、处士等名，品级和朝廷命官中大夫至将仕郎相当，共有二十六级。同时要求各地挑选道士数人，送往京师集中学习道教礼仪，学成之后，再返回原地推广。随后，又下令免除道士迎接地方长官的仪式，地方长官不得向道观征税，不得骚扰道教信徒，还要为道士出行提供车、船方便。更荒唐的是，如果有人触犯法律，只要逃离世俗，皈依道门，官府将不再追究。既然加入道教有这么多好处，许多军人、工匠、乞丐，还有贫民，纷纷皈依道教，甚至佛教弟子也愿意加入道教。

与此同时，道教经典也受到了特别重视。徽宗不仅将《道德经》分章节刻在石头上，竖立在京城神霄玉清万寿宫，还令各州学校设置道学博士，由州官兼任，全国在校学生也要学习道家经书。尤其到了政和、宣和年间，徽宗更是近乎疯狂地扶植和推广道教，举国上下掀起了一场崇奉道教的狂热。徽宗为表示自己是虔诚道教徒，将道家的修行、礼仪和生活方式规定为日常生活的重要组成部分。蔡京、郑居中、童贯等许多中央高级官员也成了宫观官员，每逢上朝，大殿上一片羽服黄冠，如道场一般，荒唐可笑。与道教获得空前发展形成鲜明对比的是，佛教逐渐衰落，还不断受到压制。徽宗的歧视性政策，自然引起佛教徒的不满与抗争。宣和六年（1124）上元节，徽宗在御楼赏灯时险些被一小和尚刺杀，但这并未使他有所收敛。

随着道教地位的迅速提高，道士格外受到徽宗垂青，道士的权力也越来越大。在徽宗朝，权势煊赫的道士很多，最为跋扈的是林灵素。林灵素是温州人，出身寒微，少年时曾入寺庙做和尚，因不能忍受师父的鞭笞和辱骂，转而加入道教。政和初年，林灵素来到京城开封，居住在东太乙宫。此时，道士王仔息已经失宠，左街道箓徐知常遂向徽宗推荐林灵素。林灵素的出现，把徽宗时的道教热推向了高潮。徽宗召见林灵素，似曾相识，便问他：你过去做过官吗？曾经见过我吗？林灵素向来胆子极大，他回答说：我往年在玉帝那里当差，曾经侍奉过陛下。徽宗又说：我隐隐约约还记得那段往事。我记得你曾骑一头青牛，现在青牛在哪儿？林灵素回答说，它暂时寄居在外国，不久就会来此。徽宗大为惊喜。林灵素还自称懂得仙术，吹嘘"上知天宫，中识人间，下知地府"。意思是他无所不知。并大言不惭地对徽宗说，天有九霄，神霄最高，神霄玉清王，是上帝的长子，主持南方，号称长生大帝君，就是陛下。又说蔡京是左元仙伯，王黼是文华吏，童贯等人也都名列仙籍。正被徽宗宠爱的刘贵妃是九华玉真安妃。而他自己则是神霄玉清王府的仙卿，名叫褚慧，如今下凡到人间辅佐帝王进行统治。这一席无稽之谈竟然让徽宗非常高兴，他立即封林灵素为元妙先生，并赐金牌，随时可以出入皇宫，还为林灵素修建通真宫，赏赐优厚。自此，林灵素的地位迅速上升，他每次出门都是前呼后拥，颇为壮观。他的权势煊赫，被京城人称为"道家两府"，意思是林灵素的权势可以和宰相分庭抗礼了。许多人为谋得一份美差，都争先恐后投奔林灵素门下，他在京城的弟子就有两万多人。

在林灵素、蔡攸等人的一再怂恿下，同时为表示对道教的虔诚，徽宗于是降下御笔，说自己经常朝见上帝，亲自接受上帝的命令，使风俗转好，我实是上帝长子，为太霄帝君，看到中华大地都是金狄之教（指佛教），深感怜悯，于是就恳求上帝，愿意做人间帝王，使天下归于正道。上帝已经答应了我的请求，你们（指林灵素、蔡攸等人）可上表章，尊我为教主道君皇帝，只在道教奏疏中使用，而不涉及政事。在皇帝的授意下，道箓院册封徽宗为教主道君皇帝。至此，徽宗集皇帝、道教教主、上帝长子于一身，将君权与神权完整地融在了一起。直到宣和末年因金人南侵，徽宗才停止了对道教的狂热推崇。此时，朝政已经荒废，北宋命运岌岌可危。

徽宗在国内尽情享乐，在蔡京、童贯等人的极力怂恿下，徽宗皇帝飘飘然起来。为了展示大宋朝的富足强大，他还不断向周边少数民族政权耀武扬威，屡次轻启战端。在徽宗统治时期，宋朝接连发动了对西夏、河湟（青海东部黄河、湟水两流域之地）吐蕃以及四川夷人的战争，虽然取得了一定胜利，但耗费了朝廷巨额经费，损失大量兵员，削弱了宋朝实力。但徽宗并无悔改之意，他更想收复燕云地区，完成自太祖以来历代帝王都不能实现的梦想，以建立不朽功勋。

早在政和元年（1111）九月，徽宗派童贯出使辽国以窥探虚实，返程途经燕京（今北京）时，结识了燕人马植。此人品行恶劣，但他声称有灭辽的良策，深得童贯器重。于是童贯将他带回宋朝，改其姓名为李良嗣。在童贯的举荐下，李良嗣向徽宗全面介绍了辽国危机和金国的崛起，建议宋金联合灭辽。在李良嗣看来，辽朝肯定会灭亡，宋朝应该抓住这千载难逢的良机，出兵收复中原王朝以前丧失的疆土。徽宗大喜，当即赐李良嗣国姓赵，改名赵良嗣，授以官职。徽宗不仅花天酒地，声色犬马，而且好大喜功，虚荣心极强。如果侥幸灭辽，列祖列宗梦寐以求的燕云之地不就可以收复了吗？这样，他就是彪炳千秋的一代明君了。从此，宋朝开始了联金灭辽、光复燕云之举。

对徽宗这种投机取巧的愚蠢做法，朝廷内部持反对意见的大臣只占少数，负责起草诏令的中书舍人宇文虚中就是其中一位。他上书反对说，用兵之道必先考虑强弱虚实，知己知彼，以防万一。现在我朝边境无攻守器具，府库无数月之储，怎么能贪功挑起战端？他认为，女真有强盛之势，正好以契丹为我们的屏障，阻止强大的女真军队。如果以我们百年怠惰之兵、久闲安逸之将，抵挡新锐难斗之敌，恐怕就国无宁日了。由此看来，宇文虚中的确具有远见卓识，后来出现的事实正如他所预言。北宋覆灭之后，很多人把靖康之祸归咎于宋廷联金灭辽这一错误决断。但是，童贯、王黼、蔡攸等人异想天开，竭力怂恿徽宗出兵。于是，徽宗下定决心要出兵伐辽。

重和元年（1118）春天，徽宗派遣马政等人自登州（山东蓬莱）渡海至金，策划灭辽之事。随后金也派使者到宋，研究攻辽之事，双方从此展开了秘密外交。在几经往返之后，双方终于就共同出兵攻辽基本达成一致，金国攻取辽国的中京大定府（内蒙古宁城西），北宋负责攻取辽国的燕京析津府（北京）和西京大同府（山西大同）。灭辽后，燕云之地归宋，宋把过去每年给辽的岁币如数转给金国。这就是历史上有名的宋金"海上之盟"。

不久，徽宗得知辽朝已经获悉宋金盟约之事，非常后悔，担心遭到辽的报复，于是下令扣留金朝使者，迟迟不履行协议出兵攻辽，为后来金国毁约败盟留下了口实。在此期间，金军以摧枯拉朽之势接连攻下辽朝的中京、西京，辽朝末代皇帝天祚帝也逃入山中，辽朝的败亡已成定局。在这种形势下，徽宗才匆忙命童贯带领十五万大军以巡边为名向燕京进发，打算坐收渔翁之利。但这批人马一到燕京便遭到辽将耶律大石所部的袭击，大败而归。

宣和四年（1122）六月，辽燕王耶律淳死，徽宗见有机可乘，再命童贯、蔡攸出兵。此时，辽涿州（今河北涿县）知州郭药师相继归降宋朝，打开了通向燕京之路。虽然宋军一度攻入燕京城，与辽军展开肉搏战，但因后援未至，被迫撤退。徽宗亲自部署的第二次攻燕之役又以惨败告终。

北宋朝廷的腐败和军事上的弱点给金人以可乘之机。宣和五年（1123）春，金太祖对徽宗派来的使者态度强硬傲慢，并责问赵良嗣，当初宋金两国联合攻辽，为什么"到燕京城下，并不见（宋军）一人一骑"。谈到土地问题时，金太祖背弃前约，坚持只将当初议定的后晋石敬瑭割给辽朝的燕京地区归宋，不同意将营州（今河北昌黎）、平州（今河北卢龙）、滦州（今河北滦县）还给宋朝，他辩称此三地是后唐刘仁恭献给契丹的，并非后晋割让。金人态度坚决，宋方理屈词穷，毫无办法。

几经交涉，金国最终才答应将后晋割给辽朝的燕京及其附近六州之地归还宋朝，条件是宋朝除每年把给辽的岁币如数转给金外，另添每年一百万贯的"代税钱"。所谓"代税钱"，是指金人规定的由宋朝缴纳燕京地区的租税，即土地与租税分开，实际上是一种赔款。宣和五年（1123）四月，徽宗派童贯、蔡攸代表朝廷前去接收燕京地区。金兵撤退时，将燕京一带的人口、金帛、财富一并掠走，留下几座空城送给了宋朝。童贯、蔡攸等人接收了燕京之地后还朝，上了一道阿谀奉承的奏章，称燕京地区的百姓箪食壶浆，夹道欢迎王师，焚香以颂圣德。徽宗闻之大喜，即令班师。

收复燕云后，徽宗分外得意，自以为建立了不世之功，宣布大赦天下，命王安中作"复燕云碑"树立在延寿寺中以纪念这一功业，并对参与此次战争的一帮宠臣加官晋爵。在对辽作战中，宋王朝的腐朽无能已暴露无遗，徽宗君臣不仅没有反思，反而都沉浸在胜利的喜悦当中，殊不知金人磨刀霍霍，准备大举进攻宋朝，北宋王朝的末日即将到来。

蔡京：

———————— 书画名家与误国奸臣

发迹：政治投机分子的权术

徽宗虽称得上是历史上杰出的书画家，但他天性轻佻，爱好声色逸乐，对政事不闻不问。以蔡京为首的人乘机把持朝政，祸国蠹民，把国家搞得乱七八糟，最终酿成靖康之祸，宋人无不为之切齿痛恨。

蔡京字元长，兴化仙游（今福建仙游县）人，生于仁宗庆历七年（1047），与北宋政治家、书法家蔡襄是同乡。蔡京二十三岁时考中进士，开始步入仕途，时为神宗熙宁三年（1070）。此时，他的同乡前辈蔡襄已于三年前去世，蔡京想攀附名门而自称是蔡襄的族弟。三十多年后，蔡襄之孙蔡佃参加崇宁二年（1103）进士考试，本是廷试唱名第一，当时蔡京为太师在殿上，居然煞有介事地令族孙避嫌，将蔡佃降为第二名，使蔡佃抱憾终身，极为痛恨蔡京这个冒名族亲。

蔡京权力欲极强，早在青年时代就是个十足的官迷。他在求学阶段，曾经请算命先生为其算命，谁料算命先生将其命运错算，说他日后必成武官，衣食不缺，前途不可限量。蔡京为此伤心不已。宋朝实行重文轻武的国策，与文官相比，武官的地位要低得多，可见蔡京对富贵是何等痴迷。蔡京并无固定的政治见解，其言行以向上爬为终极目的，是个典型的政治投机分子。元丰八年（1085）二月末，神宗病危，神宗生母高太后和执政大臣们在确定皇位继承人选时，展开了激烈的斗争。蔡京时任开封知府，他依附右相蔡确、门下侍郎章惇等改革派，主张立神宗长子为皇太子（后来的哲宗）据说他还率领壮士一千名，准备胁迫持异议的左相王珪，以贪定策之功。此次立储之事，日后成为变法派与反变法派党争的重大事件。蔡确也因此招致高太后和反变法派的无比仇恨，被一贬再贬，最终死于贬所。反变法派得势，蔡京遂见风使舵，转而投靠司马光以求保住官位。

哲宗元祐初年（1086），太皇太后高氏当政，司马光出任宰相，全部废除王安石新法。司马光要求在五日之内废除免役法，恢复差役法，其他官员纷纷表示，短时间内难以如期完成，而担任开封知府的蔡京立刻转变态度，于五日内立即恢复了差役法。司马光对蔡京大加赞赏：若人人都像你一样遵守法令，还有什么事办不成？这是对蔡京阿谀奉承的肯定，能够得到新宰相的褒奖，蔡京自以为前程一片光明。这时身在江宁（今江苏南京市）的王安石已疾病缠身，当他得知连免役法都废罢，不禁愕然失声，为之捶胸顿足。蔡京为了自己的仕途，自然不会考虑此前一直支持的新政。遗憾的是，尽管蔡京见风使舵投靠了宰相司马光，并得到司马光的欣赏，但他在担任开封知府期间徇私枉法，此时被揭露出来，同时一些反变法派官员也知道蔡京为人奸邪反复，加之为维护反变法派内部各派系的团结，朝廷一直没重用蔡京，而让他做了八九年的地方官。而在此期间，变法派官员屡遭报复打击，蔡京却安然无恙，应属幸运，这大概与他的政治投机有关。

太皇太后高氏执政八年后去世，哲宗亲政，行绍述之政，变法派再度得势，蔡京立即摇身再变。宰相章惇想改革差役法，但仍犹豫不决，刚出任户部尚书的蔡京却即刻表示，如今是恢复先皇神宗的旧制，又不是另外实行新法，根本无须商讨。于是，蔡京又成为最积极恢复免役法者。前后相隔不足十年，蔡京的主张竟如此截然相反。其后，蔡京又帮助章惇大兴文字狱，陷害元祐旧臣，企图借机跻身执政行列，但受到曾布（唐宋八大家之一曾巩之弟）的排挤，只升为翰林学士承旨。蔡京早年尽管以摇摆不定著称，却并没有很快实现出将入相的理想。蔡京真正进入权力中枢，实现这一抱负，是在他认识了徽宗皇帝身边第一大红人、宦官童贯之后，才有了转机。

元符三年（1100）正月，年轻的哲宗病死。在曾布、蔡卞（蔡京之弟）等人的支持下，向太后（神宗皇后）坚持拥立被宰相章惇认为是"轻佻不可以君天下"的端王赵佶为皇帝，是为宋徽宗。后来，徽宗重用蔡京而不用章惇，大概亦与此事有关。徽宗继位后，蔡卞、章惇先后被曾布党羽攻击后罢政出任地方官，蔡京也于同年冬因宰相韩忠彦和曾布的排挤出知江宁府，这引起蔡京的极大不满，他故意拖延不赴任，结果，他被降为提举杭州洞霄宫的闲差，居住在杭州。

不久，向太后去世，徽宗地位更为稳固，他再也按捺不住生性爱好逸乐的癖好了。为此，徽宗在杭州设立金明局，由宦官童贯主持，专门搜罗珍品玩物。蔡京是宋朝历史上的书法名家，据说他深得书圣王羲之的笔意，能写一手好字，自成一家，当时号称天下第一。蔡京并非寻常之人，他的权力欲极强，童贯的到来对正苦于官场失意的蔡京来说，无异于天赐良机，不容错过。蔡京遂刻意交结童贯，与他昼夜相处，还通过童贯将自己的屏障、扇带之类的书画作品送给宋徽宗，以此表明对皇帝的忠心，并帮助童贯出谋划策，把杭州民间收藏的几件珍品字画弄到了手。童贯回京复命，除了向徽宗奉上蔡京的书画作品外，还称赞蔡京是国家栋梁之材。徽宗做端王时，就很喜欢蔡京的画，曾出高价买过一幅，此时见到大量蔡京佳作，他惊喜异常。蔡京与徽宗性情相近，徽宗便有意重用蔡京。此外，蔡京又通过赠送字画的方式结交宫人、内侍及皇帝近臣，因而他们也众口一词地称誉蔡京，蔡京很快东山再起，出任定州（河北定县）知州，随即又升迁为大名府（河北大名县）知府。

向太后死后，徽宗有意恢复其父神宗时期的各项举措，在其即位的第二年，改年号建中靖国为崇宁，显然是尊崇熙宁的意思。熙宁是神宗第一个年号，由神宗皇帝支持、王安石倡导的变法就于熙宁年间展开，一直持续到元丰八年神宗去世，前后长达十七年之久。崇宁元年（1102），变法派骨干右相曾布与左相韩忠彦争权交恶，曾布为扩充自己的势力而尽力拉拢蔡京，于是荐举蔡京为翰林学士承旨。蔡京被才能非凡的曾布看重，在于他高超的政治斗争经验和拥护变法的坚决态度。但蔡京的欲望远非这一职位所能满足，他试图利用这难得的机会，排斥韩忠彦与曾布。也许曾布没有想到，在哲宗执政期间，他曾阻拦蔡京升任执政，并将他放逐为地方官，蔡京对此一直耿耿于怀；徽宗也早已将曾布当初的拥立之功全都抛在脑后。因此，后来曾布受到贬逐后，又被一再贬谪，其境遇甚至比反对立徽宗为帝的章惇更悲惨。

不久，邓绾之子邓洵武入朝为起居郎，他预料到蔡京不久会东山再起，重新执掌朝政，便刻意巴结蔡京。一次徽宗召对，邓洵武乘机向徽宗进言，陛下乃神宗之子，宰相韩忠彦是韩琦之子，当年神宗皇帝变法利民，韩琦坚决反对，如今韩忠彦依然反对新法，这是子承父志，陛下作为天子，难道不能继承父志吗？显而易见，这是鼓动徽宗疏远宰相韩忠彦，达到挑拨离间的目的。徽宗不觉为之动容。邓洵武接着又劝说徽宗，陛下要诚心继承先帝的事业，非重用蔡京不可。善于察言观色的邓洵武在退朝后又画了一幅《爱莫助之图》献于徽宗。这幅图仿照《史记年表》的体例，分左右两栏，左边列元丰旧臣，只有以蔡京为首的五六人而已，右边列元祐旧臣，举朝宰执公卿尽在此列，差不多有一百多人。徽宗见元祐党比元丰党明显要多，遂怀疑元祐诸臣相互援引，朋比为奸，于是决定起用蔡京为相。

崇宁元年（1102）五月，左相韩忠彦罢相出任地方官，蔡京于六月升任尚书右丞（副相）。七月，右相曾布在蔡京党羽的攻击下罢相，蔡京升任右相，并于次年二月又升左相。蔡京被贬杭州仅仅一年，便成为一人之下万人之上的第一宰相，其升迁速度之快，在宋代是绝无仅有的。当初，王安石出任宰相时，朝廷大臣贤士大夫竞相引荐，学者名流众口交誉，神宗才拜他为相。蔡京完全依靠宦官、宫妾而升任宰相，可见北宋末年的风气已大不相同了。早在徽宗即位之初，御史陈师锡就上书说，蔡京、蔡卞兄弟一样邪恶，迷惑朝廷，而蔡京尤其好大喜功，日夜结交内侍戚里，觊觎重用，若用他，天下治乱自此而分，祖宗基业从此毁坏！可以看出，陈师锡十分了解蔡京的品行，以后的事实证明，恰如陈师锡所预言，蔡京败坏世风，加剧了北宋王朝的社会危机。

蔡京升入右相后，入宫拜谢徽宗，徽宗面谕蔡京说，神宗皇帝创立法制，先帝继承父志，其间遭遇两次变故，国是未定，我想继承父兄遗志，你如何帮我？蔡京已猜透徽宗的意图，他立即起身顿首说，一定竭心尽力。显然，徽宗对与之趣味相投的蔡京十分信任，他们是艺术上的知音，也正是基于这种共同爱好，他们成了至交，这也是维系以后君臣良好关系的纽带。有了皇帝的强有力支持，蔡京开始推行所谓的改革。

徽宗、蔡京打着"绍述"神宗改革事业的旗号，禁用元祐法令，恢复绍圣年间的免役法，仿照熙宁条例司故事，于尚书省设置讲义司作为实施"新法"的领导机构。为制造舆论，徽宗特地将创行新法的父亲神宗的谥号由十六字增加为二十字，将绍述神宗事业的皇兄哲宗的谥号由六字增加为十六字，显然是对新法的高度肯定和颂扬。在蔡京的倡议下，还为熙宁、元丰功臣绘像，以王安石配飨孔庙，位在孔门七十二贤之上，后来王安石之子王雱也配飨孔庙，并在政和三年（1113）又追封王安石为舒王。

蔡京极力标榜自己是王安石改革事业的继承人，是名副其实的变法派。然而，蔡京是无法与王安石相提并论的。尽管蔡京发迹于王安石当政期间，他的兄弟蔡卞又是王安石的女婿，他本人在神宗时也历任中书舍人、开封知府等要职。但是王安石并不赏识蔡京，据说王安石曾经将他比作屠夫和卖酒的，显然是看不起蔡京。早在哲宗绍圣二年（1095），监察御史常安民就已经上书指出，蔡京奸佞足以惑众，诡辩足以饰非，乖巧足以移夺人主之视听，能力足以颠倒天下之是非。这与神宗时有些人论王安石的话有些相似，但王安石品行清廉，蔡京并无王安石的品格。徽宗、蔡京虽然也号称推行新法，但与神宗、王安石所实施的新法是形同实异。神宗、王安石推行新法的主要目的是强兵富国，并有利民便民的考虑。而徽宗、蔡京推行新法的目的是搜刮民脂民膏，最大限度满足徽宗及其宠臣荒淫生活的需要。

蔡京深知要推行新法，必须摆脱反对派老臣的干扰，使权力归于皇帝，然后才可为所欲为。因此，打击与迫害以司马光为首的反对派及排斥异己，成为蔡京当政后的主要活动之一。蔡京上任的第二天，徽宗便下达了一道禁止元祐法的诏书，一反往日谦逊与温和之态，措辞严厉而强硬。正是蔡京和徽宗合谋的这道诏书，制造了中国历史上极为著名的、打击迫害反对派人士的"元祐奸党案"。

徽宗即位之初，向太后倾向于反变法派，她以四月初一将出现日蚀为由，下诏让朝廷内外官员直言朝政得失，以消弭天灾。当时正值向太后当政，应诏上书的人非常多，实际上，这是变法派和反变法派对神宗、王安石的改革事业及高太后、司马光废除新法的一次大规模辩论。反变法派人士纷纷上书指斥朝政，虽也有变法派人士肯定朝政，但人数不多，结果，肯定高太后、司马光者取得了相对胜利，变法派官员蔡卞被贬谪，蔡京也被降职而闲居杭州。蔡京对此耿耿于怀，在他升任右相两个月后，即崇宁元年（1102）九月，就将元祐及元符三年（1100）当政的文彦博、司马光、苏轼、秦观、曾肇等文武官员及一些宦官，共计120人，其中包括新党陆佃（王安石的学生）等，编为一籍，称为"奸党"，又请徽宗御书刻石，树立于端礼门外，号称"党人碑"。其后又对元符三年（1100）曾上过书的人分等定级，将拥护"新法"的钟世美等41人列为正等（分为正上、正中、正下三级）；而将反对"新法"的范柔中等500余人，列为邪等（分为邪上、邪中、邪下三级）。凡列入正等者，升官晋爵；列入邪等者，皆遭禁锢。这是继东汉之后，历史上又一次大规模的"党锢之祸"。

被列入元祐奸党名录的人，当时大多已过世，但不少是妇孺皆知、闻名遐迩的学术权威、文坛领袖，或为以人品官声享誉当时的著名政治家，徽宗、蔡京集团为消除他们的影响，于是将迫害的锋芒主要指向他们的著述和子孙后代。首先罹难的是著名诗人、号称苏门四学士之一的黄庭坚。他名列奸党籍后，被责降到湖北。时湖北转运判官陈举想在黄庭坚撰写的一篇碑文后把自己的名字加上去，以抬高身价。不料被黄庭坚拒绝，于是陈举便从碑文中断章取义地摘录数句，弹劾黄庭坚诽谤朝政，并有意交给与黄庭坚不和的执政赵挺之（南宋著名女词人李清照的公公），赵挺之立即呈给徽宗。结果，黄庭坚被进一步贬至岭南。当时的岭南远离中央，条件极其恶劣，是有严重瘴毒的"瘴乡"，除桂林、广州等几个人口稍多的地区外，其余都为荆棘丛生、瘴毒遍布之地，是北宋流放朝廷重犯的首选之地。南宋诗人杨万里曾作了一首《瘴雾》诗来描述岭南的恶劣景况，"午时犹未识金乌，对面看人一似无。腊月黄茅犹尔许，不知八月却何如？"诗的大意是，在岭南，中午时分还见不到太阳，站在对面的人也看不见，到腊月，瘴气还如此严重，不知道到瘴气最为肆虐的秋天八九月份会是什么样子，可见此地环境之恶劣。蔡京等人把元祐党人流放岭南，几乎如同置之死地。黄庭坚后来便死于此地。从此以后，蔡京开始了大规模销毁"元祐奸党"著述的活动。

崇宁二年（1103）四月，徽宗下诏销毁司马光等人在景灵西宫的画像，蔡京又进一步怂恿徽宗，下诏焚毁苏洵、苏轼、苏辙父子及苏门四学士黄庭坚、张耒、晁补之、秦观及马涓等人的文集，等等。司马光的史学巨著《资治通鉴》也在焚毁之列，当时，负责销毁《资治通鉴》印版的是蔡京之弟蔡卞及其党羽薛昂、林自等人。太学博士陈莹中获悉后，特意在太学考试出题时援引了神宗为该书写的序文。林自不学无术，未曾读过《资治通鉴》，不知神宗确实写过这篇序文，于是质问陈莹中，这篇序文怎么能是神宗亲自写的呢？陈莹中反问，谁敢说这是假的呢？林自又找借口说，即便是真的，也不过是神宗幼年时写的文章而已。陈莹中问他，天子之学出于圣人，得自天性，哪里有少年、成人的区别？林自自知理屈，于是回去告诉蔡卞，蔡卞密令将《资治通鉴》印版束之高阁，从此不再讨论毁坏印版之事。这样，这部史学名著才得以流传至今。

大文豪苏轼的诗文清新秀丽、意境高远，士大夫爱不释手。崇宁、大观年间，朝廷禁止苏轼的文章，甚至悬赏最高八十万钱募人告发。结果，越是禁止，流传越广，当时士大夫皆以不能背诵苏轼的诗词为耻，甚至有人为此大发其财。苏轼曾经在徐州（今江苏徐州市）建有一名楼——黄楼，其弟苏辙为此楼作赋，由苏轼亲自书写后刻于石。后来徽宗下诏销毁苏轼的诗文，当地官员于心不忍，将这块碑沉入护城河，并改黄楼为观风楼。宣和末年，禁令有所放松，一时之间，富室与官宦人家竞相收藏东坡诗文墨迹。时徐州知州苗仲先，见有人到壕沟内临摹，便命人将石碑取出，日夜摹印，得拓片数千份。一日，他突然下令：苏氏之学，法禁尚在，此石奈何独存？立即命人销毁。结果，人们听说销毁石碑后，摹本价格迅速上涨。于是，苗仲先将这些摹本带到京城开封出售，不几日便抢购一空，所获不菲。在苏轼的家乡四川，苏文尤其受到人们的推崇，有谚语称"苏文熟，吃羊肉；

苏文生，吃菜根"。可见其影响之大。

元祐党人既遭迫害，其亲属子弟也随之受到牵连。崇宁年间，徽宗多次下诏，凡是奸党子弟，不管有无官职，均不得在京城居住，也不准擅自到京城；宗室子弟不得与奸党子弟联姻，双方已订婚尚未成礼的，必须解除婚约；等等，知情不报者处斩。此外，党人子弟在科举考试中也受到不公平待遇。崇宁二年（1103），李阶参加礼部考试，他本已中举，但因是奸党李深之子，又是奸党陈瓘的外甥，被徽宗夺去进士出身而转赐他人。同时，将这榜考中的黄定等18人列为上书邪等。徽宗临轩申斥他们，你们可以诋毁我，但神宗、哲宗何时对不住你们！在蔡京的建议下，将他们一律罢黜。这样，凡属于奸党子弟亲属的，彻底被禁锢。

崇宁三年（1104）六月，重定元祐、元符及上书反对"新法"者，合为一籍，共三百零九人，其中包括属于变法派的章惇、曾布等人。徽宗亲书后刻石于文德殿门东壁，后蔡京刻书于石，令天下长吏皆于政厅立"元祐奸党碑"。有一长安县石工王安民拒绝镌刻党人碑，官府问他情由，他说，我是个普通老百姓，不懂为什么要刻这种碑，但司马相公，全国百姓都知道他为人很正直，而碑文却说他为奸佞之首，我实在不忍心刻这种文字。但迫于官府的威严，他只请求碑文别署他的名字，以免得罪后世，可知"党籍"在当时似乎也并不为民众所认可。

元祐党人案前前后后持续了七年之久。而徽宗、蔡京集团正是通过这场精心策划的大规模的政治迫害运动，用暴力方式暂时结束了由绵延不息的党争而造成的混乱局面，建立了统治集团的权威，同时，也为徽宗君臣实行黑暗、腐朽的统治铺平了道路。

随着政治气候的变化，各地"奸党碑"逐渐被销毁。我们今天还能看到国内仅存的一块完整的碑，位于广西桂林市东七星山瑶光峰下的龙隐岩，系南宋庆元四年（1198）元祐党人梁焘的曾孙梁律依据家藏旧本重刻。这块距今已有八百多年的石碑，距地面一丈有余，虽久经风雨，但字迹清晰，上有蔡京手书"元祐党籍"四字，是一个重要的历史见证。

改革：挂羊头卖狗肉的伎俩

蔡京是打着绍述新法的旗号上台的，其中经济改革自然成为他改革活动的中心。自宋朝开国以来，每当财政出现困难的时候，朝廷在财赋的分配上，一般都会采取重中央轻地方的手段，以支持中央财政，这是典型的削弱地方而充实中央的传统国策。食盐属于国家专卖产品，其收入在国家财政收入中占有举足轻重的地位，宋朝政府历来对食盐收入特别重视，尤其是在蔡京当政后，他为搜刮全国的财富，以夸耀富强，从而保住受宠的地位，便更改盐法，以便最快捷、最有效地增加中央财政收入，强干弱支的倾向更加明显。此前，陕西因连年用兵，粮草供应紧张，官府便实行折中法，招募商人将军需物资运至边地，按货物价值换成盐钞（一种领取、运销食盐的凭证），或者直接到京城榷货务（专门负责国家专卖产品的机构）交纳现钱买盐钞，然后到解州（位于山西运城西南）盐池，凭借盐钞运盐而到内地指定区域销售。由于贩卖食盐有利可图，因此从事运粮贩盐的商人趋之若鹜，宋朝边备也无匮乏之忧，还大大节省了朝廷向西部输送财赋的耗费。但蔡京当政时，解州盐池已被雨水冲坏，不能产盐，一方面确实给国家财政造成不小压力，另一方面以解州盐池为基础的盐钞法发生根本动摇，商人凭借原来的盐钞也买不到盐。同时，东南一带海盐还是以官府直接运盐到各地销售的直接专卖制度为主，在这种情况下，全面改革盐钞制度迅速提到议事日程上来。

崇宁二年（1103），蔡京在京城榷货务设立买钞所，印制新盐钞，收换旧盐钞，全面推行盐钞法。新的盐钞法规定，凡从事贩盐者，要先到买钞所交钱购买新盐钞，再到产盐州、县获取食盐，而旧盐钞一概作废。此后，蔡京不断发行新钞，又迫使商人必须购买新钞才能使旧钞有效，而旧钞必须加钱才能另外兑换新钞；而新钞随即又宣布作废，须再度加钱，才能与更新的盐钞搭配使用，人为地促使旧钞不断贬值，从而牟取暴利。其实质就是利用不断变更盐钞的手段，把财政困难转嫁于商人，再使商人的盐利转给朝廷。这样，朝廷的收入自然迅速增加，仅崇宁三年（1104）一年的盐钱收入就超过以往任何时期的盐钱岁收。蔡京在徽宗朝始终执掌政权，与他善于措置财计有直接关系，而盐法改革无疑是他重要的经济政策。但屡次变革钞法，直接给盐商们带来灾难性的后果，越来越多的商人赔本破产。后来，商人输钱三次，才能得到一次贩盐机会，有的商人因无钱更换新盐钞，已经输纳的钱便被没收，白白抛弃。数十万盐券一旦废弃，富商巨贾朝夕之间沦为乞丐，投水自尽者甚多。随之钞法自身的信誉渐趋扫地，造成经济秩序混乱，还使边储失备，严重影响了边防的稳定。

在进行盐钞法改革的同时，蔡京还对币制、赋税、茶法等实行改革，在一定程度上是为国理财，结果却事与愿违，反而成为盘剥百姓的幌子，不断引起社会的不安，宋朝的经济体系也遭到严重破坏，埋下了北宋王朝覆灭的祸根。

蔡京工于心计，深谙为官之道，他一切投徽宗所好，以得到徽宗的宠幸。为此，在搜刮了大量民脂民膏后，蔡京引经据典，编造说《易经》上有丰亨豫大之说，意思是国富民强太平盛世，作为帝王要敢于大肆挥霍钱财，不必拘泥于世俗之礼，实际上是引导徽宗尽情享乐。年轻的徽宗皇帝起初尚不习惯，但蔡京经常向皇帝灌输这样的思想，"陛下当享天下之奉""人主当以四海为家，太平为娱，岁月能有几何，何必自寻烦恼？"不久，徽宗胆子就大起来，居然全盘接受了这套消极的享乐思想，慢慢走上极度荒淫的生活，荒废了朝政，其中蔡京等人的劝诱无疑是个重要原因。于是，北宋朝廷大兴土木，铸造九鼎，修建明堂，制作礼乐，以夸耀、粉饰太平，徽宗统治集团的奢侈、腐败达到了令人发指的程度。而靖康之难发生的根源，恰恰在于北宋王朝的极度腐败。

政和七年（1117），朝廷开始在京城汴京东北、景龙江之南修建规模宏大的万岁山。据说，徽宗即位之初，皇子不多，道士刘混康建言，京城东北角正处在八卦的艮位之上，如能将其地势垫高，便会有多男之祥；如若修建成为假山园林，国家必将繁荣昌盛。这本是道士信口开河，徽宗却深信不疑。自从将此地增高为土岗之后，徽宗果然连连得子，兴奋之余，徽宗下令崇奉道教，大建宫观。同时，征发大量士兵、工匠，继续修建"万岁山"，这项浩大的工程直至北宋灭亡的十年间一直在修筑，国库财富耗费似流水。万岁山建成之后，更名为"艮岳"。方圆十余里，最高峰达八九十步，其中有芙蓉城、灵璧城、慈溪、景龙江等胜地。设计更为精巧的亭台楼阁，不可胜数，山高林深，飞禽走兽应有尽有。富丽堂皇，奢华至极！正是这些大型土木工程的兴建，耗费了大量的人力、物力和财力，因而也是促成北宋灭亡的重要原因之一。

蔡京善于揣测人主之意，他知道徽宗喜欢玩弄花石，便暗中嘱咐朱冲父子搜罗两浙的珍异花石进呈。朱冲是苏州药材富商，既狡狯又工于心计，他广泛结交官吏、士人和商人，数年间已成为富甲一方的巨富，声誉日著。元符三年（1100）末，蔡京贬谪杭州，一次途经苏州，打算在佛寺建一藏经阁以祈福，但工程耗资巨大，蔡京力不从心。有僧人建议说，要想结此善缘，非朱冲不可。于是蔡京通过地方官找到朱冲，朱冲竭力巴结曾任高官的蔡京，满口答应此事，并表示他愿意独立建造。几天后朱冲邀请蔡京到寺中选择建阁地点，蔡京见到数以千计的木材已堆积在寺内，不觉惊喜异常。两个月后藏经阁便建成，朱冲的才能受到蔡京的赏识。

蔡京奉诏还朝后，在他的推荐下，朱冲及其子朱勔成为朝廷命官。开始时，朱冲父子只是进呈树形奇特的小黄杨三四株，并用黄色绸布覆盖，受到徽宗的称赞，以后虽有增加，一年也不过进贡一二次，每次也只有五六种奇花异石而已。显然，徽宗起初还比较谨慎，不敢过分张扬此事。但徽宗生性风流倜傥，垂意花石，即位后痴心不改，根本不满足于这种小规模的进贡。到了崇宁四年（1105），徽宗索性大规模运输花石，他下令于苏州设立应奉局，由朱勔主持，专门在东南地区为皇帝大肆搜刮各类珍奇物品与奇花异石，在政和年间达到极盛。

为把这些奇花异石运往京城，朱勔以运粮的纲船（每十艘船编为一纲）装运，通过淮河、汴河运抵京城汴京，称为"花石纲"。每次运输的船队都是成百上千只船前后相连，浩浩荡荡，绵延数十里，十分壮观。政和年间，灵璧（今安徽灵璧县）进贡一巨石，高、阔约二丈有余，用大船运送至京师，拆毁城门才进得城中，上千人竟抬不动如此沉重的物件。徽宗大为高兴，亲笔御书"卿云万态奇峰"六字，并以一条金带挂于其上。其后，朱勔在太湖又采得一高达四五十尺的巨石，须百人方可环抱。建造巨船运到京师后，宋徽宗欣喜不已，特赐役夫每人金碗一只，朱勔的四个仆人被封官，朱勔本人封威远军节度使，而那块大石头居然被封为"盘固侯"，可谓荒唐透顶！

从朝廷到地方，船只不断被征调以保证及时满足宫廷的需要，连运粮船也不例外。沿途百姓被迫服各种苦役，无疑是额外增加了一项负担，而且，有些地方还要拆桥凿墙，以便船队顺利通过。这无形中耗费了朝廷大量钱财，应奉局及各级地方官也乘机敲诈勒索，致使许多稍有奇花异石的民户倾家荡产，东南地区民怨沸腾。到宣和二年（1120）十月，以诛朱勔为号召的方腊起义爆发，应奉局因而一度被废罢。尽管蔡京早已在这年六月罢相致仕（退休），但这次起义与他当政时所兴起的花石纲不无关系。方腊起义虽被平定，但其他各地的小规模农民起义此起彼伏，而朝廷并未吸取教训，反而依然腐败，重设应奉司。御史中丞陈过庭曾上言说，方腊之乱是蔡京、王黼造成的，贬二人则乱平。结果，朝廷竟毫不客气地把陈过庭贬为黄州知州。朱勔再次得宠后，东南地区许多地方官竞相投奔朱勔门下，苏州应奉局又被称为东南小朝廷，势焰熏灼，前后达二十余年。

接替蔡京继任宰相的是王黼，在他当政期间，北宋朝廷履行与金国结成的海上之盟，并于宣和四年（1122），派童贯、蔡攸出兵伐辽，以收复燕云地区。这次出兵虽以收复旧地为名，最终以赎买的方法取得燕京地区，但是在出兵之前，宋廷内部就有不同意见。中书舍人宇文虚中曾上书极论伐辽之非，他认为宋朝廷准备不足，不可轻言战事，不宜联金灭辽。后来事态的发展也证明宇文虚中的确具有远见卓识，可惜他的奏疏未被朝廷采用，他反倒因此而被贬。王黼、蔡攸等人力主出兵伐辽，然而，蔡攸之父蔡京也认为与金夹攻契丹之策不可取，还作诗劝阻出兵。有人认为，蔡京作此诗是为了日后若出兵失败可以推卸责任，但作为久经宦海的人，他毕竟了解当时宋朝所面临的危机和联金灭辽的利弊，因此，他并没有曲意逢迎。就是在收复燕云、朝廷上下普遍沉浸在这空前胜利的喜悦之时，蔡京仍对此保持低调。蔡京一贯以逢迎皇帝所好而著称，并因此而久居相位，成为政坛不倒翁，但在这件事上却一反常态，可见他对徽宗的举动非常担忧。

宣和六年（1124）十二月，蔡京以太师领三省、第四次出任宰相时，年已八十，两眼昏花，不能治事，徽宗准许他把政事交给小儿子代为处理，三五日一造朝，还下诏褒美他"忠贯金石，志安社稷"，徽宗对蔡京宠爱不减，依然将蔡京视为治国安邦的忠臣。有大臣弹劾蔡京，徽宗竟为他辩护，其对蔡京的信任可见一斑。徽宗、蔡京君臣保持着良好的私人关系，徽宗曾经七次乘轻车小辇，临幸蔡京府第，并将女儿延庆公主嫁给蔡京的儿子。皇帝还经常宴请蔡京，命安妃作陪并特地为他奏乐。徽宗高兴之余，多次赐诗于蔡京。开封府尹聂山曾上书徽宗，列举宰相蔡京的种种过失，认为他必将导致天下大乱，并提醒皇帝要英明果断，防止奸人误国。蔡京即以此事诉于徽宗，说聂山离间君臣关系，徽宗言听计从，即刻草诏将聂山贬黜。蔡京能够四任宰相，执政二十年，与徽宗对他的宠幸不无关系。但蔡京久居相位，排斥异己，引起许多人的不满和嫉妒。蔡京与其子蔡攸为争权夺利而骨肉倾轧，父子貌合神离，蔡攸数次劝说徽宗杀掉蔡京，最后，蔡京被儿子以生病为由逼迫致仕。

如果不是金兵入侵，致仕后的蔡京显然会在悠闲的生活中度过余生。但蔡京退休后不久，纷传金兵不日将大举南下。蔡京为了保命，举家随徽宗南逃，激起天下人的愤慨。太学生陈东等人上书指斥蔡京为六贼之首，不杀蔡京，不足以平民愤。新即位的钦宗出于稳固皇权的目的，将蔡京贬谪到儋州（今海南省儋县）。蔡京虽受贬谪，但他门生故吏遍布天下，实际上并未吃到苦头。江陵（今湖北江陵县）知府李偃是蔡京过去的袍泽（同事），他公然派兵拘捕诟骂蔡京的盐商，并遣士卒数百人保护蔡京及其家属，同时为蔡京购买宅第，作为久居之计。消息传出，舆论大哗，李偃受到侍御史胡舜陟弹劾，罢为提举亳州明道宫。自此以后，沿途官员明哲保身，才不敢明目张胆地优待蔡京了。

正当蔡京继续南下之际，金人指名索要他身边的慕容氏、邢氏、武氏三位国色天香的宠姬，钦宗被迫答应。蔡京接到圣旨后，无奈只得与三位美人挥泪作别，并写诗送行："为爱桃花三树红，年年岁岁惹春风。如今去逐他人手，谁复尊前念老翁。"蔡京当政时，权势熏天，享尽荣华富贵，如今是人卑言轻，无人理睬，甚至连自己心爱的女人都保护不了，他以这首诗表达了一种无可奈何的心情。此后，蔡京孤身一人前往海南，沿途商贩听说是蔡京，都不肯将食物卖给他，官吏也不准他走大路，老百姓则跟在后面高声诟骂。蔡京感叹万千，似乎并不知道自己失去人心到如此地步，想必他不会预测到会有如此结果。

行至潭州（今湖南长沙）时，年迈的蔡京已身染重疾，只好暂作停留。几天后，他在写下一首绝命词后撒手归去。这首词写道："八十一年往世，四千里外无家。如今流落向天涯，梦到瑶池阙下。玉殿五回（应该是四次出任宰相）命相，彤庭几度宣麻。只因贪恋此荣华，便有如今事也。"大致意思是，蔡京已八十一岁高龄，他曾四度出任宰相，本来应该安度晚年，却被迫流落天涯，只是因为他贪图富贵，才落得今天这地步，可见蔡京对自己的评价还是客观的。蔡京死在潭州后，当时潭州知府是蔡京的仇家，让蔡京尸体暴露野外数天，不得殓葬。后来，押送之人以青布条裹尸，埋葬于漏泽园。时为靖康元年（1126）七月，七个月后，即发生了令宋人不堪回首的靖康之难。

兵临

城下

——

开封城：
——————— 铁骑满郊畿

女真双璧：灭亡北宋的骁将

公元1126年正月初六，女真铁骑到达北宋都城开封城外，突然之间，地上升起一股股浓烟，使城外天空烟雾弥漫，这是女真人在放火烧毁民房，整夜火光冲天，天子脚下的城中居民亲眼目睹了这种惨剧的发生，恐惧不已，很多人纷纷携家带口涌出东水门，准备沿着汴河逃出城去。殊不知，女真军队早已将开封围得水泄不通，数以万计的出逃者死难。次日，开封彻底戒严，白天城门紧闭，严防女真人攻入城中。

女真骑兵在短时间内便轻而易举地突破了宋朝苦心经营一百多年的河北防线，固然与女真军队战斗力强盛密不可分。宣和七年（1125）十二月奉命出使与女真议和的李邺经过实地考察，曾经这样形容女真士兵，人如虎，马如龙，上山如猿猴，下水如水獭，其阵势如泰山，而宋朝军队就如堆起来的鸡蛋一样不堪一击。结果，李邺被讥讽为"六如给事"，因为他是以假借给事中这一官职前去谈判的。虽然他的话未免有些夸大其词，但显而易见，女真人健壮强悍、身手敏捷，这一点基本还是符合实际情况的。后来，南宋将领吴璘曾多次与女真军队交手，他对金朝军队的战斗力有过评价。他现身说法：我和兄长很年轻就参军了，曾经多次和西夏军队交手，西夏士兵虽然很勇敢，但是只需要一个回合，就可以分出胜负。金朝军队则不同，阵形被打散后很快又整合起来继续参与战斗，而且金朝军令相当严酷，因而士兵都拼死冲锋，每次交战没有一整天无法决出胜负，大概以往用兵从来没有遇见过战斗力这样强悍的军队。显而易见，金初的军队确实具有很强的战斗力。

女真人具体指挥灭宋战役的是粘罕和斡离不，他们两人智勇双全，是金朝初年著名的将领。粘罕是金初国相撒改的长子，身材魁梧，善于骑射，据说，他可以披戴盔甲周贯马腹，且矫捷如飞。战场上，粘罕骁勇善战，所向披靡。对待部下，粘罕要求相当严格，战场上，无论是骑兵还是步兵，任何人敢向后退却，当场就被处死。因为有了这样严格纪律的保障，所以他统帅的军队总是勇往直前。

斡离不是金太祖阿骨打的二儿子，身材不高，其貌不扬。斡离不信奉佛教，为人较为仁慈，军中称其为"菩萨太子"。斡离不的性格在骁勇好斗的女真人中显得颇为特别，所以阿骨打觉得这个儿子很奇怪。其实，斡离不在战场上相当勇敢。

粘罕十七岁时，就因其英勇善战而在女真人军队中脱颖而出，成为当时女真人首领阿骨打的左膀右臂。粘罕曾经多次参加辽朝天祚帝的秋季捺钵，由于他善于捕猎，且天生神力，敢于和虎、熊搏斗，所以屡次受到天祚帝的赏赐，并被任命为围场司。经过长期接触，粘罕看到辽朝日益衰弱，就劝说阿骨打起兵反辽。阿骨打起兵初期，只有两千多骑兵，在攻破辽朝宁江州（今吉林扶余东石头城子）后，辽朝派遣数十万军队前来征讨。敌众我寡，很多女真人信心不足，产生了动摇情绪，有人甚至暗中谋划向辽朝投降。唯独粘罕、娄室等人力主决一死战，他们劝阿骨打：我们杀死了很多辽朝人，即便是投降了，也不可能被赦免，不如拼死一战。在这场决定女真人命运的战斗中，粘罕手持铁挝，一马当先，诸将跟随其后，将辽朝军队打得大败。粘罕乘势率领军队夺取辽朝的黄龙府（今吉林农安县）等五十多个州县，并直逼辽朝的中京（今内蒙古宁城县）。

宣和三年（1121）四月，粘罕上书金太祖阿骨打，称天祚帝无才失德，内外离心，我大金国顺应天意，起兵讨伐。现在大业已经初具规模，但辽朝还没有灭亡，将来一定会构成威胁。应该乘其不备，将其一举灭亡，以绝后患。如今天时、地利、人和，诸条件都具备，机不可失。阿骨打当即采纳了粘罕的建议，组织军队西征，着手攻取辽朝的上京和中京。在出征前的宴会上，阿骨打对粘罕说，你提出的西征建议，和朕不谋而合。在宗室当中有很多比你辈分高的人，但这次西征的主帅，非你莫属。说完，阿骨打亲自给粘罕斟满了一杯酒，并当场解下自己的御衣披在他身上。宴会后不久，阿骨打下令封粘罕为移赉勃极烈，意思是第三官长。当时很多大臣对西征都持怀疑态度，他们先是以天气炎热、不适合用兵为由反对在五月出兵，结果到了十一月，当粘罕向阿骨打再次提出西征时，大臣又以天气寒冷为由再次阻挠。这一次，阿骨打力排众议，坚决支持粘罕的西征请求。西征进行得相当顺利，天祚帝逃遁到远方，大片土地被金朝占领，粘罕以都统身份坐镇云中（今山西大同，即辽朝西京）。金太宗即位后，特准许粘罕一切地方政事可以自由做主，事实上使山西变成了粘罕的私人领地。

在追击天祚帝的过程中，斡离不立下汗马功劳。当时斡离不从俘虏口中得知天祚帝在鸳鸯泊（今河北张北县西北安固里淖），就请求派兵追袭。在出兵路上，碰到三百多辽朝士兵抢夺百姓财物。斡离不说，如果能活捉这些人，就可以知道天祚帝所在的确切位置。于是他和兀术二人率领一百骑兵上前捉拿辽军。由于连续作战，金军骑兵都很疲怠，所以速度比较慢。斡离不见此情形，扬鞭策马，甩开身后的骑兵，只身追赶辽军，最后生擒五人。经过审讯，得知天祚帝确实没有离开鸳鸯泊，于是金军加速追击，天祚帝慌乱间逃进阴山。

斡离不回到京师后，百官入贺，阿骨打自豪地对群臣说，斡离不率领十余轻骑跋涉数千里追赶辽军，真是应该庆贺的事情。于是举行宴会，招待文武百官。

阿骨打听说天祚帝在大鱼泊，亲自率领一万精兵追击，斡离不和蒲家奴以四千骑兵作为前锋，昼夜兼程，战马都很疲乏，不断有人掉队。在石辇驿追上天祚帝时，斡离不身边只剩下一千多人，而辽军有两万五千人。在商议下一步行动时，耶律余睹说，我军人马没有聚集，现在又人困马乏，不可与辽军交锋。斡离不却说，今天终于追赶上天祚帝，如果就这样让他走脱，那么以后再想捉住他就困难了。于是他果断指挥金军发起进攻。双方短兵相接，由于金军人数少，被辽军团团包围，天祚帝以为斡离不兵少，肯定会战败，就和妃嫔登高观望。耶律余睹看到天祚帝，就向诸将示意说，那就是辽朝皇帝的麾盖，如果集中兵力向其发动冲锋，一定可以将其俘虏。于是金军骑兵迅速向天祚帝所在方向冲过去，天祚帝没有想到会出现这种情况，赶紧逃跑。辽军看到天祚帝逃跑，无心恋战，也四散奔逃。

在对待北宋的态度上，粘罕是绝对的强硬派。当初在商议燕云十六州的归属问题时，粘罕就指着地图对北宋使臣说，这些地方准备作为和西夏使臣来往的馆驿之地，不用讨论。后来，他又拒绝将涿州（今河北涿州）、易州（今河北易县）交付北宋，面对粘罕的强硬态度，金太祖阿骨打不得已对他说，不要忘记海上之盟，朕已经答应归还，等朕不在了，你愿意怎么做都可以。金太宗吴乞买即位后，北宋派人来协商交割山后地区，粘罕只同意将武州（今山西神池）、朔州（今山西朔州）交付北宋，他还向金太宗上奏说，宋朝不肯将契丹叛亡之人交付我朝，且派人阻断燕山的通道，他们一定不会长时间坚守盟约，为了国家考虑，请不要将山后地区交付宋朝。金太宗为难地说，这是先帝在世时既定的事情，朕也不好更改。粘罕听说后仍然不死心，就找了个机会亲自面见太宗，陈述割地利害。

粘罕来到上京（今内蒙古巴林左旗）后，先拜祭了太祖阿骨打的陵墓，然后才朝见太宗，这无疑向太宗暗示，他自己更忠于太祖。太宗知道粘罕来者不善，所以对他很客气。粘罕态度相当鲜明，就是坚决反对将山后地区移交给宋朝。他对太宗说，当初双方订立盟约，不准接纳辽朝叛逃之人，如今宋朝偷偷地招纳契丹人，已经违背了盟约。而且现在西面还不稳定，如果将山后地区交给宋朝，那么我们就没有地方可以驻军。一旦发生叛乱或者其他突发事件，我军平定叛乱就无法持久。所以，从国家长远考虑，请求陛下不要将山后地区转交给宋朝。面对握有重兵的粘罕，金太宗只好答应了他的请求。后来，粘罕和斡离不在指挥女真军队两次进攻北宋的战役中，再一次显示出作为军事将领的卓越才能，对灭亡北宋起到了极为重要作用。当然，粘罕和斡离不所以能够有所作为，与金军战斗力和金朝初年清明的政治不无关系。这样，女真人面对腐败无能的北宋朝廷，自然摧枯拉朽如入无人之境，最终将北宋灭亡。然而，北宋果真就危如累卵、不堪一击？

割地赔款：兵临城下的屈辱

当金兵金戈铁马、呼啸南下之时，刚即位的钦宗赵桓，当务之急应当是派兵迎战，阻挡金军继续南下。然而，同其父宋徽宗一样，他也是位昏庸之君，在金兵兵临城下之际，整日患得患失，忽而主战，忽而主和，多疑善变，缺乏主见。钦宗即位之初，取"日靖四方，永康兆民"二句，改年号为靖康，名义上是使四方安宁，让万民幸福，实际主旨却是与金议和。显然，钦宗及其朝廷最初是将议和作为基本目标的。但没过几天，钦宗又复主战。靖康元年（1126）正月初二，他下诏令有司按真宗幸澶渊故事御驾亲征，以吴敏为亲征行营副使，兵部侍郎李纲、开封知府聂山为参谋官，集结兵马于殿前，摆出欲与社稷共存亡的姿态。

然而，第二天濬州（今河南浚县）失守，东路金兵渡河的消息传入宫廷之后，太上皇赵佶不禁心惊胆裂，随即任命蔡攸为行宫使，宇文粹中为副使，以去亳州（今安徽亳州市）太清宫烧香为借口，于当天夜里就出通津门逃往东南，童贯率胜捷军随之而去，原本就防御兵力不足的京城又被抽走一批作战部队，北宋都城的形势变得更加严峻。一些王公大臣也纷纷潜逃，一时间京城内人心惶惶，普通民众完全不知所措。徽宗既逃，钦宗尚留在京城开封，心里既气又怕，亲征的事他断然不敢策划了，打算一走了之，却又担心大权旁落，坐卧不安一时拿不定主意。

初四，天一亮，钦宗就在延和殿与朝廷百官议事，商讨是战还是和。战和双方对时局的判断迥然不同，多数朝中臣僚主张迁都襄（今湖北襄樊）、邓（今河南邓州）以避敌，钦宗也表示赞同，抗金决心再次动摇。独有兵部侍郎李纲力主抵抗，他反问钦宗，道君皇帝（徽宗）以天下托付于陛下，今舍之而去，行吗？钦宗默然不语。当时太宰白时中坚主迁都避难，于是质问李纲：京城守得住吗？李纲回敬道，天下城池，有哪一座比得上京城这样坚固？况且今宗庙社稷、百官万民均在京城，舍此而何往？为今之计，若能激励将士、慰安民心，与之坚守，以待勤王之师，岂有不守之理？钦宗也甚为感动，于是询问李纲，依你之见，谁可为将统兵？李纲以退为进：白时中、李邦彦虽然是一介书生，未必知兵，但他们位高权重，抚驭将士以抗敌寇，正是他们的职责所在。白时中原本就胆小如鼠，忽听李纲推举他守城御敌，更是恼羞成怒，于是他责问李纲，你难道能出战吗？这明显是白时中不愿担当大任的托词。李纲慷慨应道，陛下若不以臣为懦懦，让臣统兵御敌，愿以死报效！只是人微官卑，不足以使众将士信服。李纲此番话恰好击中了迁都派的要害，自己连生命都可以抛弃，其他人自然也就应该有为国捐躯的勇气。这一绝妙的反将军迫使钦宗点点头，当即以李纲为尚书右丞、东京留守，委以"全权"指挥军队抗击金兵，保卫京城。在宋王朝危难之时，堂堂北宋军队竟找不到一个叱咤风云的骁将担纲重任，却只能让平素不使刀枪的文人领兵御敌，这与赵宋所实行的崇文抑武的"祖宗家法"不无关系。李纲临危受命，当即宣布京师戒严，诸门不再晨启暮闭，誓死保卫开封。

钦宗虽然任命李纲统兵御敌，其实心中畏惧，犹豫不定，旋即又要逃走。李纲举出唐明皇李隆基南逃蜀中而宗庙社稷被毁的惨痛教训，以死规劝钦宗坚守汴京。又恰逢钦宗叔父燕王赵俣、越王赵偲到来，也以固守相劝。在这些人的共同努力下，钦宗稍稍镇定，提笔写下"可回"二字，派宦官去追回皇后、儿子。不料半夜时分，钦宗又突然改变主意，传令收拾车辇于次日早晨出发。

初五早晨，李纲上朝时听说此事，见钦宗出尔反尔，异常愤怒，急忙面见钦宗，向他陈述逃跑的利害关系，金兵近在咫尺，如果得知陛下还未走远，派健马疾追，恐怕要被金人俘虏！钦宗一意出逃，并未考虑如此全面。经李纲提醒，他不禁大惊失色，慌忙下诏停止出逃。李纲见钦宗改变主意，急忙不失时机地向在场的朝廷要员宣布，陛下之意已定，敢有异议者斩！这实际上是逼迫皇帝表明立场，钦宗若当众食言，在众多臣子前颜面何堪，于是只得再一次放弃了南逃的念头。初六，钦宗在李纲的规谏下，登上宣德门城楼，勉励将士，最终决定坚守京城。守城将士皆感慨涕零，高呼万岁，士气大振。钦宗随即任命李纲为亲征行营使，曹曚为副使，全面负责守城御敌事宜。几经周折，李纲终于说服钦宗不再出逃。

李纲受命于危难之时，不敢有丝毫怠慢，立即布置防御。他一面在开封城四面每面部署禁兵、厢军及保甲民兵，共计一万两千余人，准备弩床、砖石、炮座、火油、雷木等防守之具，同时迅速组织了马步军四万人，设立前、后、左、右、中五军，每军八千人，前军居于东水门，以守卫藏有四十余万石粮食的延丰仓，后军设于朝阳门外，以守住城壕最浅的樊家冈，阻止金兵接近；其余三军留在城中，以备缓急之用。部署得刚有个头绪，东路金兵已抵达城下，这就是本章开篇的那一幕。

就在女真士兵猛烈攻城之际，宋朝都城军民在李纲等人的带领下，迅速组织起来，进行了非常有效的抵抗和还击。斡离不抵达开封城郊后，采纳叛将郭药师的建议，首先袭击位于开封城西北弁驼冈的天驷监，获得宋朝战马两万匹和堆积如山的粮食、饲料。在此之前，郭药师曾和徽宗在这里打过球，十分熟悉地理形势。这里三面环水，易守难攻，金军遂在此安营扎寨，他们不顾人困马乏，稍作休整后，便以船只数十艘，沿汴河而下，首先攻打开封外城的西水门，第一次开封保卫战开始。李纲早有准备，在河中设置木障，阻止敌船前进，又从蔡京家运来假山上的石头，堵塞西水门水道，使金船无法进城。李纲又招募两千名敢死队布置于城下，等敌船一到，便用长钩将船拖到岸边，用石头打砸敌船，使金兵无法架云梯登城。经过一夜激战，金兵损失百余人。金人没想到宋军防守如此严密，只好撤退。女真人素以勇猛剽悍、善骑射陆战著称，竟一反常态地由水门发起攻击，本想出其不意地打击宋军，但显然未获得成功，当然，金兵的进攻似乎只是小规模的试探。

正月初九清晨，李纲正在内宫被钦宗召见问话，忽报金兵同时进攻陈桥、封丘及酸枣门，尤以攻酸枣门为烈。李纲立即从禁卫军中挑选优秀射手千余名，抄近道疾驰二十里，赶到酸枣门。时金兵正在渡过城壕，架云梯攻城，情形十分危急。李纲迅速登上城楼，命令士兵射箭，金兵皆应弦而倒。同时，宋军数百名壮士缒城而下，到金兵中烧毁云梯，与金兵展开肉搏战。宋军将士无不奋勇作战，再次重创金兵。金兵死伤累累，终不能攻破开封城门。李纲本是一个并不精通战阵的文臣，在仓促之际，居然相当有效地组织了开封保卫战，因而赢得了普通百姓和广大将士的一致赞誉，成了开封城家喻户晓的人物。

金兵虽攻势凌厉，但在李纲的严防死守下，并没有在军事上占到多大便宜。此外，开封守城的宋军在数量上远多于只有六万余人的金兵，西北及各地勤王军也陆续赶来，而金西路军受阻于太原城下，东路金军孤军深入，犯了兵家之大忌。在这种情况下，只要宋朝君臣精诚团结，同仇敌忾，全力以赴，是完全可以打败金兵的。然而，钦宗依旧畏敌如虎。赵宋在联金灭辽的过程中，已经间接领教过金兵的厉害，对此仍心有余悸。因此，钦宗非但不相信宋朝军民能挫败金兵，挽救危亡，还对李纲猜忌防范，不委以重任，更不听李纲劝阻，执意屈辱求和，以保住自己的皇位。因此，从开封保卫战一开始，钦宗就暗中接受李邦彦割地求和的建议，派人赴金营谈判。

与此同时，金军统帅斡离不眼看攻城受阻，不免疑惧起来，便应宋钦宗之约，派使臣吴孝民入城，与宋朝议和谈判，提出以黄河为界、赔偿军费等条件，还要宋廷另派大臣前往议和。钦宗频频顾望各位宰执大臣，大家面面相觑，没有人愿意担任谈判使者。于是李纲自告奋勇，要求去与金人议和，钦宗不许。最后派枢密副使李棁为使，郑望之、高世则为副使前往金营。退朝后，李纲独自留下，问钦宗何以不派他，钦宗说出了一句似乎是发自内心的话：卿性格刚直，不可以往。这实际上担心李纲会在金人面前据理力争，破坏和议。尽管李纲向钦宗力陈李棁柔弱，恐怕要误国事，而金人贪得无厌，定会更加猖狂，等等，但钦宗只是唯唯搪塞而已。李棁出使之前，面见钦宗，钦宗授权他可增加岁币三到五百万两，免割地，犒军银三到五百万两，另让李棁携带黄金一万两及酒果等物赏赐斡离不。钦宗天真地以为这些条件就可满足斡离不撤兵的要求，从而保住江山。

哪知斡离不欲壑难填，以攻破宋朝都城相讹诈，提出了极为苛刻的撤军议和条件，宋朝必须一次输给金人黄金五百万两、白银五百万两，绢彩百万匹，马驴骡各以万计；宋主尊金主为伯父，凡在宋的燕、云之人全部归还；宋朝割让太原、中山（今河北定县）、河间（今河北河间）三镇之地，并以亲王、宰相为人质。三镇乃宋朝立国之屏障，又是宋朝祖坟所在之地，这样的条件不仅苛刻，更是对大宋朝的羞辱。

然而，钦宗及李邦彦一伙却准备接受这些条件，但遭到入朝议事的李纲的坚决反对。李纲愤然加以驳斥：第一款，金人索要的金银牛马，就是搜刮全国也难于满足，何况仅是都城？第二款，三镇是国家屏藩，割之何以立国？第三款，两国平等，如何有伯侄称呼？第四款，至于人质，就使宰相前往，亲王不应当前往。钦宗于是问道：依你之见，无一可从，倘若京城失陷，如何是好？李纲认为，为今之计应派巧言善辩之人，表面上与金人磋商斡旋，只要拖延数日，勤王之兵便可云集而至，金人孤军深入，不怕金人不退，那时再与金人议和，金人必不敢再有种种要求了。

当时只有东路金军抵达开封城下。而宋军屡败金军于开封城下，宋朝勤王部队正络绎不绝地开往京城开封，李纲的建议无疑是切实可行的，如能按他的计策行事，金军必将不战而退。无奈太宰李邦彦等人懦弱无能，极力主和，他不但不考虑李纲的想法，劝谏钦宗战中求和，反而色厉内荏，对李纲大加驳斥：现在都城尚且不保，还论什么三镇？至于金币牛马，更不足计较了。面对如此论调，张邦昌竟然也随声附和，赞同和议，双方争论不休。最后除李纲一人主战外，其他大臣都站到李邦彦一边，李纲自知孤掌难鸣，但依然毫不妥协，据理力争。此时，很长时间默默无语的钦宗对李纲说：你可全力统帅军队，议和之事，我自有主张，言下之意就是要求李纲不要干预议和之事。另一方面，钦宗此时还须李纲统兵御敌，因此便好言抚慰。然而，钦宗一心求和，表面上支持主战的李纲，实质上却采纳李邦彦的求和路线，答应了金人所有条款。这样，宋朝在占优势的情况下，被迫与金人结此城下之盟。

为满足金人的条件，钦宗带头避殿减膳，下令在城中大肆搜刮金银筹备赔款，上自天子衣服、车马、宗庙祭具等物，下至赵元奴、李师师等倡优之家的财产一并没收，理由是若不凑足钱财，金军就会对宋朝实行四尽政策，即杀光所有男子，掳掠所有妇女，焚毁全部房屋，夺取所有金银。一时之间，京城喧扰，人心惶惶。眼看期限已到，才搜刮到金二十余万两、白银四百余万两，而民间藏蓄为之一空，仍远不及金人要求的数目，只好陆续筹措。钦宗又派少宰张邦昌和康王赵构为人质赴金营求和。赵构是钦宗之弟，徽宗第九子，系韦贤妃所生，曾封康王。张邦昌最初与李邦彦力主和议，现在充当人质，无法推诿，有苦难言。临行时，张邦昌请钦宗亲署御批，以示割地之议未变。钦宗不肯照署，只说了"不忘"二字。张邦昌泪流满面，硬着头皮，与康王赵构前往金营。李纲见人质已走，便急中生智，将割让三镇的诏书扣留不发，等待各地勤王之师到来后再做打算。

勤王兵：支撑危局的中坚力量

正月十八日后，北宋各路勤王之师相继到达京城，约二十余万，靖难军节度使种师道、武安军承宣使姚平仲率泾原（今甘肃泾川）、秦凤（今陕西凤翔）两路西北劲旅也抵达京城。种师道，洛阳人，凭借祖宗的地位任官，曾在西北边州为帅，屡败西夏人，宣和年间，曾力谏联金攻辽而被迫致仕。靖康初年，金兵南下，起为京畿、河北制置使，驰援京城。种师道是西北名将，德高望重，时年事已高，天下人都称其为"老种"。种师道沿途张榜，大书"种少保领西兵百万来"，并大胆地在京城西面汴水南岸紧逼金营扎寨，金人因此甚为恐慌，将营寨向北迁移，加强戒备。种师道的到来，确实使宋军士气大振。

钦宗正苦于金银搜刮不足，无法满足金人贪婪之欲，见援兵已至，甚为欢喜，又复主战。钦宗得知种师道领兵而至，急忙派李纲前去慰劳。有人说在北宋末年，主战者只有李纲、种师道两人，虽然有些夸张成分，但两人确是抗战的代表人物。钦宗征求种师道对当时局势的意见，种师道认为，女真不懂得用兵，哪里有孤军深入宋朝境内，却能顺顺当当回去的道理？在他看来，金兵并不可怕，而是完全可以打败的。钦宗似乎看到了希望，但却认为如今已经讲和了。种师道慷慨激昂，我只知率兵捍卫社稷，其他事不想过问。他虽然主战，在钦宗面前却不能据理力争。其后，钦宗拜他为同知枢密院事，统领四方勤王之师，但在事实上，并未授予种师道实权。

斡离不因金帛未足，仍驻兵开封城下，日日催促，扬言要纵兵屠掠，好在宋朝勤王兵渐渐到来，才稍作收敛。此后，钦宗听说金人将城外的后妃、王子坟墓挖掘殆尽，不禁怒火中烧。李纲乘机献计说，金人贪得无厌，凶狠残暴，非用兵不可，况且金兵只有区区六万人，而我勤王兵已到二十万，数倍于敌，若我军扼守黄河渡口，截断敌人粮饷，分兵收复京城以北地区城池，再以重兵围困，坚壁勿战，等金人食尽力疲，然后发出檄书，迫使金人废除和议，纵使他们北归，于半路进行邀击，必可大获全胜。钦宗深以为然，饬令各路兵马准备行事。种师道老成持重，主张过春分后再用兵。姚平仲勇而寡谋，唯恐种师道与自己争功，主张速战速决，立即用兵。原来姚平仲属于西北姚氏家族，这个家族与种氏家族在当地相互争锋，不肯相让，此时，姚平仲认为这是一个可以和种师道抢夺军功的好机会，就主动承担了这一任务。钦宗这时一反常态，支持速战，并亲自批准姚平仲夜袭金营，企图一举生擒斡离不，并救回康王赵构。

二月初一夜，姚平仲率所部万人前往偷袭金营。姚平仲粗心大意，泄露了情报，结果，姚部袭营不成，反被金兵杀得溃不成军，姚平仲本人怕受到种师道责罚，弃军逃遁。劫营失败后，种师道提出应再次派兵劫金营，金人肯定预料不及，若不能取胜，就每天晚上派几千人去骚扰金兵，这样，金兵不得喘息，用不了几天，他们就会退兵，这是绝好的计谋。然而，惊魂未定的钦宗、李邦彦屏而不纳。金军统帅斡离不大怒，借此指责宋廷违背盟约。李邦彦十分忌恨李纲主战，于是对金国使者称：此乃李纲、姚平仲之谋，非朝廷之意也。把责任全部推给与此毫无干系的李纲等人。宰执大臣又夸大宋军损失，钦宗遂乘机罢免李纲和统领西北援军的老将种师道，以谢金人，冀求苟安。向入侵者谢罪，此举显然是嫁祸于人，并为钦宗的指挥错误开脱罪责。不料激起京城广大士民的极大愤怒。

太学生陈东听说李纲、种师道被罢免后异常愤怒，他连夜起草奏疏，于二月初五黎明，率领太学生数百名到宣德门伏阙上书，为李纲诉冤。陈东上书指出，李纲奋勇不顾，身担拯救天下的重任，是真正的社稷之臣；李邦彦、白时中、张邦昌等，庸缪不才，嫉妒贤能，只知为自己利益考虑而不以国家大局为重，是社稷之贼也。他还怒斥李邦彦、张邦昌等奸臣割地纳币，请求罢免李邦彦等奸贼，坚决要求皇帝恢复李纲和种师道的职务，继续抗金。城中军民闻风赶来，不期而至者数十万人，形成声势浩大的自发请愿活动。转眼间，皇宫外面已汇成滔滔人流，巨大的呼喊声惊天动地，极其悲壮。

适逢李邦彦退朝，愤怒的群众迅速围了上去。李邦彦见势不妙，想赶快溜走，却来不及了，遭到群众大声斥骂：李邦彦是浪子，是卖国贼，根本没有资格当宰相。当初李邦彦浮薄无品行，自称要赏尽天下花、踢尽天下球、做尽天下官，被人讥讽为"浪子宰相"，如今李邦彦投降卖国，无疑激起群众的更大愤怒。一些群众还向他投掷瓦砾，拽他的头发，扯他的衣服，拧他的耳朵，恨恨地朝他吐唾沫，李邦彦吓得六神无主，东躲西藏。后来，李邦彦才找着一个机会，钻进一顶女人乘坐的小轿子，轿子外面用黄裙做帘子，仓皇逃到启圣院躲藏起来，因为太慌张，连鞋都掉了一只，而他却浑然不知，其惶恐之状可想而知。

开封府尹王时雍呵责太学生要挟天子，欲用武力驱散民众，陈东等太学生理直气壮地驳斥他：以忠义挟天子，不比以奸佞挟天子好吗？王时雍顿时哑然无语，愤怒的群众还打算教训他，他见情形不好，撒腿就跑。国难当头，奸佞之臣却怂恿皇帝妥协投降，以牺牲国家和人民的利益换取一己私利，他们的这些做法显然违背民心、民意，更是见不得人的，太学生的一席话可谓一语中的，击中他们的痛处，揭露了他们的虚伪本质，因此，王时雍的表现也就不足为怪了。知枢密院事吴敏命令太学生回去上课，众人不肯离去，还愤怒地砸毁登闻鼓，推翻宣德门外御街两边的栏杆，并打死平日作恶多端的宦官十余人，之后转移到东华门。

开封军民填塞驰道，呼声震地，场面躁动，情势一时难以控制。殿帅王宗濋恐怕激起民变，进宫奏请钦宗皇帝答应群众的要求。钦宗左右为难，既不能镇压，又恐惹出民变，不得已传旨召见李纲。宦官朱拱之宣召李纲稍为迟缓，立刻被群众剁成肉酱，随从的二十来个宦官也死于民众愤怒的拳脚之下。李纲接旨后迅速赶到，钦宗随即任命李纲为京城四壁守御使，又恢复种师道职务。群众还不放心，请求面见种师道，钦宗马上派人召他入城。种师道乘车赶过来，大家掀开车帘一看，果然是种老将军，顿时爆发出一阵雷鸣般的欢呼声，方才散去。

李纲复职后，重新布置汴京防务，下令能杀敌者给予重赏，于是京城军民抗金热情重新高涨。东路金军统帅斡离不考虑到汴京军民士气高昂，而北宋勤王军数倍于己，久待城外于己不利，又因宋廷已答应割地赔款，且持有肃王赵枢、太宰张邦昌，不等赔款金帛全部送到，匆匆退兵北回。然而，令人痛惜的是，钦宗、李邦彦等拒绝采纳李纲和种师道提出的乘金军北渡黄河之际邀击金军的建议，从而失去痛击金军的一次良机。尽管如此，宋朝军民还是取得了第一次开封保卫战的胜利。

引狼入室：光复燕云的惨痛代价

然而，这一幕幕悲壮的京城保卫战似乎来得太晚了。早在徽宗"光复燕云"后，就以为天下从此太平，对金国几乎没有防范，与金人的外交也摇摆不定，做了一系列利令智昏之事，遂使两国邦交破裂，为金国南侵提供了借口，虽然这些仅仅是女真人的托词而已，但却真真切切地凸现出北宋王朝的无能。

招纳降将张觉就是徽宗君臣一错再错的事情之一。张觉（一作张毂）系平州（今河北卢龙）人，原是辽朝兴军（平州）节度副使。当辽朝末代皇帝天祚帝西逃后，平州发生兵变，节度使萧谛里被杀，张觉抚定叛乱后，州里的人共同推举张觉主持平州事务。不久，燕王耶律淳病死，张觉早知辽朝必亡，便拥兵五万，霸占平州。及金兵攻下燕京，张觉便投降了金朝，粘罕授张觉为临海军节度使，仍知平州，又改平州为南京，加张觉同中书门下平章事，暂时稳住他，等有适当的机会再剪除他。

宣和五年（1123）八月，金太祖阿骨打去世，金太宗吴乞买即位，金人驱赶辽朝降臣左企弓、虞仲文等及燕京的老百姓向东迁徙。路过平州时，老百姓不胜其苦，就私下向张觉诉说，左企弓等人不能守护燕京，致使我们老百姓流离至此，如今您手握重兵，又听说天祚帝图谋恢复大业，将军为何不尽忠于辽，使我们重回乡土，以图恢复。因事情重大，张觉一时难以决定，而平州的将士所见略同，都鼓励张觉据地独立，并力劝张觉，认为即使恢复大辽没有成功，也可以投靠宋朝，借宋朝之兵，抵挡金人。张觉深以为然，便召左企弓等数十人至滦河西岸，宣布他们十条罪状后，将他们处死，投尸河中，又榜谕燕民复业，派人持书至燕山府，愿以平州归宋。张觉羽翼未丰，势力不大，因而只得两边讨好，摇摆于宋金之间，其目的完全是为了个人的私利。徽宗大喜，不顾宋金协议的有关规定，便招降张觉，委任他为平州节度使。徽宗出尔反尔的轻率举动，使金人大为恼火，为金人出兵提供了口实。

后来，张觉被金兵打败，逃到宋朝燕山府（燕京），而徽宗赐给张觉的委任状也被金人截获，金国来索取张觉。宋朝不敢得罪于金国，便斩一貌似张觉者送给金人，不料被金人识破，声称要发兵攻宋。徽宗自知理屈，担心金人问罪，只好令人杀死张觉，将其首级连同他的两个儿子交给金人。这件事传扬出去，令许多归顺宋朝的辽朝将士心寒落泪，动了兔死狐悲的念头。郭药师忿然说，今天金人索要张觉便杀死张觉，明天若金人索要我郭药师，难道也交给他们吗？一时人心浮动。燕山知府王安中非常恐慌，自知难以应付，力请罢职，朝廷改派蔡靖知燕山府事。从此郭药师及其长胜军军心不稳，不愿再为徽宗效命，宋朝也更为金人所轻视。

到宣和六年（1124）三月，宋金因输粮问题再起纷争，金人索要赵良嗣曾许给金人的二十万石粮食，并要一次送与。时领枢密院事谭稹推辞说，这是赵良嗣口头许诺，不足为凭，再说二十万石粮食一次交纳，谈何容易！因此拒绝给予。金人认为宋朝言而无信，大为不快，就在这年七月，怂恿西夏进攻武州（今山西神池县）、朔州（今山西朔县）。八月间，金人以宋朝收纳张觉和拒付二十万石粮食为由，决意南侵，并攻下蔚州（今河北蔚县），两国关系顿时紧张。

金兵进攻的消息传到开封，徽宗认为谭稹措置不当，才引起宋金争端，遂将他贬官，而再次起用已致仕的童贯领枢密院事，为两河燕山路宣抚使，驻扎太原。原来徽宗获悉辽天祚帝逃往夹山后，想利用辽人的残余势力来胁制金人，曾派一名番僧充当密使劝天祚帝归宋，许以亲王之礼相待，为他修建豪宅，并赠乐女三百人，狼狈不堪的天祚帝欣然接受。童贯此次前往太原，实际上是继续与天祚帝联络，迎接他归宋。后来，这件事虽未实现，却被金人得知，也成为金人南侵的一个借口。金人从北宋对辽作战屡次失败以及宋金交涉中，已明显看出北宋朝廷腐朽无能，在宣和七年（1125）二月俘虏了天祚帝后，金人已无后顾之忧，遂断然对宋朝大举进攻。

徽宗宣和七年（1125）十月，金太宗正式颁诏侵宋，他们兵分两路，东路军以斡离不为统帅，自平州进攻燕山；西路军以粘罕为统帅，自西京（山西大同）进攻太原，两军计划会师开封，企图一举灭亡北宋。

燕京（北京）与金国接壤，当时金军频繁调动，并刺探情报，不能不引起宋人的警觉。宣抚使蔡靖、转运使吕颐浩获悉后，一面修葺城池，积极防御，一面密报朝廷，请求早做准备。但是，朝中执政大臣正忙着筹备郊祀庆典，居然没有上报徽宗，只是命令蔡靖等人自行处理。在这种情况下，地方大员很难协调抵御金人入侵的工作。金人备战南侵，关乎北宋生死存亡，徽宗君臣昏庸至极，对此置若罔闻。宣和七年（1125）九月，粘罕正在云中（今山西大同）集结军队，伺机南侵，河东路的宋朝官员有所察觉，也向童贯汇报，应早做防备，但仍然沉醉于以一百万燕京代租税收回幽州空城而沾沾自喜的童贯对此充耳不闻。童贯为六贼之一，时领枢密院事兼两河燕山府路宣抚使，是大宋王朝在北方边陲的最高军事统帅，官邸设在太原，他正受命接收金人所许割的蔚州（今河北蔚县）、应州（今山西应县）之地。十月间，中山府不断传来金人的消息，大批金军于平州、云中府路集结操练，本土的女真军、汉儿军也开赴云中府，金人还在云中附近州县大量征集粮草，显然，金人是在为南侵做准备，大战一触即发。

直到这时，童贯才意识到问题的严重性，于十月十九日派使者马扩、辛兴宗等人再次前往粘罕军中交涉接地之事，顺道打听金人是否有南侵的企图。粘罕见了马扩等人狂傲地笑道：你们还在指望得到这两个州吗？要知道，山前山后都是金国的领土，何必多言？贵国暗中招纳张觉、收容燕京逃去的官员民户，早已违背盟约，本朝屡次行文追取，你们只以虚文欺哄，要想赎罪，还得再送几座城池。言下之意十分明确，不仅不归还已经答应的两州土地，还要占领宋朝更多的城池。

马扩等谈判不成，只好狼狈返回太原向童贯复命，童贯大惊说：金人立国不久，能有多少兵马，怎么敢窥伺我朝？看来他对金军的情况知之甚少，作为北宋王朝最高军事指挥官，童贯这番话彻底暴露了宋朝致命的弱点。马扩便陈述金兵如何凶悍，不容轻视，力劝童贯速做准备，然而，大惊失色的童贯不但不听，反而做好了南逃的准备。不久，粘罕派使者持书至太原，指责宋朝背盟纳叛，措辞非常强硬，并声称已经准备好兴兵南侵。童贯看后神色慌张，支吾着问金朝使者：兴兵乃是大事，为什么不预先商量？如此愚蠢的问话竟然从童贯口中脱口而出，其幼稚程度可想而知。金使回答说：已经兴兵，何必再告。若要我方退兵，必须速割河东、河北两地，两国以黄河为界，如此可以保存宋朝宗庙。女真贵族的贪得无厌于此暴露无遗。童贯听后神情沮丧，一筹莫展。

十二月初八日，童贯借口入朝请示，带领宇文虚中等人逃离太原。临行时，太原知府张孝纯劝阻他，金人败盟入寇，应当率领诸路将士全力抵抗，若临阵而去，军心必然动摇，万一河东失守，河北岂能保住？贪生怕死的童贯竟然恼羞成怒，当面斥责张孝纯：我受命宣抚，并无守土的责任，若一定让我留下，还要你们这些守臣做什么？在童贯看来，自己只是奉命行事，并无保卫国家疆土的责任，由此将责任推得一干二净。这样，他既可名正言顺地保住身家性命，从前线战场逃到更安全的地方，也最大限度地避免朝廷的处罚，可谓一举多得。然而，童贯此举对北宋王朝而言，却是巨大无比的灾难。张孝纯暗自感叹，平日童太师何等威风，现在临敌畏缩，抱头鼠窜，有何面目去见天子？童贯逃跑后，前线军队无人指挥，立即陷入一片混乱状态。河东与陕西、河北互为依托，都是北宋边防重地，而河东为"天下根本，安危所系"，河东不保，开封也难以保住。太原又为河东之根本，其地理位置尤为重要，历来为兵家必争之地。

金兵摧枯拉朽，如入无人之境。西路金兵连克朔州（今山西朔县）、武州（今山西神池）、代州（今山西代县）、忻州（今山西忻县），于二十八日已达太原城下。因太原知府张孝纯尽力固守，金兵久攻不下，西路大军无法继续南下。东路金兵接连攻破檀州（今北京密云）、蓟州（今河北冀县），然后直逼燕京。时燕山知府蔡靖与郭药师同守燕山，郭药师以太尉身份同知燕山府事，手握重兵。自张觉死后，郭药师早已存有异心，这次借金兵南侵之机，乘机劫持蔡靖及吕颐浩等人降金，金兵不战而入燕山。郭药师洞悉宋朝虚实，东路金兵遂以他为向导，从此，其势如破竹，长驱南下，于靖康元年（1126）正月初三渡过黄河天堑，初六即抵北宋京城开封郊外。金戈铁马，鼓鼙声声，紧急军情犹如雪片一般不断送往开封。

当金兵攻占燕山及南下的消息传到京城，宋廷内外乱作一团，举国震惊。此次金军来势凶猛，志在颠覆宋朝，徽宗有所警悟，非常惧怕，急忙派人前往金营议和，下诏罢免诸路"花石纲"及内外制造局，派梁方平率中央禁军前往黎阳（今河南浚县），防守黄河，令天下率师勤王，又下诏罪己。金人拒绝了宋人的讲和，只管南下，徽宗胆小如鼠，却又无计可施，只好禅位让儿子赵桓来收拾残局了。

宣和七年（1125）十二月二十日，徽宗下诏任命皇太子赵桓为开封牧，又特意赐给只有皇帝才能佩带的碾玉龙束带，以示对赵桓的信任。开封牧具有的意义非同寻常，北宋历史上只有太宗、真宗两位皇帝在即位之前担任过此职。徽宗让太子赵桓担任开封牧，预示着将有禅位之举。赵桓对此有所觉悟，惊喜之余，不免非常恐惧，更何况国家危难之时，徽宗让太子赵桓担当重任收拾烂摊子，不过是找只替罪羊罢了，更何况朝廷仍由童贯、王黼等奸佞把持，赵桓势单力薄，很难驾驭朝政，因而他的担心也在情理之中。

　　然而，徽宗已如惊弓之鸟，急欲逃避责任，决意禅位。十二月二十三日，徽宗命宦官传赵桓入殿受禅，太师童贯、宰相李邦彦将御袍强披在赵桓身上，赵桓却坚辞不受，甚至几次气绝于地。徽宗诏郑皇后前来劝说，又以不即皇位即为不孝的罪名强迫赵桓就范，但仍无济于事。徽宗只好命宦官扶拥赵桓到福宁殿即位。赵桓拼命挣扎，跌倒在地，不省人事。随后，宦官强行将赵桓拥到福宁殿西虎门，已聚集在那里的执政大臣也上前帮忙才将赵桓拥进福宁殿。赵桓十分清楚，这是父皇推卸责任的行为，若再推辞，担心徽宗会以不守孝道治罪于他，他只好顺从徽宗的旨意。按常理，皇帝乃一国之君，拥有至高无上的权力，历史上为争夺皇位而骨肉相残、父子成仇者不绝于书，而赵桓却一再推辞不就皇位，原因就在于当时国事艰难，江山岌岌可危。赵桓虽然心知肚明，但迫于无奈，不得不即位，站出来替父亲收拾千疮百孔的残局。

　　经过惨烈的第一次开封保卫战，宋廷暂时转危为安。按理说，值此北宋王朝生死存亡之际，钦宗君臣应当上下一心，精诚团结，抓紧时机，积极整顿军备，以备不测之祸。出人意料的是，宋朝官僚集团承继哲宗、徽宗以来朋党倾轧之余绪，又故态萌发，关于国是、学术、用人之党论，不断加剧，政治越发混乱。从当时流传的一首"十不管"的歌谣，可窥一斑。

　　不管太原，却管太学；不管防秋，却管《春秋》；不管炮石，却管安石；不管肃王，却管舒王；不管燕山，却管聂山；不管东京，却管蔡京；不管河北地界，却管举人免解；不管河东，却管陈东；不管二太子，却管立太子。

这首歌谣讥讽宋廷处理政事不切时务、因小失大，确实是当时政治的真实写照。当时太原正受到金兵的猛烈围攻，几乎弹尽粮绝，河东危在旦夕，宋廷无法解除太原的困境，却忙着强化对太学的控制，镇压伏阙上书的太学生，开除陈东的学籍。金兵第二次南侵迫在眉睫，宋廷不管防止金人的秋季攻势，却要求学者治习《春秋》，还根据北宋理学家程颐的学生杨时的一道奏章，把祸国殃民的罪名加到王安石（王安石死后被封为舒王）头上，废止王安石配飨神宗庙庭，对肃王入金营为人质却不管不顾。开封府尹聂山升任同知枢密院事后，钦宗颁御笔为其改名为聂昌，意思是希望聂山像刘邦手下的汾阴侯周昌一样为国尽忠，却不顾收复燕山。宋廷不管处于金人威胁下的河北地区的安危，却在争论如何改革科举考试的方法；不管都城东京（汴京）的安危，无人过问金国二太子是否会再次前来，而年轻的钦宗皇帝为巩固自己的统治，把徽宗的宠臣蔡京等人贬杀殆尽，又匆忙将自己的儿子赵湛立为太子。正当宋廷处于这样一种麻木不仁状态的时候，金的军事行动仍在进行。

太原围：
—————— 血肉铸就的城池

解围：军事与政治纠缠的败招

自宣和七年（1125）十二月金兵南侵以来，西路金将粘罕在短短一个月内，接连攻下朔、武、代、忻四州。起初，粘罕以为与宋军必有几场恶战，出乎他意料的是，还在幻想着以妥协退让和牺牲国家利益来换回燕云各州的北宋朝廷猝不及防，沿途宋军或溃或降，根本没组织有效抵抗，使金军频频得手。

金军攻陷朔、武两州后，长驱至代州，守将李嗣本献城投降。十二月初九，粘罕抵达忻州。忻州知府贺权感觉势不力敌，遂大开城门奏乐以迎金军。粘罕马不停蹄自代州直奔石岭关，这时距太原仅一步之遥。石岭关据太原之险，太原守臣张孝纯派大将冀景前往据守，冀景自知很难胜任，就推辞不去，无奈张孝纯又命耿守忠率兵八千人予以相助，冀景不得已而同意。他任命耿守忠为先锋，但耿守忠不战而降，将石岭关拱手送给粘罕。这样，粘罕率兵如入无人之境，于十二月十八日抵达太原城下。

得知粘罕大军临近，张孝纯一面命令手下严防死守，一面传檄各地求援。太原虽然没有高大的城墙，但在守将王禀的组织下还是一次次成功地挫败了金军的攻城。一路还没遭遇过有效抵抗的金兵在太原城下受阻，粘罕遂驻扎于太原之北陈村，打算长久围困太原。

接到张孝纯的求援檄书后，北宋朔州宁府守将孙翊率领两千士兵，知府州折可求并军马使韩权率领麟府兵、延安府守将刘光世率领鄜延兵，总计数万军马前来救援。粘罕采用围城打援战术，各个击破。孙翊是河北名将，守卫朔州很有威望，金人对他也颇为忌惮。粘罕到达太原后，派人占领雁门，使孙翊无法从朔州直接救援太原，只好绕道出天门关至太原，与粘罕军队在太原城下对峙。粘罕对孙翊颇为重视，没有硬对硬，而是采用攻心战术。原来孙翊离开朔州不久，朔州就沦陷了，而孙翊率领的士兵，多数是朔人，粘罕命人将朔州城的父老驱赶出来，故意让孙翊手下的士兵看到，于是孙翊的军队发生哗变，将其杀死，宋军不战自溃。对待折可求的援军，粘罕采用以逸待劳战术，经过一番恶战，击败折可求，杀死韩权。与此同时，粘罕派人劫刘光世的军寨，刘光世毫无防范，仓促逃走。宋金第一次太原之战以宋军失败结束。

在这场以少打多的战斗中，粘罕表现出一个优秀军事将领所具备的素质，战术灵活，用兵有方。相比之下，宋军将领则表现得有勇无谋。当时孙翊准备救援太原，有将领向他献策，不如带领士兵北上直捣云中，粘罕士兵的家属和粮饷都在那里，这是围魏救赵的战术。可惜孙翊并不采纳。折可求也是如此。他们都犯了一味追求在太原城下与金军交战、不知道变通的错误，造成军事上的失利。

金军虽然击溃了宋军的救援，但依然未能攻陷太原。当粘罕听说东路军胁迫宋人满载而归，便也遣使来和宋朝交涉，欲不战而索取金银，却被宋人严词拒绝，并将粘罕的使者扣留。粘罕大怒，于是分兵南下，绕过太原城，攻陷威胜军（今山西沁县）、隆德府（今山西长治），进至泽州（今山西晋城）。

宋钦宗与斡离不订立的城下之盟，原是迫不得已，以为只要议和，金人就会罢兵休战，可相安无事，然而这次金人破坏盟约，他也颇为恼火。金兵撤退后，二十余万勤王部队云集开封，钦宗的底气自然充足了许多，再加上抗战派和舆论的压力，他也认识到了三镇作为都城开封北面屏障的重要地位，于是，钦宗以这次金兵败盟南侵为借口，将斡离不的城下之盟一笔勾销，急命太原、中山、河间三镇，誓死保住赵家祖陵保塞。又以种师道为河南、河北宣抚使，进驻滑州（今河南滑县），以姚古为河东制置使，率兵六万救援太原，以种师中为河东制置副使，率兵九万跟随斡离不的东路军，增援中山、河间两镇。接着，钦宗又罢免了主和的李邦彦、宇文虚中等人，任命主张抗战的徐处仁为太宰兼门下侍郎、御使中丞许翰为同知枢密院事，态度又为之一变。

不久，粘罕退回太原，姚古一路顺利收复威胜军、隆德府等地，逼近太原。斡离不在北返途中去接受中山、河间两镇，不料两镇军民固守不降，后方又受种师中的威胁，于是引兵退回燕京休整，种师中进入河北，失地纷纷收复，宋军士气复振。靖康元年（1126）四月，钦宗见形势好转，以为京城可保，便派李纲迎接太上皇回到京城开封。李纲深以为忧，上言守边御敌之策，提醒钦宗增强警备之心，而钦宗不予理睬。

当初，斡离不迫使宋廷订下城下之盟后，肃王赵枢作为人质被金人带走，宋廷亦扣留金朝使者萧仲恭与赵伦。赵伦原是辽朝旧臣，降金得官，他唯恐久留不得归，就向宋廷献策说，此前降金的辽将耶律余睹领契丹兵甚众，现与金人不和，若联络他，定可除去斡离不与粘罕，那时贵国可高枕无忧。宋朝便有人对此信以为真，忙去告知宰相吴敏等人。这原本就是赵伦的脱身之计，但吴敏等人却不辨真伪，轻易将蜡书和数千银绢付与赵伦，使其转交耶律余睹，作为内应。不料赵伦返回燕京后，立即将蜡书献出，由斡离不呈报金太宗。同时又有麟州（今陕西神木县）将折可求上奏说辽天祚帝之子梁王雅里现在西夏之北，正图谋恢复，亦可与之联络，夹击金人。钦宗深以为然，于是致书梁王，派秘使由麟州前往西夏，但在途中被金兵截获，亦上报金太宗。这两件事败露后，加之宋廷的毁约反攻，使金太宗大怒，他遂决定再次兵分两路，大举侵宋，于是宋金战事再起。

五月，钦宗命种师中绕井陉（今河北井陉）西进，姚古和张孝纯的儿子张灏分别从隆德府（今山西长治）和汾州（今山西汾阳）北上，三路互为犄角，共解太原之围。其实，早在种师中在率兵北上渡黄河途中，听说粘罕在泽州（今山西晋城）停留，便向钦宗建议率军由邢州（今河北邢台）、相州（今河南安阳）从捷径西出太行山到达上党（今山西长治），出其不意攻击粘罕。种师中打算在姚古向北推进的同时，从侧后方攻击粘罕，一举歼灭粘罕主力，这不失为一个良策，然而钦宗却怀疑这是种师中与姚古争功，坚决予以拒绝，从而失去打击金兵的一次良机。此时，粘罕留下大将银术可继续围攻太原，自己已返回云中（今山西大同）避暑，其他金兵分散至附近各地就粮牧马。宋朝的细作（暗探、间谍）以为金人即将大举撤退，便立即上告朝廷。

此时，同知枢密院事许翰负责对金作战。他虽是主战派，但本是一介书生，对用兵之道知之甚少，他一听谍报如此说，便信以为真，同时又为宋军取得的初步胜利冲昏头脑，因此，屡次催促种师中进兵。种师中素以老成持重闻名，深知金兵凶猛强劲和阴险狡诈，若不慎重从事，后果不堪设想。于是，种师中请求朝廷从长计议，不宜仓促行事。许翰急于求战，根本不理睬种师中的奏疏，并严令种师中立即发兵。枢密院发到军中的文书，一天甚至多达六七封，文中还出现了"逗挠玩寇"的措辞，显然是严厉指责前线的主帅故意延误战机。

在朝廷的巨大压力下，种师中只好改变原来的作战计划，被迫留下辎重犒赏之物，轻装出发，同时约姚古和在太原附近的张灏两军共进，会师太原城下，夹击金兵。临行前，种师中私下对家人说：此行若未能成功，一定就是天意了。作为宋朝将领，我早已将生死置之度外，时刻准备为国献身。看来他已然预感到此行凶多吉少，却不敢违背朝廷旨意，只有以死报国了。与此同时，另一名前线主将姚古也同样遭到谏议大夫杨时弹劾：姚古节制诸将，拥重兵逗留不进，使诸将皆无肯用命者。当速正姚古逗留之罪，诛之以肃军威。这些文人根本不了解战场情况，却在朝廷指手画脚，用他们的生花妙笔写出一纸又一纸慷慨激昂而毫无意义的文字。然而，在重文轻武的宋朝，这些纸上谈兵的文人却有着崇高的地位，他们的意见有时会左右朝廷的决策。书生意气的杨时甚至还提议诛杀姚古，杀一儆百，以示朝廷威严。在这种严峻形势下，姚古只得应命北上。

面对宋军的入援解围，金军将领银术可从容不迫，他先以少量部队据险阻击姚古，使姚古不能与种师中汇合，然后以重兵至榆次迎击种师中。种师中统兵救援太原，进展十分顺利，他错误地以为金兵会在宋军进攻下不战而逃，遂加速前进。五月初九，种师中部的前锋已到距太原约二十里的石桥，等待与姚古会师，中军到达寿阳的石坑，这时有探马报告说榆次县方向有金人来袭。由于一路没有遇到金军抵抗，这位久经沙场的老将误以为是金军北归的残零部队，不料却是金军的主力部队，而犯了轻敌冒进疏于戒备的兵家大忌。面对突如其来的金兵主力，宋军仓促应战，前后不能相应，右军首先溃散，前军亦随之败逃，死伤无数。种师中率部与金人展开鏖战，他命令士卒发射神臂弓御敌，以稳住阵脚，但出征前大量的犒赏之物没有随军携带，因此对有功的将士无法奖赏，士卒大为不满，纷纷散去。种师中从早晨卯时战至巳时，他身边只留下亲兵百余人。当种师中撤退至杀熊岭时，再次遭到金军重兵围攻，种师中身中数枪仍然应战，左右亲兵劝他突围出去，被他毅然拒绝：我是大将，事已至此，岂能苟且偷生！你们快快突围吧！部下被他的忠

189

义所感动，纷纷表示愿随种师中血战到底。种师中裹好伤口再战，最终为国捐躯，饮恨疆场，时年六十八岁。

种师中兵败榆次后，金军立即回师对付姚古，于五月十九日在太原府南端的盘陀击溃姚古。这样，在宋军占优势的情况下，第二次入援太原的努力又告失败。事后，宋廷将谎报军情致姚古失期的熙河路都统制焦安节处斩，赠种师中少师，又以姚古拥兵逗留、失期以致种师中战死之罪，贬官广州。

金军取得胜利后，加强对太原的围攻，知府张孝纯数次遣人以蜡书告急。种师中为当时的名将，他的战死无疑是朝廷瞎指挥所致，宋朝痛失得力战将，不仅使宋军损兵折将，士气大受打击，且对朝廷中坚持抗金的主战派的打击也甚为严重，尤其对硬逼种师中仓促发兵的同知枢密院事许翰来说，其所受到的压力可想而知。更重要的是，本来尚有希望解除围困太原的前景突然黯淡起来，这也是影响宋金战事的焦点之一。此时，种师道获悉其同胞手足阵亡后，悲伤难抑，以多年老病、难当重任为由告退。主和派耿南仲等人趁机向钦宗建议让李纲代替种师道为河东路宣抚使，钦宗当即同意。李纲曾公开斥责耿南仲离间徽宗、钦宗父子，因此两人早有嫌隙。耿南仲乘机推荐李纲，其用意十分明显，不仅可以将李纲作为替罪羊，排挤出朝廷，还可趁此机会公报私仇，可谓一举两得。李纲也明白耿南仲等人的险恶用心，于是一再推辞，钦宗大为不悦。李纲的挚友同知枢密院事许翰引用秦将白起遭疑忌被杀的典故，写了"杜邮"二字送给他。杜邮是一个古地名，又名杜友亭、孝里亭，位于今陕西咸阳市，白起被秦昭王赐死于此。李纲显然对历史非常熟悉，他不愿引起钦宗猜忌而惹杀身之祸，遂被迫同意赴任。

李纲名义上是河东、河北宣抚使，节制河东诸路兵马，以解太原之围，但实际上并无实权，反而一再受到朝廷的牵制和钦宗的猜忌。当时他请求调拨战备物资、士兵战马等等建议，钦宗大多大打折扣，甚至根本不予理睬。李纲能够直接指挥的军队实际只有区区两千人，申请拨付银、绢、钱等军需各一百万，但仅得到二十万，在京城征调马匹也被制止。李纲计划推迟行期，做必要准备，却被钦宗斥为抗命，无奈只好仓促启程。君疑臣惧，准备不足，宋军还未出师，败亡的命运已在所难免。

此次入援太原，规模更大，除了李纲之外，还有屯驻于辽州（今山西左权县）刘韐、王渊部，屯驻于隆德府的解潜、折彦质部，屯驻于汾州路的张灏、折可求部，屯于南、北关（今山西灵石阳凉南关和北关）的范琼部等，兵力共达二十二万之众，其部署呈扇形展开，试图集中优势兵力围歼金军，一战而解太原之围。

李纲请求统一指挥各路大军，却遭到拒绝，各路将领只听命于远在京城开封的钦宗，各自为战，不能相互配合。宋朝在军事体制上有"将从中御"的祖宗家法，就是不管前线战事如何，都必须严格按照出阵前皇帝下发的阵图进行，由身在皇宫的皇帝遥控指挥战斗，这是宋在与辽、西夏的多年战争中屡吃败仗的重要原因之一。其实钦宗这次是沿用了祖宗家法，结果宋军被各个击破，不仅断送了此次入援之战，断送了太原，也葬送了赵家一百六十余年的江山。

解围战斗发起后，刘韐首先从辽州（今山西左权县）进发，金人集中主力迎战，刘韐兵溃怀州（今山西沁阳），他连夜逃往京师，将领王彦战死。金兵初战得手，主力调回头来对付离刘韐最近的解潜部。解潜部与金兵战于南、北关，转战四日而败，解潜逃归隆德府。知威胜军张尧佐叛降，折彦质与河东转运使高卫、钱归善逃至隆德府。至此，宋军唯有张思正部屯驻汾州（今山西汾阳），其众尚有十七万，号称百万未出战。金人相互道喜，刘韐、解潜既败（陕西兵已被击溃），其余宋军不足为虑。作为宋朝精锐的陕西兵已被击溃，其余宋军的战斗力可见一斑，金人自然有足够的理由高兴，后来的结果也证明了这一点。宋军犹如一盘散沙，未战而先退，相互踩践而死者数万人，坑谷皆满。张思正兵败文水县后，率数千败兵逃回汾州，张灏带领数百牙兵（亲兵）逃向慈州（今山西吉县）、隰州（今山西隰县）一带。与此同时，在北线的折可求部也被金兵击败。于是山西东南地区大乱，数以万计的官民扶老携幼，渡河逃避金兵，州县皆空。

至此，宋军在损失数万人后，解救太原之围的军事行动宣告彻底失败。宋军自太原被围之日起，三次救援，规模一次比一次大，而失败是一次比一次惨重。第三次救援太原失利后，宋军一线有生力量大部被歼或重创，元气大伤，而金兵连连得手，气焰嚣张，对宋朝更加轻视。

军事上的挫折，也使得宋廷内部以门下侍郎耿南仲为首的主和派重新抬头。他们主张割让河北三镇，与金人恢复和议，认为李纲的主战是丧师辱国、徒劳无益，极力排挤主张抗金的大臣。钦宗见兵败将亡，也一筹莫展，又看朝廷上议论纷纷，最后将李纲作为替罪羊，以"救援不力"罪名贬黜出京，派给事中黄锷取海道至金都，请求罢战修和。转眼之间，局势又全面逆转。

血战孤城：宋军将士的慷慨悲歌

靖康元年（1126）八月，金太宗下诏再次伐宋，斡离不率领东路军从保定南下，粘罕率领西路军从大同出发，以雷霆万钧之势倾巢南犯，兵锋直指开封。第二次南侵的部署与第一次基本一致，但针对上次东西两路未能遥相呼应会师于开封的情况，这次南侵更注重两军的协调作战，以实现两路夹攻、夺取开封的目标。因此，其战略重点在于首先攻取河东重镇太原，扫清西路军南下的障碍。太原，再一次面临严峻考验。

太原自宣和七年（1125）十二月被金军围困以来，已八个多月，在知府张孝纯、副总管王禀的带领下，同仇敌忾，多次击退金军的猛烈进攻。以一孤城固守，能坚持如此之久，在宋金战争史上确实是个奇迹，在中国历史上也是极其浓墨重彩的一页，可歌可泣。王禀因守城有功，于靖康元年（1126）六月受到钦宗嘉奖，特授建武军节度使。

在太原刚被金人围困时，知府张孝纯为安抚人心，告谕全城军民，太原自古为军事重镇，城坚粮足，加之兵勇，金人虽在城下，无能为害。现在不是我不想出兵，要等到金人粮草用完，斗志衰竭，将领士兵心浮气躁，然后与援兵一道，内外相应，歼灭金贼，上为朝廷报国，下为你们的亲人，可以吗？这一文告对太原城的战局做了相当充分的剖析，也鼓舞并唤起了城中军民坚守下去的坚强信念，众人无不赞同。这一固守待援、内外夹击金人之计，确实是当时解救太原、击败金兵的唯一正确策略，然而，苦苦支撑的太原守军最终也没有盼来朝廷的援军，金军却卷土重来，已兵临城下。也正是在张孝纯的激励下，数十万太原军民能够坐守孤城长达八个月而无异心，当然，太原人民也做出了巨大牺牲。太原城方圆四十里，守城军民众志成城，为补充兵员，百姓十五岁以上、六十岁以下都加入军队，为通行便利，他们拆掉房屋，互相帮助，贫富如一家，存粮用尽后，三军将士先宰杀牛羊等牲畜，后来只好煮弓弩筋甲以充饥，而百姓则只能以树皮、糠秕、干草充腹，甚至出现人相食的惨状。即使如此，太原军民依然矢志不渝，对粘罕的多次劝降不予理睬，其团结一致的保家卫国的高尚气概，与朝廷内外那些为私利而钩心斗角的官员们相比，何止是天上地下。

粘罕因此恼羞成怒，下令全力攻城。主持太原军政的是知府张孝纯，但城中具体负责战事指挥的则是副都总管王禀，他英勇善战，也是一位著名的抗金将领。太原保卫战进行得极为惨烈和悲壮。为了夺取太原，女真人总结了攻取辽国五京时的作战经验，早已实施了"锁城法"，作为围困太原之计。所谓"锁城法"，就是在城外宋军弓弩射不到的地方，修筑堡垒环绕太原城，分人防守，使太原城内外不相通。

其具体做法是，环绕外城植立鹿角等物，纵深达数十里，中间有小道穿插，纵犬警之。金人攻城时，列炮三十座，这是专门为夺取太原而设计的，能将斗大的炮石抛入城内，众炮齐发，城头防御设备无不坍塌，王禀在城上架设木栅，上挂糠布袋，即使楼橹被击中也不会有太大损失而能马上修复。斡离不又创填壕之法，企图用五十余辆下装车轮、上安巨木、成房屋之状的大型机动"洞屋"运送土木柴薪填平城壕，王禀则挖掘地道直通城壕，等城壕中柴薪填满后，用火烧的办法使柴薪顷刻间都化为灰烬。斡离不并不死心，又制成"鹅车"，这种形如鹅状的战车，下装车轮，上用铁皮包裹，使数百人推行，欲上城楼，兼顾防守与攻击。王禀针锋相对，在城头也设立如同鹅状的跳楼，使人在内迎敌，作战时先用捆有绳系的巨石套在敌人鹅车上，使其重心上移，然后派人用搭钩和绳索拽拉，使其前倒不能前进。魔高一尺，道高一丈，虽然金兵用尽了各种攻城之法，但太原城一直掌握在抗金军民手中，成为屹立在所向披靡的金军面前的一道巨大屏障。

这样，一直到九月初三，坚守了二百五十多天的太原，终因粮绝而失陷。太平兴国七年（982），也就是火烧晋阳三年之后，出于国防的需要，宋太宗赵光义命北宋名将潘美在晋阳故城东北三十里的汾河对岸新建城池。当初，潘美在建设太原新城的时候，为破坏这里的风水，消除太原的王气，只修丁字街而不修十字街，以"钉"死太原龙脉，可谓煞费苦心。据说这样做还有一种意图，用丁字街来阻挡契丹铁骑的驰骋，然而，在冷兵器时代，城池一旦失守，守城将士的斗志也随之崩溃，激烈的巷战只是为取得壮烈的结局而做出的最后努力，相对于双方的战局已无实际意义，显然，赵宋王朝的这一做法是愚昧而无能的。令赵光义万万没有想到的是，在太原重建一百四十多年之后，这座花费他多年心血建立起来的、用以护卫大宋江山的太原城终未挡住女真的金戈铁马，靖康之难也就在所难免。

太原城陷后，王禀率领饥饿疲惫的士兵进行巷战，身中数十枪，最后背负供奉于太原祠庙中的宋太宗御容与其子王荀投汾河自尽，壮烈殉国。这位杰出的阻金兵于太原城下的抗金名将，无论如何是应当为他树碑立传的，然而元人所修的《宋史》不为其立传，实乃一大遗憾。粘罕对他恨之入骨，在得到王禀尸体后，指着尸体破口大骂，并带领士卒将其剁为肉泥，暴尸荒野，以泄私愤。其手段之残暴，令人发指。太原通判王逸义不肯受辱，在府邸中怀抱宋太宗画像自焚而死，为国尽忠。同样，宁死不降的太原军民也未能幸免于难，金兵为图报复，纵兵入城，无论老幼，一概屠杀，焚烧屋舍，夷平城墙，太原自此变为一片废墟。太原三十余名被俘官员，无人屈服，尽被杀死。太原保卫战的另一位功臣太原知府张孝纯被俘后，坚决不降，后来经不住金人的诱惑，便俯首投降，成为不保晚节的败类。

太原之战的结局，对宋金双方都意义重大。金人第一次进攻开封，因受阻于太原城下，使女真人东、西两路军队会师开封的计划落空，英勇的太原军民将西路金军主力死死拖住，滞留在太原，动弹不得，这为整个宋朝抗金的战事赢得了宝贵的时间，使以陕西军为主的宋朝各路勤王部队迅速云集开封，宋朝才取得了第一次开封保卫战的胜利。如今太原一破，金人扫除了西路军长驱南下的最后一个障碍，都城开封直接暴露在金兵铁骑之下，并且控扼潼关，阻挡宋朝陕西精锐部队入援京师，与东路军再会开封城下已十分容易。此外，太原之战中，宋军几次大举增援太原都被击溃，损失约二十余万众，大大消耗了宋军的有生力量，元气大伤。太原失守，北宋灭亡遂成定局。

就在西路金军猛攻太原的同时，东路金军根据预定计划，也快速向南推进。他们越过中山府，于十月间大破宋将种师闵于井陉，攻占坚守了四十天的河北重镇真定府。城破后，守将都钤辖刘翊率兵巷战，力尽自缢，知府李邈被俘后坚决不降，从容就义。粘罕攻破太原后，分兵南下，在东路金军的配合下，攻占平定军（今山西平定）。而后，东、西两路金军统帅斡离不与粘罕同至平定军，商讨再寇宋京城开封。

右监军兀室指出，现今我们在河东已得到太原，在河北已得到真定，而这两个地方是河东、河北的要冲，如果能乘现在的大好形势，可以先夺取两河，等得到两河，再谋划渡过黄河夺取东京也不晚。如今若放弃两河先夺取东京，万一失利，那么两河我们也不一定能得到。况且二太子（斡离不）昨日已到东京，他也认为不能先夺取东京。斡离不听后未表态，粘罕怫然而起，将貂皮帽掷于地，直言不讳地与兀室争辩起来，东京，是中国（宋朝）的根本。不夺取东京，两河即使得到也守不住；若先夺取东京，那么两河可不取而自下。上次不能占领东京，因我没赶到。现今若我们两路进攻，必定攻克开封。粘罕又舒展右手做取物的姿态："我现在要攻占东京，就如同伸手拿东西一般，非常容易得到。"在他看来，攻占宋朝都城开封如探囊取物，轻而易举。斡离不也欣然称赞此计策，表示赞同，于是南侵之计遂决。兀室的策略，看似较为稳妥，但可能贻误战机，先取两河地区，会使宋廷赢得备战时间，到时"不能取之"之历史可能还会重演；粘罕则正确地判断了战争态势，以迅雷不及掩耳之势直取防守空虚的宋廷京城，必定威慑仍然坚守城池的两河之州县，攻取它们时，必不会遇到顽强之抵抗。随后局势的发展也证明了粘罕计策的正确性，他们轻易而举地攻取了开封城。

金人定下攻取开封之计后，粘罕、斡离不分归本路，约定两军于开封城下会合，而宋廷还在幻想通过割地赔款求和，可以避免金人第二次南侵，保存赵氏天下。

靖康耻：
——————— 兵临城下的屈辱

开封陷落：世界文明中心最后的辉煌

太原、真定相继失守，朝野震惊。然而，宋廷诸臣至此仍然坚持和议，接连派人前往金营讲和。金人派杨天吉、王汭等持宋廷与耶律余睹的蜡书来宋议事，倨傲不恭，指责钦宗串通契丹、败盟毁约，还说宋人想要议和，必须速割三镇，加金主徽号，献纳金帛车辂仪物。钦宗惶急万分，不知如何是好。

老将种师道料到京城难以支撑，一面檄召各地率兵勤王，一面请求钦宗暂避长安。当时开封城显然已经不可能组织有效的防御，退出开封，进行长期抗战，仍不失为上策。然而，几位辅臣反而攻击种师道怯懦，钦宗遂将他召还，令范讷为河北、河东路宣抚使。种师道见沿途毫无准备，内心忧愤不已，回到京城不久，即染重病身亡。开封第一次被围，全仗李纲、种师道二人主持，此时，种师道已死，李纲被贬出朝廷，形势比第一次更为严峻。

钦宗已然十分害怕，忙召集百官计议。当初，宋使王云自金营归来，说金人必欲得三镇，否则就攻打开封。何㮚、吕好问等人坚持认为，祖宗创业不易，三镇系国家根本，不能效仿石敬瑭故事，况且金人言而无信，割地亦来，不割地亦来；唐恪、耿南仲一派力主割地，向金人求和，范宗尹甚至还跪在地上大声哭泣，恳请割让三镇，双方争论不休。钦宗原本就无主见，觉得双方都有道理，为之犹豫不决。此时，粘罕已自太原南下，攻破泽州（今山西晋城），东路的斡离不亦屯兵庆源（今河北赵县）城中。钦宗连忙派王云跟随康王赵构前往金营许割三镇以求和。

赵构到达磁州（今河北磁县）后，知州宗泽极力劝阻，肃王一去不回，康王不可再蹈覆辙，况金兵已迫近，去也无用，请勿再行！于是赵构打算暂时停留磁州，尽管王云再三催迫，但赵构并不听从。此时宋军士气低沉，但民心激昂。王云上次出使金营曾路过磁州，这次又跟随赵构前去议和，百姓不由怒火中烧，有人偶然在他的行囊中发现带有女真人样式的"皂裘"，认定他是金人奸细，愤怒的群众遂你一拳，我一脚，将他打死。赵构也被百姓包围，刚好相州（今河南安阳）知州汪伯彦来邀，他乘机南下相州。因此，赵构对汪伯彦感激不尽，将他视为自己的心腹，颇加重用，直到南宋初年，汪伯彦依然是高宗身边的红人。

金人交替使用边打边和的策略，麻痹宋人。此招果然奏效，宋人被牵着鼻子走，手忙脚乱，左右为难，穷于应付，而金军却乘机迅速向开封推进。宋朝宣抚副使折彦质率兵十二万，沿黄河驻扎，李回也率骑兵一万守卫黄河。金兵到来后，隔河敲了一夜的战鼓，已把折彦质吓得望风逃窜，全军溃退。李回孤掌难鸣，也一溜烟逃回京师。金兵见孟津（今河南孟津县）以下，黄河甚浅，便徒步渡过黄河。黄河天堑既失，金兵无人能挡，直扑开封。面对这一切，钦宗君臣竟茫然不知所措。而这时金人的胃口却越来越大，表示若要讲和，非三镇所能满足，必须增割河北、河东两地，以黄河为界。钦宗不得已，只好一一从命。奴颜卑膝之态,到了无以复加的地步,然而,这一切不过是金朝放出的烟幕而已,其真实意图不言而喻,就是要消灭赵宋王朝。

十一月中旬,钦宗派耿南仲、聂昌分赴金营商议割地之事。聂昌奉命前往河东粘罕军,行至绛州(今山西新绛)时,当地军民坚守城池,不降金人。聂昌手持诏书抵达城下,攀登城墙,绛州钤辖赵子厓众杀死聂昌,连他的眼珠都被挖了出来,可见宋人愤恨之极。耿南仲奉命前往河北斡离不部,走到卫州(今河南卫辉市)地方,乡民争欲杀金使王汭,王汭逃窜,耿南仲也连夜逃往相州投奔赵构,才算保住性命。由此可见,以钦宗为首的朝廷做出的选择和决定是完全违背民心民意的,因而才受到了各地民众如此强烈的抵制。同时,普通民众对妥协投降行为做出的反应也表明,宋朝民间的抗战激情十分高涨。

尽管朝廷如此奴颜卑膝,割地求和,但金人志在灭亡宋朝,还是快速向开封挺进。粘罕和斡离不分别于十一月初二和二十五日率兵抵达开封城下,粘罕屯兵青城,斡离不屯兵刘家寺。先前,南道总管张叔夜、陕西制置使钱盖接到种师道生前发出的勤王檄文后,各率兵前往开封。然而主持议和的耿南仲、唐恪等人认为,既允诺割让三镇,再派兵护卫京师,难免给金人以口实,况且京城粮草匮乏,十几万大军的给养也不好解决,于是命令各地勤王兵不得妄动,原地待命。结果,当金军第二次围困开封时,城外连个勤王军的影子都没有,而开封城内仅有卫士及弓箭手七万人左右。这时,同知枢密院事孙傅保举了一个市井游民郭京,说他能施六甲法,可以退敌。钦宗对此也深信不疑,或许是出于无可奈何,遂命郭京为成忠郎,赐金帛数万,令他自行招募。郭京不管武艺如何、年龄大小,只要符合生辰八字,即可充选,结果招募的全是市井无赖之徒。他还夸下海口,非朝廷危急,他不出兵。钦宗也感到难以依靠,接连遭使携蜡书到相州，任命康王赵构为兵马大元帅，要他火速入援京师，同时再次下诏各地勤王，但这一切为时已晚，派去的使者多被城外的金兵截获，于是，开封成了一座孤城，几乎断了与外界的联系。

唐恪一贯主张和议，但议来议去终究未能挡住金兵的南侵，此时开封被围，他也无计可施，便私下里劝钦宗西幸洛阳，以图光复。何㮚听说此事，即引苏轼论"周朝失计，莫如东迁"两句话，劝阻钦宗。周的东迁是当时政治上的巨大变动，公元前770年，周平王宜臼放弃易被犬戎侵扰的首都镐京（今陕西西安市西南），把都城迁到洛邑（今河南洛阳西），结果周王室顿时失去了对各地诸侯的控制权，所辖地区不断缩小，周天子因此也威风扫地，依附于诸侯，此后更成为大国争霸所利用的工具。何㮚引用苏轼的论断，以为周王室东迁是周朝最大的失策，并依据此事例支持自己的主张。钦宗当然熟悉这些历史，对此也深以为然，经过短时间思考，他用力跺着脚信誓旦旦：朕今日当死守社稷，决不远避了！决心要与开封城共存亡。金兵初次围攻开封时，钦宗不当逃而逃，此时，开封显然难以保住，却是当逃而不逃，这固然与他犹豫不定的性格有关。在此之前，钦宗本来可采纳种师道等人的主张，退守关中，继续与金兵作战，因为北宋还未到山穷水尽的地步，而他之所以采纳何㮚的建议，很大程度上还是担心徽宗另立朝廷，威胁他的皇位。

金兵自靖康元年（1126）闰十一月初二围困开封，昼夜攻打，双方互有胜负。钦宗每天都披甲登城，视察战况，用御膳犒赏将士。当时天气十分寒冷，连日雨雪，寒风刺骨，将士们顶风冒雪坚守战斗岗位，冻僵而死者比比皆是。钦宗目不忍睹，他在宫中光着脚乞求上天放晴，老天却一点没感动的意思，雪反而越下越大。钦宗到宣化门视察军情，道路泥泞，也顾不得像平时那样大张旗鼓了。他骑着马，在泥淖中艰难行进，老百姓多被感动。唐恪跟随钦宗巡城，差点被开封军民打死，他侥幸逃脱，请求辞职，钦宗于是任命何㮚为尚书右仆射兼中书侍郎（宰相）。

南道总管张叔夜接到勤王诏命后，令长子伯勇领前军，次子仲雍领后军，自领中军，合三万余人，转战至南薰门外。钦宗召他入对，张叔夜请驾幸襄阳。钦宗不从，但命他统兵入城，加延康殿学士。东道总管胡直孺，亦率兵入卫，与金人战于拱州（今河南睢县），兵败被擒。金人示于城下，开封军民更加恐惧。二十三日，殿前指挥使王宗濋与金人战于城下，统制官高师旦战死。二十四日，范琼以千人出击，不料渡河冰裂，溺死五百人，士气大挫。勤王兵迟迟不来，城中可用之兵只剩三万人了，形势日甚一日，异常危急。

二十五日，在何㮚、孙傅的一再催促之下，郭京打开宣化门，令六甲神兵出城攻击金兵。还未开战，六甲神兵已被吓得四处逃窜，多半坠死于护龙河。郭京欺骗张叔夜说，金兵如此猖獗，待我出城作法，一定退敌。他出城后一溜烟向南逃跑了。金兵乘势攻入宣化门，占领城垣。统制姚友仲死于乱兵；宦官黄经国赴火自尽；统制官何庆言、陈克礼，中书舍人高振与金人激战，与其家人皆被杀；四壁守御使刘延庆夺门突围，被金兵追骑所杀；张叔夜身披数创，仍率子力战，但无可挽回，开封外城就这样被攻破。

早在太祖开宝九年（976），赵匡胤出幸西京洛阳时，就曾执意要将地处平原、无险可守的都城迁往洛阳，却遭到很多人的抵制。当时起居舍人李符极力反对，他上书陈述了八条难以迁都的理由，洛阳凋敝，宫阙不全，郊庙未修，百官不备，城内百姓贫穷，军粮供应得不到保证，防御设施不健全，千军万马盛暑行动不便。对于这些理由，赵匡胤置之不理。后来铁骑左右厢都指挥使李怀忠也斗胆劝说迁都不便，赵匡胤也听不进去。晋王赵光义也激烈反对迁都，对赵匡胤说"迁都不便"。赵匡胤却坚定地回答说，迁都洛阳以据山河之胜而去冗兵，循周、汉故事，以安天下。显然，赵匡胤此举除了摆脱赵光义根深基固的东京开封外，还想避开辽朝的锋芒，占据地理优势，复兴东周和东汉的煌煌帝业。但其弟赵光义来了一句"在德不在险"的话，使赵匡胤默然良久、无话可说，他最终只好放弃了迁都的打算。几个月后，赵匡胤就离开了人世。不料令赵匡胤深感忧虑的事情在他身后百余年终于发生了，开封高筑的城墙未能庇护赵家王朝，或许北宋的灭亡"无险"事小，倒真应了赵光义的话，"在德"事大。

两入金营：钦宗忍辱负重的挣扎

钦宗听到城破的消息，抱头恸哭不已，后悔没有听从种师道的计谋，乃至于造成了难以收拾的局面，但为时已晚。城垣虽破，但开封军民的抗敌情绪十分高涨，他们愤怒地将前来议和的金使刘晏等四人杀死，前来领取武器和衣甲抗击金兵的百姓达三十万之多，何㮚又决意率领百姓进行巷战，却未打起来。二十六日黎明，数万群众用大斧劈开宣德门求见钦宗，要求继续抵抗，哭声喊声震天动地，情形悲壮！钦宗只好登上城楼安慰并劝请群众解散，恰巧до虞候蒋宣到来，欲保护皇帝突围出去。在旁的孙傅、吕好问以为不可，蒋宣抗言大声斥责他们：就是宰相误信奸臣，以致到了今天这地步，还有什么说的？孙傅还要争辩，吕好问劝解，你们打算保护皇上突围，本是忠义之举，但此时四处都是金兵，怎么能贸然行动？其实他们是担心群众乘机作乱，因此才极力反对。事后，蒋宣也被残酷杀害。

在攻下开封外城后，精明的金军将帅并未立即攻城，只是占领外城四壁，并假惺惺地宣布议和退兵。在这生死存亡的紧急关头，钦宗居然还对金兵抱有幻想，于是命何㮚和齐王赵栩到金营求和。何㮚一度惶惧失色，不敢前往，李若水大骂他，国家到了这种地步，都是你们误国所致。现在国家危难，你虽死万次也难辞其咎。何㮚不得已上马，仍然双腿颤抖，在别人搀扶下才跨上马去，连手中的马鞭都掉了三次，其内心之恐惧可见一斑。到金营后，粘罕虚情假意地提出了金朝的意见，仅仅是要求割地而已。何㮚见和议有希望，立刻改变主战初意，回到相府，饮酒食肉，谈笑终日，并作诗曰："细雨共斜风，日月作轻寒。"可见金人对何㮚的骗术还是相当成功的。

何㮚如此痛快，钦宗却满脸愁苦，因为金人请求太上皇到金营谈判。与其说是请求，倒不如说是命令，金人显然是故意给徽宗难堪，徽宗根本没有这份胆量。钦宗不得已，以太上皇受惊过度、痼疾缠身为由，由自己代为前往。

闰十一月三十日黎明，钦宗率领宰相何㮚、中书侍郎陈过庭、同知枢密院事孙傅等人前往金营所在地，这恰恰中了金人的圈套。钦宗到金营后，金军统帅却不与他相见，只是派人索要降表。钦宗不敢违背，慌忙令人写降表献上。而金人却不满意，并命令须用四六对偶句写降表。钦宗迫于无奈，只好劝说下属，事已至此，其他就不必计较了。大臣孙觌反复斟酌，改易四遍，方才令金人满意。降表大意不过就是向金俯首称臣，乞求宽恕，等等，极尽奴颜卑膝。呈上降表后，金人又提出要太上皇前来，钦宗苦苦恳求，金人方才不再坚持。接着，金人在斋宫里向北设香案，令宋朝君臣面北而拜，以尽臣礼，宣读降表。当时风雪交加，钦宗君臣受此凌辱，皆暗自垂泪。投降仪式进行完毕，金人心满意足，便放钦宗返回。

自钦宗去了金营，开封百姓每天都站在雪地里等他回来。钦宗自入金营，备感屈辱，于无奈之间做了金人臣子，回想起来，悲痛难抑，不知不觉间泪已湿巾，至南薰门，前来迎接的百姓和太学生在泥雪中夹道山呼，哭喊声远近相闻。钦宗被眼前的景象所感动，不禁掩面大哭，悲愤之余说道：宰相误我父子！这是发自内心的呐喊与控诉，毕竟还有众多百姓惦记自己的安危。行至宫前，他仍然哭泣不止，宫廷内外更是哭声震天。钦宗初赴金营，历尽劫波，三日后归来，有如隔世！

钦宗刚回朝廷，金人就来索要金一千万锭、银二千万锭、帛一千万匹，这简直是漫天要价。当时开封孤城之中，搜刮已尽，根本无法凑齐。然而，钦宗已被金人吓破了胆，一意屈辱退让，一面下令大肆搜括金银，一面遣使往河东河北交割土地，结果两河百姓拒不奉诏，纷纷作坚守之计，不肯投降金人，金人只得石州（今山西离石县）一处。金人索要骡马，开封府用重典奖励揭发，方才搜得7000余匹，京城马匹为之一空，而官僚竟有徒步上朝者。金人又索要少女一千五百人以充后宫，钦宗不敢怠慢，甚至让自己的妃嫔抵数，少女不甘受辱，死者甚众。关于金银布帛，钦宗深感府库不足，遂令权贵、富室、商民出资犒军。所谓出资，其实就是抢夺。对于反抗者，动辄枷项，连郑皇后娘家也未能幸免。即便如此，金银仍不足数，负责搜刮金银的梅执礼等四位大臣也因此被处死，其他被杖责的官员比比皆是，百姓被逼自尽者甚众，开封城内一片萧条景象。

时范致虚会同陕西兵十万入援京师，至颖昌（今河南许昌），听说开封城已破，西道总管王襄即向南逃去。范致虚独与西道副总管孙昭远、环庆路将帅王似、熙河路将帅王倚率领号称二十万的步兵、骑兵，赶往开封，至邓州千秋镇，遭到金将娄室率领的精锐骑兵袭击，皆不战而溃。

尽管以钦宗为首的北宋朝廷如此丧心病狂地奉迎金人，但金人的要求仍没有得到满足，金人扬言要纵兵入城抢劫，并要求钦宗再次到金营商谈。钦宗吓得出了一身冷汗，上次身陷金营的阴影尚未散去，新的恐惧又袭上心头，这次恐怕是凶多吉少。此时，何㮚、李若水等人也怂恿钦宗前往，钦宗终究不敢违背金人的旨意，不得不再赴金营，去乞求金人退兵。

靖康二年（1127）正月初十清晨，钦宗率群臣第二次赴金营，刚出朱雀门，就被闻讯赶来的数万百姓团团围住，百姓哭喊着阻止钦宗前往金营。钦宗甚是感动，也觉得是在与百姓做生死告别，眼泪噗噗

204

地流下来。在旁护卫的京城巡检范琼安慰百姓：皇上今晚就会回来，大家不用担心！百姓早已对这个奸贼深恶痛绝，纷纷捡起瓦片、石头，劈头盖脸地向他砸去，丧心病狂的范琼竟然抽出长剑将拉皇帝乘舆的百姓的手砍断，残忍至极。没走多远，张叔夜又叩马谏阻，钦宗说，为使人民能安居乐业，不再遭受劫难，我必须再次前往金营谈判。张叔夜号恸再拜，钦宗亦泪流满面地勉励他：稽仲努力！说完就哽咽得泣不成声。稽仲，是张叔夜的字，钦宗以字称臣，无异于将千钧重担交给了他。

到达金营后，钦宗受到无比冷遇，斡离不、粘罕根本不与他见面，还把他安置到军营斋宫西厢房的三间小屋内。屋内陈设极其简陋，除桌椅外，只有可供睡觉的一个十炕、毛毡两席。屋外有金兵严密把守，黄昏时屋门也被金兵用铁链锁住，钦宗君臣完全失去了活动自由。此时正值寒冬腊月，开封一带雨雪连绵，阴霾四塞。钦宗除了白天要忍受饥饿的折磨外，晚上还得忍受刺骨的寒风，辗转反侧，不能入睡，想着眼前这一切，心如刀割，泪如泉涌，颇有"枕前泪共阶前雨，隔个窗儿滴到明"的感慨。转瞬之间，钦宗从贵不可及的皇帝沦落为金人的阶下之囚，的确令人同情！然而，这一切都是他与其父徽宗一手造成的。

囚禁中的钦宗度日如年，思归之情溢于言表。宋朝官员多次请求金人放回钦宗，金人却不予理睬。二月初五，钦宗不得不强颜欢笑地接受金人的邀请去看球赛。球赛结束后，钦宗哀求金军统帅斡离不、粘罕放自己回去，结果遭到粘罕厉声斥责，钦宗毛骨悚然，遂不敢再提此事。这本来就是金人设计的圈套，自然不会放钦宗回去了。

金人扣留钦宗后，声言金银布帛数一日不齐，便一日不放还钦宗。开封百姓一直在苦苦等待皇帝的归来，金兵并不理睬，太学生徐揆上书金营，请求皇帝还阙，竟被金兵抓住杀死。宋廷更是加紧大肆搜刮金银等财物。开封府派官吏直接闯入居民家中搜括，横行无忌，如捕叛逆。百姓五家为保，互相监督，如有隐匿，即可告发。百姓自不必说，就连福田院的贫民、僧道、技艺、工匠、倡优等各种人，也在搜刮之列。到正月下旬，开封府才搜集到金十六万两、银二百万两、衣缎一百万匹，但距离金人索要的数目还相差甚远。宋朝官吏到金营交割金银时，金人傲慢无礼，百般羞辱。宋朝官吏莫不俯首于地，忍气吞声。自钦宗赴金营后，风雪不止，百姓无以为食，将城中树叶、猫犬吃尽后，就割饿殍为食，再加上疫病流行，饿死、病死者不计其数。境况之惨，非笔墨所能描述！

然而，金人仍不罢休，改掠他物以抵金银。凡祭天礼器、天子法驾、各种图书典籍、大成乐器以至百戏所用服装道具，均在搜求之列。诸科医生、教坊乐工、各种工匠也被劫掠。又疯狂掠夺妇女，只要稍有姿色，即被开封府捕捉，以供金人玩乐。当时吏部尚书王时雍掠夺妇女最卖力，号称"金人外公"。丧尽天良的开封府尹徐秉哲也不甘落后，为讨好金人，他将本已蓬头垢面、显羸病之状的女子涂脂抹粉，乔装打扮，整车整车地送入金营，弄得开封城内怨声载道，民不聊生。

尽管宋朝君臣对金人如此俯首帖耳，卑躬屈膝，但灭宋是金人的既定方针，于是金人决定废黜钦宗。靖康二年（1127）二月初六，金人废钦宗及徽宗为庶人。当钦宗被迫脱去龙袍时，随行的李若水抱着钦宗，不让他脱去帝服，还骂不绝口地斥责金人为狗辈。金人恼羞成怒，将他打个半死。

当晚，粘罕派宋朝大臣吴开、莫俦入城，宣布别立异姓为帝，并命令徽宗立即出城，同时还带来了钦宗的御笔：今日在金人元帅府接受大金皇帝诏书，因我屡次拜盟毁约，失信于金人，对金人别立异姓做皇帝深表赞同。大金国还准许另立贤人为帝，对于普天之下的百姓来说，实属最大的幸运。立即邀请太上皇及其他皇室成员全部出京，不用担心，企盼早日与家人团聚。宋朝大臣莫不失声痛哭。张叔夜认为金人诡诈，皇上已一去不返，太上皇不应当再前往，他本人愿率精兵护驾突围。徽宗迟疑不决，欲寻觅毒药自尽，药方刚找到，不想被范琼夺去。

初七，范琼遂劫持徽宗、太后乘坐牛车出宫，郡王、嫔妃、公主驸马等人一概前往金营。唯独元祐皇后孟氏，因废居私第，幸免于难。开封府尹徐秉哲命令坊巷五家为保，不得藏匿皇室成员，先后抓到皇室贵族三千多人，并令他们把衣袖连在一起，相互挽行至金营。

金人不见皇后、太子，又逼迫徽宗招他们过来。原来钦宗在出城时曾暗令知枢密院事孙傅辅佐太子监国，统制官吴革想率兵微服护卫太子突围出去，孙傅不从，他打算将太子藏匿民间，另外找一个貌似太子者及两名宦官杀掉，再斩十数名死囚，推说宦官欲劫持太子出逃，被人误杀，以此哄骗金人，结果找了五天无人愿意担此重任。二月十一日清晨，钦宗自金营给开封府尹徐秉哲捎信说：我因为失信，已被金人废黜，你可以加强对京城的控制，使百姓安分守己，不要阻挠金人，免得被我牵连。徽宗亦在钦宗的信旁批下"速令太子出来"几个字，显而易见，这是在金人威逼之下不得已而为之。吴开、莫俦坚持要太子出宫，范琼穷凶极恶，竟胁迫卫士拥劫皇后、太子登车出城。孙傅大义凛然：我为太子师傅，义当与太子共死生。当下将留守职务交付王时雍，跟随太子出宫。百官军民奔随太子号哭，太子在车中也大呼"百姓救我！百姓救我！"哭声震天。

李若水在金营中，整日破口大骂，最后被金人割裂咽喉，割断舌头而死，至死方才绝声，可歌可泣！当时金人叹道：辽国灭亡时，死义者十数人，而南朝只有李侍郎一人而已！其实，真正具有民族气节、不堪受辱、奋战抗金的不止李若水一人。擅自入城打劫富室的金兵也多被百姓掩杀，宋朝军民要求抗金，留守司不肯发给武器，他们就私自制造武器。可是，这些忠君爱国之举却不为朝廷理解，宋廷生怕民变，为力保朝廷利益，将官私武器一律收缴送往金营。

金人在城中一面大肆搜刮金银财帛，一面令吴开、莫俦召集文武百官，商议别立异姓为帝。众人面面相觑，计无所处。留守王时雍密问吴开、莫俦，二人回答说，金人的意思是立前太宰张邦昌。王时雍有些担心，认为立张邦昌，恐众人不服。适逢尚书员外郎宋齐愈自金营返回，传达金人旨意，用片纸写"张邦昌"三个字，声称不立张邦昌，金人就不会撤军。王时雍遂决定立张邦昌为帝，写成议状，令百官签署。孙傅、张叔夜不肯署名，均被金人羁押营中。太常寺主簿张浚、开封士曹赵鼎皆不肯署名，逃入太学。观文殿大学士唐恪署名后，良心发现，饮药自尽。

次日，王时雍召集百官士庶僧道数千人至秘书省，令他们把名字、官衔写于纸上，表示情愿拥戴张邦昌为帝。范琼领兵把守秘书省大门，御使台、开封府的官吏往来巡视，气势汹汹，勒令速呈姓名、官衔，敢有异议者，即被押往金营。众人迫于淫威，唯唯听命。御使中丞秦桧坚决不署印，抗言请立赵氏宗室为帝，且言张邦昌在徽宗时即专事宴游，党附权奸，蠹国乱政，导致社稷倾危。金人大怒，下令将秦桧押赴金营。

阁门宣赞舍人吴革不肯屈节异姓，密结数百人，欲起兵诛杀张邦昌，夺回徽、钦二帝，不料走漏风声，于三月初六被范琼镇压，吴革父子及属下数百人被杀死。于是，张邦昌在金人的威胁下，协同吴开、莫俦、徐秉哲、范琼等一班宋朝旧臣组织了一个临时的傀儡政权伪楚。但这个政权不得人心，张邦昌于金人撤走后的第十日即宣布退位，把政权交给未被金人掠去的哲宗废后孟氏。

金人在扶植张邦昌的同时，再次搜刮金银，即使妇女的钗钏之物也在收刮之列。开封府担心金银不够，金人无端挑衅，便在开封城四周设立市场，用粮食兑换金银。由于京城久被围困，粮食匮乏，百姓手中的金银也无所用，便纷纷拿出来换米。这样，开封府又得金银几万两。然而，开封城已被搜刮数次，金银已尽，根本无法凑齐金人索要的数目。于是，金人只好作罢。

此时，金军统帅得知康王赵构在河北积极部署军队，欲断金人退路，担心兵力不足，不能对中原广大地区实行有效统治，因而，在立了傀儡政权之后，金人准备撤军。在撤退时，金人还烧毁开封城郊的无数房屋。同时，金兵所到之处，无不烧杀抢掠，在河北、河东的广大地区，金兵杀人无数，尸体的臭气在几百里之外都能闻到。这给广大人民带来了深重的灾难，罪行滔天，令人发指。

靖康二年（1127）三月底，金军在颠覆了北宋王朝，掳掠了大量金银财宝后开始撤退，并将徽、钦二帝等宋人俘虏分为七批先后押解北上。三月二十九日，对于大宋的君臣和子民来说，是一个刻骨铭心的耻辱日。当日，包括徽宗、郑皇后及亲王、皇孙、驸马、公主、妃嫔等在内的第二批宋人俘虏，由斡离不监押，沿滑州（河南滑县）被押解北上。三日后，即四月初一，包括钦宗、朱皇后、太子、宗室及何㮚、孙傅、张叔夜、秦桧等几个不肯屈服的官员、侍女等一百四十四人组成的第七批宋人俘虏，由粘罕监押，沿郑州（今河南郑州市）北行。被金人掳去的还有朝廷各种礼器、古董文物、图籍、宫人、内侍、倡优、工匠等等，被驱掳的百姓男女不下十万人，北宋王朝府库蓄积为之一空，史称"靖康之难"。不仅钦宗君臣被俘，且金兵所到之处，百姓生灵涂炭，如此惨烈的灾难，给宋人留下了难以治愈的伤痛，也成为此后历朝志士仁人奋发图强的精神动力。

阶下囚：徽宗及其子钦宗

徽宗这批人从青城出发，分乘八百六十余辆牛车，凄风苦雨，长夜漫漫，由彼此语言不通的胡人驾车，一路凄凄惶惶，受尽屈辱折磨。徽宗一行来到浚州（河南浚县东）时，金兵拦住百姓，严禁观看，只许卖食物的人靠近。小商小贩们得知被囚禁的是徽宗，可怜他落入敌手，不知金人将如何处置他们，于是纷纷馈送炊饼、藕菜之类，不受其值而去，算是送给徽宗父子的饯行礼物，也是大宋子民忠心的朴实表白。金人为防止宋人劫夺徽宗，对他严加防范，日暮宿营时，以牛车的前辕相向，三面环绕，每面都有金兵防守。因战火破坏，自开封往北，皆是一片荒凉破败景象，食物十分匮乏，徽宗不得不沿途采桑葚充饥。四月十五日进入邢州（今河北邢台），连日风雨大作，宋俘饿殍满地，横尸遍野，景象惨不忍睹。

十六日，他们一行来到庆源府界的都城店（今河北内丘县南），燕王赵俣因途中乏食而饿死。徽宗闻讯赶来，扶尸痛哭。军中并无棺材，只能盛尸于石槽中，露出双脚。徽宗请求归葬中原，斡离不不耐烦地将手一挥，根本不容徽宗辩说，下令焚化尸体，携带骨灰前行。说完就径直离开。徽宗伏在骨灰盒上恸哭不已：兄弟慢走，我们九泉之下再相见吧。然而，比起那些被随意扔弃在荒野上的宋俘尸体来说，这已经是俘虏中最优待的葬仪。

二十三日，徽宗一行被押进真定府（今河北正定）城，这是由金兵完全控制的城市，斡离不异常高兴，特意与徽宗并辔从东门进入，前面有旗帜引导，上写"亡宋太上皇"字样。城中不少居民已不穿汉服，但知道是大宋天子，莫不痛哭流涕，这表明占领区的大宋子民对他们的君主还是有着深厚的感情，即便是在女真强权之下，他们也敢不加掩饰地表达自己质朴的情怀，毕竟他们曾经是宋人。斡离不也不计较，将徽宗安顿在静渊庄居住。

午饭过后，斡离不派人请徽宗等人去看打球。徽宗原本就喜欢踢球，高俅就是因为善于踢球而得到他的提拔和重用的，但如今已是阶下之囚，生死未卜，又不能违背掌握着生杀予夺大权的女真贵族的意愿，只好勉强前往。打完球后，斡离不要请徽宗写首打球诗，徽宗感慨不已，说我自退位以来，心绪不佳，早已不写诗词了。今天有幸蒙二太子（斡离不）厚意，非常乐意接受。在这冠冕堂皇的语言背后，显然是徽宗无奈无助的真实流露。徽宗提起笔来，用瘦金体写下一首七绝，"锦袍骏马晓棚分，一点星驰百骑奔。夺得头筹须正过，无令绰拨入斜门。"刘彦宗看后称赞不已，又用女真话翻译给斡离不。斡离不亦点头称好，并致谢徽宗，徽宗连忙作揖答谢。

二十八日，徽宗一行抵达中山府（今河北定县），斡离不又故意给这个已经废黜的天子以难堪，命徽宗喊话，劝守城的宋军投降。守将在城上痛哭流涕，但并不听命。五月十八日，徽宗一行终于抵达燕京，寓居延寿寺。随行官吏因不谙风土，饮食不时，至燕京时病者几半。

钦宗出发时，被迫头戴毡笠，身穿青布衣，骑着黑马，由金人随押，一副失魂落魄的样子，不但受尽旅途风霜之苦，还备受金军兵将的侮辱。钦宗每过一城即仰天号泣，情不能已，辄被呵止。夜晚宿营时，金兵将钦宗、祁王赵莘、太子赵湛及内人等手足捆绑在一起，以防逃跑。张叔夜自离京即绝食不语，每天以饮水为生。四月初十，到达前时宋、金的界河白沟，张叔夜听车夫说将过原来宋辽双方的界河，他不禁悲愤难以控制，惊惶站立，仰天大呼而死。五月下旬，过太和岭（今山西代县）时，钦宗等人都被捆绑在马背上。七月初十，钦宗也到达燕京，居住在愍忠寺。十二日，经多次请求，徽宗与钦宗在经历数月长途跋涉之后，终于相见。父子两人抱头痛哭，悲愤不已。

随徽、钦二帝北迁的女性在押解途中的遭遇尤为悲惨。她们除了要忍饥挨饿、风餐露宿外，还要克服身体的特殊状况（怀孕或月经），更要面对随时都会遭到押解金人的骚扰和侮辱。在北上途中，邢朱二妃、二帝姬就因坠马而损胎；徽宗妃嫔曹才人如厕时，被金兵乘机奸污。在徽宗到达真定府的当天晚上，金兵将领听说朱后和朱慎妃工于吟咏，逼迫朱后、朱慎妃为他们填词演唱，以助酒兴。两人心境极坏，但迫于金兵将领的威逼，只好顺从。其中朱后的一首为："昔居天上兮，珠宫玉阙，今居草莽兮，青衫泪湿。屈身辱志兮，恨难雪，归泉下兮，愁绝。" 短短数句已然将以前锦衣玉食的生活与现在阶下囚的痛苦描绘得淋漓尽致，更可叹的是，虽然这些宫中女性忍受身心的无比伤痛，但却不知何时方能报仇雪耻，这种生不如死的感受及悲惨处境更是无法排解，只好等待来生了。此后不久，朱皇后不堪受辱，自缢不死，又投水而毙。至于民间宫女，其命运更加悲惨。当抵达相州（今河南安阳）时，适逢大雨不断，车皆渗漏，宫女到金兵帐中避雨时又被金兵奸淫，死者甚多，徽宗长吁短叹，却无可奈何。这些亡国之俘整日以泪洗面，而金兵将领都拥抱妇女，享用好酒好肉，弹奏乐器，喜乐无比。两相对照，何止天上地下。

徽宗父子在燕京，当时音讯不通，女真人定然不会将南边战事告知被俘房的宋人，因此徽宗等人根本不知道康王赵构已于靖康二年（1127）五月初一日登基为帝，而派随行的亲信曹勋潜回南方，给赵构带去一件背心，衣领上有他亲笔写的"便可即真，来救父母"八个字，意思是要赵构自立为帝之后，设法来营救父母。徽宗还反复交待曹勋，若见康王，即告诉他有可清中原之谋，急举行之，无以乃父为念。且保守宗庙，洗雪积愤。赵构之母韦贤妃也附上书信，要赵构"早清中原，速救父母"。赵构之妻邢夫人脱下金环交给曹勋并转给康王，希望如同见到所捎金环一样尽早团聚。此后有一天，徽宗从一张包茴香的黄纸上看到建炎（高宗赵构第一个年号）赦书，才得知赵构已经即位，他为此异常兴奋和激动，这是被俘以来少有的心境，于是他大发感慨，茴香也就是"回乡"，这难道不是天意吗？在徽宗看来，是上苍要他回归故国，他盼望着儿子赵构即位后，能够重整河山，再造社稷，救其父兄于苦海之中。然而，这只是徽宗的一厢情愿罢了，其子赵构只盘算如何保住自己的皇位，而不愿其父兄归国，徽宗的回乡之梦最终化为泡影。

徽宗原以为生活可以就此安定，但燕京还不是他苦难生涯的终点。九月十三日，金人又因南宋势力渐强，怕宋人夺回徽宗父子，而在同南宋的交涉中失去讨价还价的筹码，便将徽宗父子迁往更远的中京

(今内蒙古宁城西大明城)。这样，徽宗父子不得不再次承受颠沛流离之苦。十月十八日，徽宗等人到达中京。这里距燕京九百五十里，原为辽朝中京故城，此时这里荒凉残破，已不复有当年那种熙熙攘攘的繁荣景象了。

建炎二年 (1128) 七月下旬，传闻河北义军打算攻占真定、中山府等地归宋，徽、钦二帝本不知情，金人却怀疑他们父子插手此事，决定再将他们迁徙到上京 (今内蒙古巴林左旗南)。经过一个来月栉风沐雨的长途跋涉，八月二十一日，徽宗、钦宗等人抵达上京。第二天，金太宗便把韦、邢两位夫人及帝姬、王妃等招入自己的行帐之中，据为己有。二十四日黎明，金太宗命徽、钦父子拜祭阿骨打庙，这被称为献俘仪，实际上是以此羞辱北宋君臣。金人命二帝、二后除去袍服，余人皆令脱去上衣，身披羊裘，腰系毡条，入庙行牵羊礼，然后又逼着徽、钦父子到乾元殿，跪拜金太宗。次日，金太宗封徽宗为昏德公，钦宗为昏德侯。这原本是中原皇帝玩过的把戏，隋文帝灭陈，封陈叔宝为长城公；宋太祖灭南唐，封李煜为违命侯。

这年十月，金人决定再把徽宗父子及诸王、驸马、内侍、一部分宫眷迁往韩州 (辽宁昌图县北八面城南)，共计一千八百余人。他们经过两个多月的艰难跋涉，于十二月二十六日到达韩州，其中有过半人因贫病交加而死于途中。金人给田四十五顷，命令他们耕种粮食，自给自足，这对于徽宗父子这种不知稼穑艰难的人而言，其生活自是格外辛酸。

建炎四年 (1130) 七月，金人又将徽、钦二帝赶至荒凉偏僻的边陲小镇——五国城 (黑龙江依兰县)。徽宗请求多带一些随从，却被金人断然拒绝。一个曾经威震八方的天子沦落到如此地步，个中滋味，大概只有徽宗能够真切地体会到。徽宗自离开开封，历时四载，途经燕京、中京、上京、韩州，最后流落五国城，惶惶如丧家之犬，漂泊万里，栖止无定，至此才算有个落脚之地。他们从此就居住于此，直至去世。

生活稍稍安定后，徽宗又有了读书写诗的雅兴。徽宗喜好读书，有时竟达到废寝忘食的地步。有一次，他读了《唐书·李泌传》后，知道李泌为国尽忠，复兴社稷，后任宰相，被奸佞嫉恨。徽宗读后感触颇深，并令大臣抄写一份，赐给韦后。然而，徽宗对这一切醒悟得太迟了。

在五国城期间，徽宗还偶尔与钦宗在宴会上饮酒赋诗，自然是寄厚望于高宗。徽宗平生爱好写诗，再加上做囚徒的伤感，自然流溢于诗词之中。被流放期间，徽宗写诗较多，但流传下来的仅有十几首。其中，《在北题壁》这首诗流传最广："彻夜西风撼破扉，萧条孤馆一灯微。家山回首三千里，母断天南无雁飞。"徽宗孤独、凄凉之感跃然纸上。另外，列入《宋词三百首》第一首的《宴山亭》也比较有名："裁剪冰绡，轻叠数重，淡着胭脂匀注。新样靓妆，艳溢香融，羞杀蕊珠宫女。易得凋零，更多少、无情风雨。愁苦，问院落凄凉，几番春暮？凭寄离恨重重，者双燕何曾，会人言语？天遥地远，万水千山，知他故宫何处？怎不思量？除梦里有时曾去。无据，和梦也新来不做。"这首词曾被王国维称为"血书"，相思极苦，哀情哽咽，令人不忍卒读。这使人很容易联想到李煜。徽宗和李煜有着惊人的相似之处，在艺术上都颇有成就，擅长书法、绘画、诗词；在政治上都是昏聩之君、亡国之君，连最后结局也大致一样，李煜被宋太宗毒死于开封，徽宗在囚禁中病死五国城。两人命运如此相似，无怪乎后人传说徽宗脱胎于李煜。

徽宗在五国城生活了三年，于绍兴五年（1135）四月二十一日一病不起，魂归道山，终年五十四岁。他终于结束了忍辱偷生、俯仰由人的囚禁生涯，带着无限的遗憾、愤懑和迷惘，客死异乡。钦宗异常悲痛，身心受到沉重打击。绍兴十二年（1142）三月，宋金关系有所缓和，韦后由五国城归宋。她离开时，钦宗挽住她的车轮，请她转告高宗，若能归宋，自己当一太乙宫主足矣。高宗担心其兄回来后威胁自己的帝位，表面上高喊迎回徽、钦二宗，内心却巴不得他们客死异域，因而他终生都在与金人议和，根本无心恢复中原。

绍兴二十六年（1156）六月，五十七岁的钦宗病死。然而，直到绍兴三十一年（1161）钦宗死讯才传到南宋。高宗表面上痛不欲生，内心却暗自高兴。七月，上谥号"恭文顺德仁孝皇帝"，庙号钦宗。

李纲与宗泽：

—————————— 时代悲剧的演绎者

李纲：英雄无用武之地

先前钦宗与金人议和时，李刚因主战阻挠和议，被贬出京城任扬州知州，后再贬到宁江，英雄无用武之地。等到开封再次被围，钦宗追悔莫及，再召李纲为开封府尹，命令他召集东南军队入援勤王，却为时已晚。李纲接到诏命后迅速北上，还未赶到而京城已经失守。

建炎元年（1127）五月初一，康王（赵构）即位当天，就任命他的亲信黄潜善为中书侍郎，汪伯彦为同知枢密院事，同为执政大臣，重建宋王朝。而在国家危难之际，朝野呼声最高的却是李纲，一切有识之士都认为只有李纲方能担当起救国的重任。高宗即位前，对李纲的为人很是推崇，还亲自给李刚写信，当今国难当头，人民处于水深火热之中，非旷世奇才不足以拯救。在此，赵构显然是将李纲视为国家栋梁之材，有能力力挽狂澜，支撑宋朝危难之局。然而，反对李纲为相最为猖獗者，正是黄潜善、汪伯彦，他们指责李纲喜好用兵，如果召用，恐怕金人不高兴。但高宗迫于形势，力排众议，任命李刚为相。

高宗之所以尚能做中兴之君，与他在危机之时尚能重用贤能正直之人不无关系。

李纲得诏后，在赶往行在的途中就上疏劝高宗要效法汉高祖、光武帝、唐太宗和本朝的太祖、太宗皇帝，励精图治，方能成为兴衰拨乱之主。明成祖朱棣有一次在看完宋朝历代皇帝的画像后做了这样的评价，除宋太祖、太宗外，其余都是秀才皇帝。他还进一步展开评价说，除太祖赵匡胤外，其他的皇帝都清瘦如太医。在明成祖看来，宋朝皇帝都太文弱了，与他五入大漠，率军横扫蒙古残余的气魄与胆识根本无法相提并论，朱棣当然有充分的理由讥讽两宋历代皇帝。宋代君主标榜与士大夫共治天下，经常受朝臣左右，宛如秀才。正因为如此，在国难当头之际，李纲首先要做的就是激励皇帝本人鼓起勇气去谋划复兴大业。

六月初一，李纲从被贬的南方赶到行在南京应天府（今河南商丘），入见高宗，谈及国事，不禁痛哭流涕，高宗大为感动。鉴于当时国是艰难，环境恶劣，李纲自称愚陋无才，不足以任宰相之职，若为宰相，必招致金人厌恶，力辞相位。高宗极力挽留，李纲遂以唐明皇时期的宰相姚崇为例，上疏十事，恳请高宗施行，否则不就相位，这实际上是以退为进，逼迫赵构振作起来，采取实际行动，也表明李纲经历北宋末年的变故后，在政治上已变得更加成熟。

这十事主要内容为，第一，"议国是"，研讨对金政策。他主张能守而后可战，能战而后可和，应先自立，而后方可出兵讨伐金人，雪靖康之耻辱，争取徽、钦二帝不等迎请而自回。南宋立国不久，政事未修，军队士气低沉，在短时间内击败金军显然是不可能的。针对这种情况，李纲认为关键在守，蓄势待发，等国力强盛，再谋划复兴，这无疑是根据宋金力量对比而提出的审时度势的正确决策，既反对轻率冒险，也反对卑躬屈膝，一味助长女真贵族的嚣张气焰。第二，"议巡幸"，即定都何处的问题。黄潜善、汪伯彦等人主张放弃故都开封，把都城迁到有长江之险可守的建康（今江苏南京市）。而李纲则认为开封是宋朝"宗庙社稷之所在，天下之根本"，高宗应当返回京师抚慰人心，若京师真不可留，上策应以长安为都城，次为襄阳，再次建康。第三，李纲认为，张邦昌身为国家大臣，不能以死守节，而迫于金人的淫威易姓改号，请求高宗严惩张邦昌以维系纲纪，并且要高宗惩处对金卑躬屈膝的官员，鼓舞士气，振奋人心。第四是"议守"，李纲主张沿黄河、长江、淮河一带措置，以控制要冲。这一点无疑是正确的。新兴的塞外民族，骑兵异常快捷灵活，最担心大江大河的阻隔。后来的蒙古铁骑远征欧洲，但却越不过金人的黄河防线，必须与宋联合借道荆襄以攻河南。蒙古灭金后与南宋作战，正是因为江淮的阻隔，所以才不惜花费数十年之力，绕道四川、云南以攻南宋。北宋末年，金兵南下，阻挡金人的黄河天堑居然无人防守，金军没受阻挡，直奔开封。金人得意之余，却还是感到侥幸，宋朝可谓无人，若派一两千人守黄河，我们怎能渡过？如此惨痛的教训使李纲认识到防守江河的重要性。后来南宋退守江淮，沿长江措置四大镇，仍是此项策略的延续。

此后，李纲又兼任御营使，提出一系列军事计划，于河北置招抚使，河东设经制使，选择有才略的大将充任，负责宣谕朝廷恩德，招抚前方军民。并举荐名将张所为河北招抚使，王燮、傅亮为河东经制使和副使，负责谋划收复河北与河东失地。

当时开封府尹缺官，李纲又举荐老将宗泽留守东京。宗泽于六月初一途经应天府，入朝觐见高宗，恰逢李纲也在。据称他朝见高宗时，泪流满面，哽咽得不能说话，高宗亦为之动容。宗泽当年六十九岁，实际上比李纲年长一辈，他们的相见可能是平生唯一一次。宗泽在谈话中，怒斥黄潜善和汪伯彦，但无形中也批评了高宗。显然，高宗并不高兴，改任他为青州知州。直到李纲力陈恢复旧都，非宗泽不可，高宗才同意任命宗泽为开封知府。在皇帝本人不敢回京师的情势下，这个职位无疑成为当时最危险、最重要的外任差遣。这位孤独的将领抱定鞠躬尽瘁、死而后已的决心，前往开封赴任。他在一首诗中描绘了当时的心情："涕泣收横溃，焦枯赖发生。不辞关路远，辛苦向都城。"

应该说，李纲是颇具战略眼光的政治家，他提出的方针、策略也有很强的针对性、可操作性，无疑也是匡扶宋朝的最佳选择。经过他的一番精心整顿，以高宗为首的南宋朝廷才有初步规模，李纲也成为朝廷的主心骨。李纲制定的政策和措施，也表明他深谋远虑，有大气魄。然而黄潜善和汪伯彦十分忌恨李纲，在阻止李纲执政未果后，却以种种借口，百般阻挠李纲大政方针的贯彻实施，高宗对此则是默许的。高宗最信赖的不是李纲，而是黄潜善和汪伯彦以及一些原在康王府的宦官。这些人围绕着天子，构成了高宗朝初期政治的核心集团。

在局势稍微安定后，经黄潜善和汪伯彦私下劝说，高宗又生苟且偷安之心。他遂下诏欲巡幸东南以避敌，这自然遭到李纲的坚决抵制。高宗被迫暂时地、极不情愿地收回巡幸东南的诏命，实际上却加深了对李纲的厌恶感。当初，李纲请求高宗严厉惩罚北宋末开封城中降金的官员，尤其是伪楚皇帝张邦昌。而高宗及黄潜善、汪伯彦一伙因害怕得罪金人，失去同女真贵族联系投降事宜的桥梁，就撇开李纲而未施行。李纲对此态度强硬，坚持要求高宗严惩张邦昌以快人心，高宗只好部分同意李纲的要求，将张邦昌降职流放，后又处死，还贬黜了一批官员，处斩了宋齐愈等人。此时，高宗已对李纲的坚持斗争感到十分厌烦，不仅不支持他，反而同黄潜善、汪伯彦一道相互表里，破坏李纲抗金。

建炎元年（1127）八月，李纲升为左相，黄潜善为右相。左、右相并命，高宗此举显然是为了束缚李纲的手脚。尽管李纲向高宗陈述君子与小人不可并列之理，用人不疑，疑人不用，但是高宗表面上敷衍搪塞安慰李纲，实际上却重用黄潜善等人。随着双方矛盾的加深，黄潜善又唆使其同党张益谦诬蔑李纲，说自设立河北招抚司以来，盗贼日益猖獗，要求撤销张所的河北招抚司。而河东经略副使傅亮出发才十多天，汪、黄二人却已经诬蔑他停滞不前，贻误战机。他们这样做，无非是打算维持放弃两河广大地区的既定政策。尽管李纲据理力争，但高宗仍然下令罢免傅亮，李纲只好请求离去。这时专好攻诘强臣的张浚，因为自己与宋齐愈关系深厚，又是黄潜善的门客，也上疏弹劾李纲专权、擅杀，要求罢免李纲。

事已至此，李纲感到在朝廷已不能有所作为，不得不再次请求辞职，这也正好中高宗下怀，于是李纲在担任宰相七十五日后罢为观文殿大学士，更被强加了擅朝误国、狂诞罔悛等莫须有的罪名，这无异于终结了李纲的政治生命使他再也无法施展才能，更谈不上受到高宗信任和重用了。李纲罢相后，他所规划的内政外交尽被废罢，令军民大失所望。

著名的群众爱国运动领袖陈东和布衣欧阳澈，与李纲素不相识，为忠义所激，伏阙上书请求朝廷挽留李纲，罢免黄潜善和汪伯彦，其措辞非常激烈，这也是陈东第二次为李纲上书。陈东，字少阳，哲宗元祐元年（1086）生于江苏镇江，自幼聪明有志气。宣和七年（1125）十二月，他就曾带领太学生接连三次向刚刚即位的钦宗伏阙上书，言辞激烈，指斥徽宗旧臣蔡京、王黼、童贯、梁师成、李彦、朱勔为"六贼"，并请求钦宗诛杀此"六贼"以谢天下。奏章洋洋洒洒数千言，详尽地揭露了"六贼"的罪恶，鞭辟入里，痛快淋漓。他敢言人之所不敢言，发人之所不敢发，确实需要很大的勇气和魄力，朝野奔走相告，赞誉不已。第一次开封保卫战时李纲被罢，陈东就曾领导了声势浩大的爱国群众伏阙上书运动。虽然陈东的动机是忠君爱国，但已引起宋钦宗对李纲的猜忌，高宗也对伏阙上书一事深恶痛绝，他曾恶狠狠地说过"倘若再有伏阙上书的事情，我一定命令军队全力搜捕，将他们一一处死"。加之黄潜善等人乘机谗言相加，若不速斩陈东等人，他们将再次鼓动百姓伏阙上书，胁持天子。在他们看来，伏阙上书的群众爱国运动无疑是对君主权威的巨大挑战，这是专制君主绝对无法容忍的。结果可想而知，赵构不惜违背宋太祖赵匡胤规定的"不得杀士大夫及上书言事人"的誓约，将陈东、欧阳澈残酷杀害，闻者无不流涕。这年的十月份，高宗终于带着他的宠臣们逃到了扬州，宋廷也由此移向南方。

李纲失势后，张浚等人继续对其进行打击迫害，因而他被一贬再贬，最后被责授单州团练副使，安置在万安军，文臣被贬任此职，在宋代无疑是极大的耻辱，与苏轼被贬为黄州团练副使一样，李纲被流放到当时极度荒凉的海南岛。直到建炎三年（1129）十一月，这位昔日的宰相才被允许返回福建家中，这是主张抗金得罪高宗所付出的代价。宋高宗在位达三十六年之久，在此期间，有的宰相可以罢而复用，偏偏深孚众望、才华横溢的李纲再也没有被起用过，这不能不说是一种不幸。

然而，李纲并没有消沉，在后来担任地方大员期间，他时刻关注政局走势，不断上疏规劝高宗放弃苟且偷安之心，以图中兴。尽管李纲的议论很有见地，切中时弊，但是高宗君臣根本听不进去，还加深了对李纲的厌恶感，拳拳报国之心，终难实现。当宋高宗全力支持秦桧压制抗金热情、倡导和议后，这位为抗金斗争几乎奋斗终身的老人便不再上奏，他彻底绝望了。他在晚年的一首诗中写道："回头睨中原，郡国半沙漠。犬养污宫殿，蛇豕穴城郭。畴能挽天河，一洗氛祲恶。"充分抒发了他壮志难酬的苦闷。绍兴十年（1140）正月，李纲去世，享年五十八岁。

然而，李纲死后却没有得到谥号，古人看重谥号，是因为谥号是朝廷对一个人一生的评价和盖棺定论。而与李纲形成鲜明对比的是，较他晚死一年的汪伯彦除了获赠丰厚外，还得到了"忠定"的谥号，从丧事的不同礼遇可以看出，高宗对李纲的嫌忌颇深。直到李纲死后五十年，他才得到了孝宗皇帝在退位前赠给他的谥号"忠定"。耐人寻味的是，李纲最后得到的谥号竟然与与汪伯彦相同，都是"忠定"，与此等人相提并论，无疑是莫大的羞耻和政治讽刺，但无论如何，至少可以安慰李纲在九泉之下的魂灵。

宗泽：出师未捷身先死

李纲主政之时，力举宗泽担任开封留守。与李纲一样，宗泽也是南宋初年力主练兵防河、恢复中原的重要官员。令人惋惜的是，这位不顾自己七十高龄，为抗金斗争顽强奋战的老将难酬壮志，只能抱恨九泉。

宗泽（1060—1128），婺州义乌（今浙江义乌）人，字汝霖，元祐六年（1091）进士。他一生潦倒不得志。蔡京当国时，他被迫辞官引退，居住在东阳（今浙江东阳市）的山谷里，但却关心国事，做大名馆陶尉的职务时即以"国尔忘家"著称。靖康元年（1126）知磁州（今河北磁县），缮城治械，招募义勇，阻挡金兵南下。康王赵构赴金求和，途经磁州，被他劝阻，遂回相州（今河南安阳），开大元帅府，宗泽任副元帅。金兵第二次围攻开封时，他起兵勤王，率军救援京师，孤军奋战，获开德、卫南之捷，与宋高宗一伙的表现截然不同。从知磁州到解救开封，前后不过一年，一个年近七十岁的老人转眼之间威震南北，而且是并不精通兵法的文臣，不能不说是一个奇迹。建炎元年（1127）六月，以其鲜明的抗金立场，被李纲荐于高宗，担任东京留守。

开封这座曾经闻名于世的繁华都市，经过金兵的洗劫，已是满目疮痍、残破不堪。开封不但受金兵威胁，形势危急，而且城内贼盗如毛，各路勤王兵又缺乏统一指挥，军纪松弛，整个开封城的社会秩序混乱不堪。宗泽赴任后，立即着手整顿开封秩序，恩威并用，以恩信招抚群盗，处死一批曾勾结金兵抢掠残害百姓的恶棍，严肃军纪，使开封城的秩序逐渐恢复。

当时开封城军队数量不多，又多是临时招募来勤王的乌合之众，战斗力低，针对这种情况，宗泽就把注意力放在团结中原地区的抗金义军方面。此时，河东人王善拥众七十万，战车万乘，欲占据东京。宗泽只身一人驰往王善营地，哭泣着规劝王善，认为朝廷正处于危难之时，若有一两个像你这样的人，还至于有敌患吗？现在天子力图中兴，正是大丈夫建功立业之时，为什么甘心自弃呢？王善深为感动，立即解甲归顺。宗泽又派人招抚杨进、田再兴等，拔岳飞为将，修武备，储粮食，在广大民众中树立了极高的威望。云集在开封一带的义兵，有一百八十万之多，一时军势大振。在宗泽的悉心经营下，只用了四五个月的时间，开封就完全改变了宗泽刚到时那欲战无兵、欲守无粮的窘况，成为抗金斗争前线的一个坚固堡垒。无怪李纲向高宗举荐宗泽时，曾说过这样的话：要想恢复旧都，非宗泽不可。这是对宗泽本人能力的高度肯定。

对宗泽措置开封防线的最大考验，是建炎元年（1127）冬至二年（1128）春金的大举入侵。金兵分三路南下，矛头直指开封。在此次进攻中，金将兀术自东面指向开封，宗泽命部将刘衍等迎战，又选数千精兵绕于敌后，前后夹击，打败兀术。金将粘罕虽然夺取了一些州县，但在西京与宗泽的对阵中遭到挫败，根本无法逼近开封城，金兵从此不敢再逼向东京。宗泽经营的开封防线，经受了严峻的考验。

此时，高宗已放弃中原，远走扬州，面对金国两员虎将，宗泽沉着指挥，孤军奋战，屡败强敌，与靖康元年（1126）开封陷落，皇帝被俘，形成鲜明的对比，以雄辩的事实证明了宗泽的军事成就，金兵并非不可打败。此后，这位卓越的将领屡败来犯之敌，金人对宗泽颇为畏惮，称他为"宗爷爷"。另一方面，宗泽又积极着手北伐事宜，准备恢复两河失地。

当时的两河地区人民因不堪忍受金兵的烧杀抢掠，纷纷起兵抗金，保卫家乡。许多地区的人民组成义军，投入轰轰烈烈的抗金斗争。其中最著名的有河北路的八字军、五马山寨义军、河东路的红巾军等。一时间，两河大地的抗金斗争风起云涌，宗泽也深知人民抗金武装的力量，派人联络两河地区坚持抗金的义军，还积极加以声援。经过宗泽的不懈努力，两河广大义军也纷纷与宗泽联系，逐渐接受宗泽的指挥，声势浩大。鉴于抗金形势的好转，宗泽不断上疏请求高宗还都开封，主持北伐大计。宗泽自建炎元年六月到开封任东京留守，至建炎二年七月去世，在其生命的最后一年内，前后给宋高宗上了二十四个要求回銮开封的奏疏，这就是有名的二十四道《乞回銮殿》。

此时，高宗正在扬州同他那一帮宠臣一起过着苟且偷安、醉生梦死的生活，对宗泽的上疏只是优招抚慰，并不诚心听纳。宗泽的上疏也尽被黄潜善、王伯彦所扣押。黄、王二人反而讥笑宗泽不识时务、不知利害。宗泽在其中一疏中感慨道：我已七十高龄，早该退休了，以享受天伦之乐。但我之所以不顾年迈的身躯，不是贪恋官位，而是为徽、钦二帝被女真人俘虏，陛下又在外受苦受难。我唯恐耽误时机，使朝廷失去祖宗所创下的大一统的局面。他甚至说如果自己有丝毫误国大计，甘愿以一子五孙的性命谢天下，拳拳报国之心，溢于言表。宗泽想以其一腔忠愤，激起高宗有所作为，变成扫荡胡虏的神勇皇帝。

但这一点是他过分地奢望了，高宗一伙置若罔闻，并对宗泽在开封的抗金部署动辄掣肘，百般阻挠。北宋后期的一大弊病就是将在外，每每为朝中执政猜忌，亦成为宋朝武功不振的重要原因。宗泽作为文臣，在开封招抚群盗，训练兵马，声威日著。此时执政黄潜善、汪伯彦亦怀疑宗泽有叛变之心，遂派侍卫马军都指挥使郭仲荀为东京副留守，以监视宗泽的行动，显然这是他们妄加猜测，而这样做无非是出于对宗泽声威日著的妒忌。宗泽的悲剧，就在于他以风烛残年之躯不仅要为指挥抗金战争而宵衣旰食，还要在李纲罢相，朝中失去支持的情势下，必须付出极大的精力应付朝廷无端的刁难和指责。时势造就的这位老英雄，却被时势更残酷地折磨着，直至生命的最后一息。

到建炎二年（1128）五月，宗泽上了最后一份请求回銮开封的奏疏后，便不再上奏。宗泽看着自己恢复中原的计划难以实现，不觉悲愤交加，终于积忧成疾，疽发于背，于七月初一病死。临终前，他对前来探望的诸位将领沉痛地说：我以二帝蒙尘，悲愤至此，你们若能歼灭敌寇，那我死而无恨！众位将领无不感慨涕零，连连应诺。当前来探望的将领们退出后，宗泽心潮澎湃，不觉吟起杜甫的诗句："出师未捷身先死，长使英雄泪满襟！"直至断气，也无一句言及家事，连呼三声"过河"而死。

在国难深重的时候，宗泽的死无疑是南宋巨大的损失。他去世当天，东京人士无不恸哭，千余名太学生为文哭奠。朱熹追述当时的情景：宗泽去世，刚入棺，士兵便蜂拥而入，吊祭三日不绝，大厅也摆满了无数祭品，如此深得军心民心！李纲在挽诗中也发出了"梁摧大厦倾，谁与扶穹窿"的哀号。而宋高宗获悉此事，喜不自禁，得意洋洋地表示，黄潜善与汪伯彦分任左右丞相，国事何须担心？看来赵构已打定主意是要依靠这些人了。

宗泽既死，高宗派投降派的杜充继任东京留守，此人冷酷而无谋略，一改宗泽所为。于是豪杰离心，前被宗泽招抚的义兵也因不满杜充的倒行逆施而纷纷散去，宗泽苦心经营的开封防线不再是不可逾越的，开封已丧失抵御金兵的能力。从此，金兵大举入侵江淮，再也没有后顾之忧了。

李纲是福建邵武人，宗泽是浙江义乌人，均为东南忠义之士，李纲运筹帷幄于内，宗泽领兵御敌于外。二人伐金雪耻之志虽未实现，但却是南宋初年苦撑危局的关键人物。他们的悲剧，是个人的悲剧，更是时代的悲剧。

臣子

遗恨

秦桧：

——————————— 靖康之难后遗症

忠奸之间：从主战派到主和派

靖康二年（1127）二月初六，金朝废除徽、钦二帝，强迫宋朝统治集团成员推选出一个傀儡皇帝。事实上，早在靖康元年（1126）金兵攻破东京（今河南开封）时，宋钦宗无奈献上降表，希望金人能让他继续做皇帝，管理宋朝的领土，而他一定向金朝称臣。当时，金军副元帅完颜宗翰（粘罕）等人也强烈地意识到，出于各方面原因，女真人暂时无法对北宋疆土实行直接而有效的管理。因此，必须找一个合适的人来统治北宋旧地。而金军另一副元帅完颜宗望（斡离不）则提出了划黄河而治的方法，即金人直接管理黄河以北地区，再找一个受金人控制的汉人来管理黄河以南的宋朝土地，这样可以尽快稳定北宋统治区。但是，宗翰和宗望都不同意由赵姓皇族来做这个傀儡，担心他们出尔反尔，不守信用，这实际上便意味着不能保住宋徽宗、宋钦宗的帝位，赵宋王朝必须灭亡。

当金朝欲废二帝、另立皇帝的消息传开后，宋朝大臣孙傅、张叔夜等人急忙上书，要求保住宋钦宗的帝位，但金人不予采纳。孙傅、张叔夜只好妥协，请求在赵氏皇族中选立一人，但金朝已决定选择力主妥协、深得金人欢心的宋朝前宰相张邦昌。得知此事，东京民众郭铎带头上书乞求立赵氏，孙傅、张叔夜也接二连三地与金人交涉，极力要保住赵氏皇族龙脉，甚至连将来做属国也在所不惜，只求皇帝不换姓。不过，金人的态度极为强硬，他们不仅不理会孙、张、郭等人的提议，还颁布命令，如有敢不从命者，以军法处置。金人令当时的东京留守王时雍将百官和军民召集至秘书省，关闭大门，让手持武器的士兵站在四周。然后，王时雍带头在立张邦昌的议状上签名。太学生们坚决不从，当场反对，王时雍和部下范琼便厉声呵斥。面对金人的胁迫，许多人都屈服了，他们含泪签字，欲哭却不敢出声。但仍有很多人表示反对，御史中丞秦桧便是其中的代表人物之一。

秦桧（1090—1155），字会之，江宁（今江苏南京）人。政和五年（1115），秦桧进士及第，开始了他的宦海生涯，至靖康二年（1127），他已升为御史中丞。较之徽宗、钦宗父子等人对金朝的妥协和退让，秦桧抗金的态度此时是很坚决的。早在靖康元年（1126）正月，金军攻东京，派使者来索取河北三镇（太原、中山、河间府并属县镇及以北州军）及岁币。河北三镇是宋朝北边的屏障，历来有"得河北则得天下"之说，若将三镇割让给金人，则金人要夺取东京易如反掌，北宋王朝必定面临灭亡的危险。因此，割地之事遭到了许多大臣、学生和军民的反对。秦桧当时担任正九品的太学正，对割地之事也极为不满。他上书皇帝指出，金人贪得无厌，不能割地示弱。但关于燕山路，他认为是从辽朝手中夺得的，可以还给金朝，而岁币只能按照当初给辽朝的数目给金朝，同时，应由百官集体商量，选择能担当大任的人去处理割燕山及纳岁币之事。秦桧还认为，女真人阴险狡诈，宋朝应尽快派兵退敌，防守之事刻不容缓。他甚至还要求金使住在东京城外，不能进城，更不能上朝殿。秦桧的这些见解与当时主战派的意见大体一致，但因为官微言轻，并未被采纳。

后来，宋钦宗派张邦昌为河北割地使，并命秦桧为属官，一起处理割地之事。秦桧三次上书要求辞去这一职务，在他看来，若专为割地之事，与自己力主抗金之本意相互矛盾，非他本心，态度之坚决可见一斑。靖康元年（1126）八月，金人再次南下。宋钦宗茫然不知所措，朝中对是否割让三镇也形成三派不同的意见，以范宗尹为首的一批人认为，只有割让三镇才能保住江山，他们甚至还伏地痛哭，请求钦宗割地以解兵祸。陈过庭、何栗、曹辅、李若水等一批人坚持认为，不能割地，只有抗战才能拯救国家，秦桧也是其中之一人。还有一些人对敏感的割地问题模棱两可，属于典型的骑墙派官员。后来，宋钦宗决意割地赔款，明知道无法改变朝廷要与金人妥协的现实，但秦桧与孙傅等人仍坚决反对割地的决定。

由于秦桧对金朝一直持强硬态度，因此，得知金朝废除赵氏而立张邦昌，秦桧便与其同僚联名上议状反对，竭力抨击张邦昌，其目的是使他声誉扫地，无法稳定社会秩序。他们指出，张邦昌在徽宗时便长期参政，伐燕败盟，他都参与了，若册立他为帝，一旦金人北撤，宋人必将群情激昂，那时，无辜百姓就会遭受战乱之苦。他劝金人选择一位未曾参与策划和背弃盟约的赵氏皇族为帝，使其做金国藩臣，这样就没有人有理由可以反对了。秦桧是站在金人的角度分析利害，以求保住赵氏的帝位，这在当时未必不是一种可行的策略，不过他的意见未被完颜宗翰等人采纳，还被以违反禁令为由拘留，成为金人的俘虏，被押北上。然而，在秦桧的这篇议状中，也能看出他对金朝态度的一些变化。在此之前，秦桧对金态度极为坚决，力主抗战，但此处已有做金国藩臣的想法，虽与当时的形势有关，却是秦桧对金态度的一个重大转变。建炎四年（1130），秦桧辗转回到南方，当政后，便一味地实行妥协投降政策，为了沽名钓誉，他竟然将这篇仅两百余字的议状演绎成一篇近两千字的长文，借以捞取政治资本和贤臣的美名，全然不再有当初主战派的踪影。

秦桧的态度之所以能发生如此巨大的变化，大概与他的性格和经历有关。秦桧并非出身名门，曾祖与祖父均未做过官，父亲秦敏学进士出身，先后担任一些地方官，以清白著称，但在秦桧幼年时便已去世。秦敏学去世后，秦家几乎失去了经济来源。于是，秦桧与弟弟秦梀只好随母亲投靠舅父王本。王本与当时尚未做官的汪伯彦交往甚密，秦氏兄弟都曾在汪伯彦门下学习。汪伯彦后来在建炎时官至宰相，也是力主妥协投降，全力打击主战派，后因专权误国被罢官。秦桧当政后对汪氏一族颇为照顾，显然有报答汪伯彦早年施以援手的意思。至于秦桧后来的政治主张是否来源于授业之师，就不得而知了。

秦桧的青少年时代是在相当窘迫的境况下度过的。少年时，曾为了几千文钱向一富人求贷，但遭到拒绝，富人的门客当时出于好心，便给了他两匹绢。这对穷困潦倒的秦桧而言，无异于雪中送炭，此门客的行为与其主人的冷漠相比，自然令秦桧铭刻于心。这个门客后来便是秦桧的姻亲曹泳，曹泳在秦桧当政后，仗着秦桧的势力，嚣张跋扈，成为秦桧死心塌地的奴仆，这大概是秦桧投桃报李的缘故，当初曹泳恐怕万万也不会想到，两匹绢居然会换来如此丰厚的回报。秦桧还因家穷无法雇车，只能步行到京师求学，中途遇大水，桥断不能过，他只得寄食在一个私塾先生家，甚是凄苦。这些事情若非万不得已，对于一个读书人来说，是极伤自尊的。由此看来，秦桧考中进士之前相当长时间是寄人篱下的，这种生活对秦桧性格的形成显然是有很大影响的。

家境的贫寒使得秦桧少年老成，性格中多了些狡黠和干练。秦桧在太学读书时，博闻强识，文采出众，又善于办事，同学都称他为"秦长脚"。这个外号表明，秦桧在太学时，为人热情，腿脚勤快。因而，每逢同学之间出外聚会游饮，都由秦桧负责相关事宜，而他都处理得很妥帖，看来他在同学中八面玲珑，人缘也很好。通过这些努力，他有可能建立起一张将来可资利用的关系网络。秦桧还做过教书先生，教授幼童学业，曾写有"若得水田三百亩，这番不做猢狲王"的诗句，表示自己不安现状，想有一番更大的作为。

但当秦桧步入仕途时，恰逢北宋末年政治腐朽、内困外扰，面临何去何从之际。宋代士大夫素来有怀抱天下的大志和爱国的热忱，对于刚入仕途的秦桧来说，他同样抱着以天下为己任的雄心壮志。他在靖康元年力反割地时正任太学正，而太学生的爱国激情尤为高涨，他们伏阙上书，指斥奸佞，这种情绪无疑会感染身居其中的秦桧。同时，在他为官的最初十几年间，因官职低微，也较多接触到民间疾苦和民意，秦桧心中自然会对政治有所期望，加之亡国的屈辱冲击着当时的每个人，故而，对割地和废立之事，秦桧才会反应如此激烈。

靖康二年（1127）二月，秦桧被俘。三月，被押解北上，于建炎四年（1130）十月南归。秦桧南归后，立即实行妥协投降政策，得到宋高宗的赏识，其变化之彻底或许可从他在这几年中的经历揣摩出某些头绪。

北上途中，肉体和精神上的痛苦折磨着每一个被俘的宋人，秦桧自然也不例外，他先随徽、钦二帝到了燕山，后又随他们到韩州（今吉林四平市北）。一路所见所闻，尤其是徽、钦二帝的经历，昔日贵为天子，今日却被人肆意侮辱，如此天上地下的巨大落差，对沦落为阶下囚的秦桧无疑是致命的打击。建炎二年（1128）夏天，赵构称帝的消息传到被囚的宋徽宗耳中，宋徽宗以为增加了与金朝和谈的筹码，便写信给宗翰商议和约之事，并让秦桧修改。秦桧得令后，大力润饰议和书，献书给宗翰，并重金贿赂。秦桧在这份议和书中，借徽宗之口大谈"南自南，北自北"的论调，深得宗翰欢心。宗翰由此颇为赏识秦桧，不仅赐他钱万贯、绢万匹，还亲自引荐，让金太宗得见秦桧其人。金太宗竟然也十分赏识秦桧在废立事件中表现出的气节，便将他赐给弟弟完颜昌。完颜昌见秦桧得到金太宗和宗翰两人的赏识，知他绝非庸才，一定在某些方面有过人之处，也十分钦佩他，并加以重用。此后的两年中，秦桧的所作所为鲜见于史乘，只说他担任完颜昌的幕僚。不过，金军主将完颜宗弼曾宴请过秦桧，当时酒宴上陪坐的都是金朝显贵和他们的姬妾，这表明秦桧似乎颇得女真贵族的青睐，否则是不会出现这种亲密关系的。与此同时，秦桧还尽心尽力地替完颜昌服务，深得其欢心，否则完颜昌不会在建炎四年发兵南下时带秦桧同行，更不会让他向被金军围困的楚州（今江苏淮安）军民写招降书。

楚州保卫战极为壮烈。完颜昌大兵压城，楚州军民在赵立的率领下顽强抵抗，金军久攻不下，而楚州城中粮食吃尽，军民们便以树皮草根为食，没有外援，他们便决定与城池共存亡。完颜昌见此情形，极为恼火，他也钦佩楚州军民的勇气，便想招降楚州军民，让秦桧写了一篇招降书。楚州军民严词拒绝了完颜昌的招降，完颜昌下令强攻。城破之时，楚州军民与金军发生了巷战，不仅那些身受重伤的人都投入战斗，连城中的妇女们也纷纷走出家门，她们不惜以己之力拖住金兵投水而死。楚州军民用行动回答了完颜昌的招降，而秦桧却不仅代草拟招降书，还以这件事为借口南归。

关于秦桧归宋，他自称是在楚州趁完颜昌只顾攻城时，杀了监管自己的人，夺舟南逃的，但当时有许多人对此表示怀疑，只因为南宋宰相范宗尹和同知枢密院事李回在高宗面前极力保荐，秦桧竟然得到重用。而除了秦桧自己所说的情况外，他归宋之事还有许多种说法。有一种说法是秦桧的岳父王仲山有产业在济南，王家见秦桧夫妇落难，便不惜耗费重金，将他夫妇及仆人赎回，故秦桧一家能平安归来。还有一种说法是秦桧随完颜昌南下后，便开始策划脱身之策，到了燕山府（今北京）时，他故意留下妻子王氏，王氏日夜吵闹，惊动了与之相邻的完颜昌之妻。完颜昌的妻子问起缘由，王氏便将与丈夫分离之事和盘托出，进而博得对方同情。于是，完颜昌之妻替王氏出主意，按照大金法令，行军打仗可以带家属同行，并去完颜昌那里帮王氏求情，完颜昌便允许王氏及仆人与秦桧同行。后来，秦桧夫妇在楚州便趁机夺舟南逃，在涟水军（今江苏涟水）时被宋军水寨的武将丁禩的水兵擒住。秦桧说自己是前朝的御史中丞，但水寨中没有人听过他的名字，都说捉到了奸细，凌辱他。秦桧便要求找一秀才，认为秀才是读书人，应该知道他的名号，人们便找了一卖酒的秀才王安道。谁知王安道也不认识秦桧，却怕在人面前丢了面子，便装作认得秦桧。这样，秦桧一行便被送了回来。第三种说法是秦桧一行被抓到丁禩水寨后，诸将都说两军交战，不可能有全家老小带着诸多财物而归来者，肯定是金国派来破坏朝廷的奸细。但水寨中的幕僚王安道和冯由义力保秦桧，说是钦宗朝的御史中丞，不能杀，若杀了，将来朝廷追查下来，一定会连累水寨。丁禩很害怕，就派人将秦桧送到镇江府（今浙江镇江）去见刘光世。但秦桧一见到刘光世，开口便说两国交战以议和为先。刘光世将秦桧送去见高宗，人们听到秦桧归来的消息，都很怀疑，只有宰相范宗尹和同知枢密院事李回在高宗面前竭力保证他的忠诚。

对于秦桧南归的质疑，自南宋至今，史家说法不一，但大多认为秦桧是金人放归的，此时已变节。尤其是秦桧后来对自己在金朝的这段只有他自己知晓的经历颇为忌讳，曾出使金朝被囚十五年之久的洪皓便因为提及当年之事得罪秦桧而被贬官，其中原因是否是秦桧因为担心前事被抖搂出来，则不得而知了。但秦桧南归后却一味求和，实行"南自南，北自北"的政策，最后促使南北对峙局面的形成，使得南宋君臣只知在半壁江山中偷安，对南宋历史产生了深远的影响。

南北分治：妥协音符的弹奏

建炎四年（1130）十一月初七，秦桧晋见宋高宗，便迫不及待地建议他停止抗金，立即与金人讲和，并说要想使天下太平无事，必须是"南自南，北自北"。宋高宗听后十分高兴，称赞秦桧朴实，忠诚过人，说自己不仅得到父兄及母后的消息，还得到一佳士，竟欢喜得睡不着觉。于是，秦桧立即被任命为礼部尚书，护送秦桧的王安道、冯由义都授了官，甚至连划船的孙靖也补了官。

事实上，最早有南北对峙、分区而治想法的是宋徽宗。宋徽宗于建炎二年（1128）夏天所作的议和书中，说他愿意遣使修书给儿子赵构，使子子孙孙向金朝称臣朝贡，还陈述南北分治对金人的好处和统一的不利，极力想保住半壁江山。

宋徽宗后来命秦桧修改这篇议和书，秦桧将徽宗的意思表露得更加明确而完整，并予以淋漓尽致的发挥。秦桧借徽宗之口说南北风俗各异，若使对方君长臣属，则实际上便是使对方国家臣属，这是最可行的办法，若想将两个风俗不同的国家混合起来，自古就未曾有过这样的事情，若保存赵氏，则世世代代臣属，年年输贡，于金朝非常有利。当时，金人先后扶持了张邦昌和刘豫的傀儡政权，均未能善终，始终无法控制原来的大宋子民。宋朝军民的抗金情绪高涨，即使南宋政府再懦弱，他们也坚定不移地拥护它，以它为旗帜，顽强抗战，使得金人南下屡屡受挫。因此，秦桧的这一想法从一开始便得到金人的赞同。而对于只求保住帝位、谈金色变的宋高宗来说，只要能在龙椅上坐得安稳，只有半壁江山也无妨，因此也十分同意秦桧的想法。就这样，这种分区而治的思想不仅成为高宗和秦桧日后一生的政治策略，更是后来宋金两国议和的思想基础。

秦桧所说的"南自南，北自北"，亦即"南人归南，北人归北"，意思是居住在南宋的人，凡是原籍在河东、河北、山东和陕西等地的，都要返回原地（即金朝控制区），而原籍在中原地区的，则返回到当时的伪齐政权统治区。同样地，在北方的南人也当回原籍。

南北分治的建议表面上看是南北互不干扰，似乎很公平，实际上对南宋极为不利。宋人多认为，北人善武，南人善文，北人英勇，南人文弱。而南宋初年，宋军将士多为北方人，南宋大将岳飞、刘光世和韩世忠等人都是北方人。若实行"南自南，北自北"的政策，则无异于南宋自动解除现有的武装，而再在南方重新组建军队。这样，根本不可能在短期内训练出一批抗击金朝的精兵，这就等于南宋没有保家卫国的武装，只能任人欺负。同时，这一政策还替伪齐和金朝安定了社会秩序，减少了宋人的反抗。而对金人来说，他们还可以从北方选择兵源，武力上则处于绝对优势，若挥师南下，南宋将不堪一击。

尽管如此，秦桧却将南北分治政策视为自己一生得意之作，并一直很坚决地实行，尤其是将北人送回北方地区，他更是不遗余力地加以推行。元祐大臣的后人郑著、赵彬和杨宪等三十余家被秦桧所逐，一行人不愿赴金，边走边哭，连路人都为他们的号哭之声动容，但秦桧却无动于衷，残酷地将他们驱逐回去。金人所任命的知宿州赵荣、知寿州王威纳款献城归宋，令金人非常恼火，千方百计要抓住他们。秦桧不念及两人的忠义，竟下令遣两人北还。韩世忠得知消息后，大为气愤，写信给秦桧，说王威和赵荣不忘宋朝，一心只想归顺，家中父母妻子均已遭到金人杀害，秦桧竟然还忍心驱赶二人，是否是恢复故土无望。秦桧被韩世忠指责后，面有愧色，既担心韩世忠将此事管到底，更害怕自己背上恢复无望的骂名，毕竟在当时，即便是主和，也无人敢公开声称恢复无望，因此，秦桧令王威和赵荣从淮西离开。而最为惨烈的是宇文虚中之事。

宇文虚中(1079—1146)，字叔通，别号龙溪，成都华阳人。宇文虚中有胆识，早在徽宗想联金灭辽时，他却指出，国家承平已久，兵将骄惰，既没有准备好应敌的兵器，也没有储存足够的粮草，不能轻易动兵。他还进一步分析了时局，认为北宋和辽朝结盟多年，双方大多时间是和睦相处，尤其是辽朝与女真冲突愈发激烈后，对宋朝的态度很友好，如果联金灭辽，就是舍弃了恭顺的辽朝，而与强悍的金朝为邻。若金朝借着百战百胜的强势，引兵越境，以北宋的怠惰之兵，无论如何难以抵挡金朝的新锐之师，以北宋只图安逸而无智谋的将士，难敌金朝的勇将，这样，国家的祸患就永无宁息之日了。宇文虚中根据北宋当时的实际情况，对联金灭辽提出自己的看法，这些都是很有见地的，但却惹怒了当权的童贯和王黼等人，因而被降了官。

靖康之变时，金人围攻东京城，宋钦宗派使者去金营议和，并以康王赵构为人质。后来，宋将姚平仲想夜袭金营，劫救康王。但情报泄露，姚平仲偷袭不成，反被金军杀得溃不成军。姚平仲本人害怕受到责罚，竟然弃军而逃。金人大怒，指责北宋没有诚意，宋钦宗忙再派人去表明和谈心志。当时，许多大臣都意识到这是有去无回的差事，不愿领命。宇文虚中见此情形，毅然前往。一路上，宇文虚中见到金朝的骑兵骁勇善战，沿途都是他们为攻城准备的云梯，知道他们对东京城志在必得，心中担心不已。到了金营中，金人竟然让宇文虚中在营帐外等候，并让士兵携带弓箭和武器围住他，大有威慑之意。一直过了很长时间，金人才让宇文虚中见到赵构。宇文虚中在金军主帅面前，毫不惧怕。金人要宋朝割让三镇，宇文虚中泣涕不已，说三镇有宋朝皇帝的祖坟，不能割让。宇文虚中对金态度不屈服，却被以议和之罪遭到弹劾，贬出京城。

建炎二年（1128），宇文虚中受命为祈请使入金请求金人归还徽、钦二帝，金人没有答应，遣送他与随行人归宋。宇文虚中说他奉命来请归二帝，二帝未还，自己不能回去。于是，金人竟扣留了他。金人见宇文虚中颇有才能，强行授官给他，宇文虚中被迫接受。宇文虚中虽身在异国他乡，却念念不忘宋朝。每次金人南侵时，他都以出兵劳民伤财，远征江南荒僻之地，即使能有所得也不足以富国相劝阻。宋人王伦出使金朝回来，说宇文虚中出使日久，守节不屈，高宗还为此下诏褒奖宇文虚中的家属。金人为了让宇文虚中安心为金国服务，要求秦桧将宇文虚中的家属送到北方。宇文虚中托人转告秦桧，希望南宋拒绝金人的不情之请，甚至还帮秦桧出主意，要他谎称自己全家为贼人所擒。这是绝佳的托辞，秦桧没有任何责任，也可对金朝有所交代。但是，秦桧却怕得罪金人，更担心宇文虚中阻挠和议，竟然坚持将宇文虚中的家属全部送往金国。宇文虚中的家人知道此行凶多吉少，便请求将宇文虚中的次子宇文师琼留在南宋，以延续家族香火和血脉。宇文虚中的女婿赵恬甚至还暗中将宇文师琼送走，其长子宇文师瑗也去临安请求秦桧留下师琼，但秦桧坚决不同意，强行将宇文虚中全家送走。宇文虚中虽然与家人团聚，仍遥念故国，常暗中以蜡丸向南宋密告金人动向，同时，他经过一番努力，暗中集聚一股力量，图谋杀敌报国。绍兴十五年(1145)，宇文虚中联合有志之士七十多人，欲劫杀金熙宗，并在事前以蜡书密告南宋，请求配合行动，但是秦桧却扣下蜡书不上报。结果事情泄露，宇文虚中被杀，全家百口俱遭毒手。事情传开后，许多人都极为气愤秦桧的无耻行为。

而秦桧此举，也无疑会使金朝和伪齐统治区的宋人不敢投奔南宋，南宋人也不敢北上，因为即使南下和北上，终归要遣回原地，这样不仅断了人们的归降之心，更为重要的是，这条政策一旦执行下去，不仅等同承认了北方大片土地可归金朝和伪齐所有，还如一道沉重的枷锁压在南宋人心头，这在一定程度上会消磨和打击人们的抗金斗志，使人们渐渐淡忘恢复之事。

因此，南北分治的主张提出后，金人自然认识到它对己方的益处，便开始议和，宋高宗等人也满足于拥有半壁江山，更是在后来的绍兴和议中用大量的篇幅来阐述这些内容。更甚者，这一主张成为南宋后来的基本政策。史家称南宋自建立起便开始与金议和，但向来是边战边和，直到秦桧提出了这一建议，南宋彻底转变，一味地与金朝议和，而不坚决抵抗。但是，秦桧的议和并非一帆风顺，遭到了许多人的反对。

秦桧与文臣：气节背后的无奈

当时，靖康之变带来的屈辱像烙在人们心中的疤痕般挥抹不去，激励着宋人的抗金斗志，而宋金战场上，宋军曾多次击败金军，因此，人们对恢复故土充满了希望，主战的呼声一度很高，许多人都反对秦桧的妥协议和。秦桧也知道自己的许多措施不得人心，便全力压制和打击反对者。

高宗和秦桧的求和遭到很多大臣的反对，张九成就是其中之一。张九成（1092—1159），字子韶，钱塘（今浙江杭州）人。张九成是绍兴二年（1132）的状元，在廷对时，他慷慨陈词，分析宋金形势，直言不讳，认为去谗节欲、远佞防奸是中兴之本，并劝高宗以迎还二帝为念。宋金议和，张九成表示反对，他曾对赵鼎说，金人实际上已经厌兵，只是在虚张声势罢了。同时，他还提出不少建议，认为即使与金议和，主动权也应该掌握在南宋，但这些都没有被主管议和的秦桧采纳。后来，赵鼎罢相，秦桧考虑到张九成的名声，建议他与自己共商和议之事。张九成不以为然，坚决拒绝了秦桧的笼络之举，还说自己不苟且偷安，言语极为辛辣，实际便是讽刺秦桧只顾苟且偷生，秦桧心中极为不满。秦桧又劝张九成，说在朝为官，须优游委屈、左右逢源，这样才能有所成就，言下之意是劝张九成不要反对议和，日后便能仕途顺利。张九成却颇为鄙夷地挖苦秦桧说，从未有不正直的人而能让他人正直的，气得秦桧脸色铁青，却又无言以对。张九成甚至还对高宗说金人诡诈，而朝中议和之人不追究当年靖康之耻，只一味求和姑息金人，不可察，其意直指秦桧，并上表求罢职。秦桧心中怨恨，命党羽们以张九成暗中附和赵鼎为由弹劾他，然后将他贬出朝廷。

张九成被贬后，秦桧仍未放过他。当时，高僧宗杲善谈禅理，许多士大夫都与他有交往，张九成也是其中之一。宗杲虽然是出家人，但对国事素来比较关心，也主张抗金御辱。秦桧很担心张九成与宗杲在一起会有攻击自己、阻挠议和的言论，加之这两个人在当时都名声在外，在朝廷内外拥有巨大影响力。因此，要处置他们是件很棘手的事情。于是，秦桧便试探高宗，该如何处置，高宗本想让张九成留任，授予他一闲散官职。但秦桧对张九成恨之入骨，一定要废黜他，便令党羽詹大方弹劾张九成与宗杲谤讪朝政。最后，秦桧将宗杲送到衡州（今湖南衡阳）编管，而将张九成送到南安军（今江西大余）。张九成在南安军一住十四年，直到秦桧死后才被起用。

秦桧将大批反对议和的官员或罢或贬，而起用了一些支持议和的官员，如勾龙如渊、孙近等人，他竭力为议和排除后顾之忧。但是，秦桧的议和仍不得人心。

绍兴八年（1138），就在秦桧全力与金朝议和时，枢密院编修官胡铨上疏，请高宗下令处斩负责议和的秦桧、孙近和王伦以谢天下。胡铨的这篇文章言辞恳切，逐一剖析了秦桧等人议和误国的事实，并将矛头直指高宗。由于胡铨官阶低，非主政大臣或台谏官员，这样上疏抨击皇帝、指责宰执大臣，一定会获罪的。胡铨不甘坐等秦桧等人的迫害，在满腔爱国热情的驱使下，他竟冒着生命危险，一边将疏上呈朝廷，一边将文章的副本散发到民间，以博取民众的支持。后来，这篇文章被刊印出来，广为流传，一时间，不仅朝野上下沸腾了，连临安和周边地区的人们都为之震惊。胡铨大胆批责高宗，使高宗下不了台，而秦桧也由此对胡铨恨之入骨，指斥胡铨狂妄凶悖，妖言惑众，便想将胡铨除名，贬到昭州（今广西平乐）。当时许多大臣钦佩胡铨的勇气和爱国之心，纷纷为之求情，秦桧迫于舆论，只得先将胡铨贬官至广州（今广东广州）。

　　胡铨被贬后，秦桧心中并不解恨，仍未放过他。绍兴十二年（1142），秦桧指使党羽罗汝楫上奏弹劾胡铨文过饰非，不思改过，言语狂妄，请求给予惩罚。于是，胡铨被除名，发配到新州（今广东新兴），但秦桧其党并未作罢。绍兴十八年（1148），广东经略使、秦桧的妻表兄弟王铢质问新州知府张棣：赵鼎和李光都被贬在海南，为何胡铨没有过海？言下之意就是要将胡铨流放到荒僻的海南岛。赵鼎和李光都是秦桧的政敌，都遭到他迫害。绍兴十五年（1145），高宗奖励秦桧议和的功劳，赐给他府邸，其中有一座楼，名曰一德格天阁。秦桧竟把赵鼎、李光和胡铨三人的名字写在一德格天阁中，以表示对这三人的憎恨，必欲杀之而后快。张棣听出了王铢的弦外之音，自然心领神会，洞察到秦桧的意图，便四处搜集胡铨的"罪证"。胡铨作有一首词，内有"欲驾巾车归去，有豺狼当辙"之句，并有诗句"万古嗟无尽，千生笑有穷"，其中隐含报国无门之意。张棣如获至宝，立即捕风捉影，借题发挥，说胡铨不思反省，与当地现任官和寄居官往来，出言不逊，毁谤朝廷，并说其诗讽刺秦桧，等等。秦桧知道后大怒，将胡铨再贬到儋州（今海南儋县）。

　　同时，在胡铨一案中，还牵连了另外两人。胡铨在赴新州途中，词人张元幹出于义愤，为胡铨填了一首词送行。张元幹在这首词中追述了北宋灭亡的历史，并进行了反思，同时还抒发了对胡铨以及主战派遭迫害的不平之情和与胡铨的离别之意。绍兴二十一年（1151），秦桧看到了张元幹的词，得知张元幹素不愿与他同流合污，竟将近二十年不任官职。此时，张元幹无官在身，秦桧自然不能以贬官来折磨他。但秦桧仍不放过他，于是下令将张元幹送入大理寺审讯，并抄了他的家，还将张元幹所作诗文中涉及讥讽议和和秦桧的部分悉数删除，而张元幹此时已是六十多岁的老人了。胡铨当初赴新州时，诗人王庭珪也写诗送行，赞扬胡铨不惧权威、正直勇敢的精神，为了国家，明知不可为而为之，并斥秦桧一党为奸谀，同时也祝福胡铨一路顺风。然而，在胡铨再贬海南后，其同乡欧阳承安以讪谤朝廷罪告发了王庭珪，后来，秦桧党羽利用此事大做文章，绍兴十九年（1149），王庭珪被送往辰州（今湖南沅陵）编管。王庭珪被贬时年已七十，直到秦桧死了以后才被允许回乡。

与前面诸人相比，受秦桧打击最为残酷的是李光。李光（1073—1157），字泰发，越州（今浙江绍兴）人。李光性格刚直，素来主张抗金御敌，反对妥协求和，在士大夫中间颇有声望。秦桧与金人议和，高宗担心李光会有所阻挠，本不想重用他。相反，老奸巨猾的秦桧却认为，李光有人望，若重用他，可以平息许多人的非议。高宗便答应了，而李光在担任参知政事时，敢于同秦桧唱反调，这是秦桧始料不及的。秦桧想撤除淮南的军事守备，削夺诸将兵权。李光得知后，力陈不可，认为金人狼子野心，与他们议和不可靠，绝不能撤军备，秦桧心中极是怨恨。秦桧想任用亲党郑亿年为资政殿学士，而郑亿年曾接受过刘豫伪齐政权的官职，又是秦桧党羽，李光便在高宗面前反对秦桧的提议，甚至还当着高宗的面指责秦桧的用意是要蒙塞皇帝耳目，盗弄国权，怀奸误国，欺君罔上。秦桧大怒，李光也知道自己必遭秦桧忌恨，便连着九次上书，要求辞职，于绍兴九年（1139）知绍兴府，但秦桧并未因此罢休。

绍兴十一年（1141），宋金和议谈成，绍兴府百姓扶老携幼，接连几日抗议朝廷的妥协政策。秦桧的死党万俟卨立即以此为借口，弹劾李光，说他心怀怨望，煽动百姓作乱。事实上，尽管李光对议和有自己的想法，但以他的为人，加之又是待罪之身，绝不可能鼓动百姓闹事，显然是秦桧一党欲置李光于死地，李光因此被贬到藤州（今广西藤县）。

李光被贬藤州期间，藤州知州周某用心极为险恶，表面对李光十分同情，对他百般照顾，却引诱李光与他唱和诗词，其中涉及秦桧与议和。然而，周某却暗中将这些诗词交给秦桧，以出卖李光来求得自己的荣华富贵。秦桧见到李光的诗词后大怒，令其党羽、御史中丞杨愿弹劾李光，说他欲动摇国本，于绍兴十四年（1144）将李光移到琼州（今海南海口）。绍兴二十年（1150），又以李光与胡铨唱和诗歌讪谤朝政为名弹劾他。同时，李光又因为私撰国史一事被秦桧一党迫害。

宋代的文人士大夫有撰写私史的传统，但秦桧当政时，知道自己力主议和，且迫害抗战派，尤其是杀害岳飞，定会遭人唾骂，更担心这些事被史书记载后会遗臭万年，便一边令史官修改正史，删改许多不利于他的文字，一边唆使高宗下令查禁野史。

李光被贬官后，也如其他许多士大夫一样，将平生所见所闻记录成小史，这本是极为寻常之事。然而，李光之子李孟坚曾偶然在一次闲谈中向李光的门客陆升之谈及此事，陆升之正担心自己与李光有关系，日后难有升迁之日，见此情形，竟立即向秦桧告密。秦桧一党与李光积怨已深，自然不会放过这个大好机会，便命党羽曹泳调查此事，并让另一党羽林机在高宗面前谈论私史的害处，以取得高宗支持，以至于高宗直斥李光反复无常，是个小人。而曹泳也不负秦桧所望，罗织罪名，指斥李光所作小史，言语措辞均讪谤朝政，此事立即交大理寺审讯。狱成，李光送昌化军安置。李孟坚送到峡州（今湖北宜昌）编管，同时，此事还牵连了其他人，如胡寅、潘良贵、张焘等人，均因与李光有来往而被贬黜或降官。

秦桧在朝廷内大力清除异己，保证和议顺利进行，前线战场却不断传来抗金将士的捷报，这对他议和极为不利。因此，秦桧便千方百计阻挠武将用兵，使南宋错过了收复中原的大好时机。

秦桧与武将：罢兵权与岳飞之死

要血洗靖康之变的耻辱，最直接的行动便是收复失地、迎回二帝，这是南宋初年武将们的共同认识。但遗憾的是，他们根本无法实现这个梦想。

绍兴十年（1140），金军毁约南下，南宋被迫迎战。金兵南下之初，连连取胜，并很快就夺回了当时已归还给南宋的河南等地，东京再次失陷。当时，新任命的东京副留守刘锜还在赴任的路上，才到顺昌（今安徽阜阳），便得知了东京失守、金军继续南下的消息。顺昌北临颍水，南靠淮河，东接濠州（今安徽凤阳）和寿州（今安徽寿县），西接蔡州（今河南汝南）和陈州（今河南淮阳），既是屏障淮河的要地，又是通往东京的孔道。当时，刘锜所部不足两万人，金军则有十万之众。刘锜见情况危急，便决定死守顺昌，甚至还命令军士将船只凿沉，断绝全军从水路撤退的念头，又将自己的家人安排在一座寺庙中，并在庙前堆满柴草，吩咐守庙的士兵说，如果情况不利，便立即点燃柴火烧死他的家人，以免落入金人手中受辱。将士们见此情景，都极为感动，纷纷表示愿以死报效国家，情绪十分激昂。

这时，金军先锋已抵顺昌，刘锜领兵夜袭金朝大将韩常的军营，大获全胜，宋军士气更加高涨。随后，金朝葛王完颜褒和龙虎大王率领三万大军围困顺昌城，刘锜以神臂弓和强弩轮番射击，并派步兵相助，多次打退金人的进攻。金兵连连受挫，便向留在东京的主帅完颜宗弼告急，宗弼便亲率精兵，昼夜兼程，赶往顺昌增援。刘锜得知消息后，秘令帐下曹成等人以刺探敌情为由，遇到金军，假装坠马，故意让金军俘虏，然后在完颜宗弼问及刘锜是怎样的人时，便说他是太平边帅之子，喜好声色，两国讲和之际，朝廷让他来做东京留守，不过是为了图吉利罢了。曹成等人依计行事，完颜宗弼听说刘锜不过是个喜好声色的浪荡子弟，当即大喜，抛下辎重，轻装赶来顺昌。他见到顺昌城比较简陋，十分傲慢地说，这种城池用靴子也能踢破，因而未做充分准备，当即下令攻城。

完颜宗弼所率领的乃是金军中的精锐之师，他们头戴铁盔，身披重铠，以三人为一个基本战斗单位，号称"铁浮图"，作为主攻部队。同时，左右辅以号称"拐子马"的骑兵，完颜宗弼经常依靠这样的部署取得胜利。当时正值酷暑时节，金军远道而来，人困马乏，刘锜集中兵力，重点突击。他还派将士们背着装满豆子的竹筒和大刀，直接接近完颜宗弼指挥的中军，将竹筒里的豆子撒在地上，吸引金军的马匹去吃豆子，然后便用大刀去砍金军的马匹，使金军人仰马翻。最后宋军全力出击，金军大乱，死伤无数，无心恋战，只得撤退。而完颜宗弼惨败之后，心中窝火不已，最后只得将责任推卸给部下，将韩常以下的将领们分别鞭打一顿解气。

刘锜以少胜多，取得了顺昌之战的胜利，本想趁机进军，扩大战果。但是，秦桧害怕影响议和，立即请高宗下诏，命诸将率各军班师回撤。刘锜不敢违抗命令，只得撤军。此事被囚禁在金朝的南宋使臣洪皓得知后，写了一封密信给高宗，说顺昌一战，金军魂飞魄散，连存放在燕山的珍宝都紧急北运，打算放弃燕山以南地区，朝廷撤军，丧失大好机会，实在是可惜。

而类似的事情还发生在川陕战场上。当时，金军有五万之众驻扎在陕西，窥视四川。川陕宣抚副使胡世将命吴璘等大将出兵，以破竹之势收复不少失地。吴璘以不足三万的兵力敌金军五万人，在秦州（今甘肃天水）将金军中号称"百战百胜"的罕札和勇谋兼备的希卜苏两人打得大败，并将两人所部人马围困在腊家城。然而，就在宋军即将要攻破腊家城时，秦桧却绕过川陕宣抚司，直接将撤军的诏令下达到吴璘军中，无奈之下，吴璘只得撤军，腊家城之围遂解。胡世将得知后，仰天长叹说，为何不将诏令下达世将处？言下之意是如果撤军的诏书下到川陕宣抚司，再转到吴璘军中，那么，稍稍拖延一点儿时间，吴璘就很可能已经将腊家城攻破了，甚至胡世将还很可能会不惜冒着失职之险，延迟将诏令下达下去。眼看金军将被歼灭，金军两员大将会被生擒，却功败垂成，宋军将士人人愤慨无比。

最为痛心的当属岳飞。完颜宗弼在顺昌战败后，退回东京，却探知岳飞带领为数不多的岳家军驻扎在郾城（今河南郾城），而当时与岳飞一起出兵的张俊和王德等人已经回撤，宗弼见岳飞孤军深入，没有后援，于绍兴十年（1140）七月率领军队直扑郾城，欲一举消灭岳家军的指挥枢纽。

岳飞（1103—1142），字鹏举，相州汤阴（今河南汤阴）人。岳飞极力主张抗金，并多次取得对金作战的胜利。他率领岳家军与金军在郾城相遇，当时，完颜宗弼仍用铁浮图从正面进军，左右以拐子马辅助。岳飞派他的亲兵背嵬军和游奕弓军迎战，并吸取顺昌之战的经验，派步兵背着大刀和斧头，冲入敌军中，去砍金军的马腿，使得宗弼的骑兵无用武之地。金军大败，一路溃退。但是，完颜宗弼不甘失败，于数日后再次进攻郾城，被岳家军的将领杨再兴打败，金军只好撤退。完颜宗弼损兵折将，想在两河地区征兵，却无人愿意入伍。宗弼长叹说，他自从起兵以来，从未有过现在这种惨败的局面。而岳家军却越战越勇，打得金军闻风丧胆，纷纷说：撼山易，撼岳家军难。更重要的是，金军中还有不少将士来投降岳飞，甚至连金军大将韩常都表示愿意率领五万将士内附。岳飞见形势大好，信心百倍地跟部下说，直抵黄龙府，与诸位痛饮。

按照岳飞的想法，此时应该趁机渡河北上，收复中原，他上书给高宗说，金军锐气沮丧，将辎重都抛弃了，四方豪杰都来相助，宋军将士们士气极为高涨，这是千载难逢的收复机会。但是，秦桧早已在策划以淮河划界而治，当他得知高宗似乎被岳飞收复故土的慷慨陈词所打动，立即指使党羽罗汝楫上书力陈岳飞此时出兵难成大事，同时先后下令命韩世忠、刘锜和杨沂中立即回撤。秦桧亲自出面劝谏，对高宗说，岳飞已孤军深入，不班师的话就极为凶险，并让高宗连下十二道金字牌令岳飞撤军。由于秦桧的所作所为，使岳飞此时形势极为不利。当时，岳飞收复失地很多，但战线过长，兵力分散，韩、刘、杨等部又撤军，岳飞缺乏友军配合，更无后方支援，又见高宗命令强硬，只得含泪撤军。岳飞当时愤然泣下，朝着东京的方向拜了几拜，长叹道，十年之力，废于一旦，而此时他所率的岳家军已打到距东京仅四十五里之远的朱仙镇了。岳飞班师，百姓们大失所望，都拦着岳飞的马头，哭诉说他们等着朝廷的军队来，还竭力为官军搬运粮草，就是想收复故土。岳飞立马悲叹，将朝廷的诏书拿给百姓们看，说自己被逼无奈，百姓们见了诏书，哭声震野。

完颜宗弼当时得知岳飞直扑东京的消息后，急得想连夜放弃汴京，渡河北上。有一个书生拦住宗弼的马头劝他不要走，宗弼说岳少保以五百骑兵破金军精兵十万，汴京定无法守住，若晚些走，他们都会成为俘虏。这个书生劝宗弼不用担心，说自古没有权臣在内，而大将却在外立功的事情，岳飞也不会例外。宗弼认为颇有道理，于是决定暂时留下来。第二日，岳飞果然班师。而南宋建国以来，最为有利的血洗靖康奇耻的机会便这样断送在高宗和秦桧手中。

诸将撤军后，秦桧又利用高宗对武将的猜忌和防范心理，建议高宗采取明升暗降的办法，削夺了张俊、韩世忠和岳飞的兵权，以向金人表示求和的诚意。当时，秦桧让高宗下诏书召三大将回临安，韩世忠和张俊先赶到，而岳飞因为路途远，尚未到达。秦桧和他的党羽、参与这次削夺兵权的参知政事王次翁整日惴惴不安。王次翁还对他的儿子说，武将拥有兵权，而他和秦桧策划削夺兵权这件事情已经很久了，这次若事情处置不当，全家的灭门之祸尚且只是小事，国家危急才是真正的大事。由此可见，尽管秦桧等人处心积虑，但对解除诸将兵权的计划依然没有十分的把握，甚至心有余悸。其实，秦桧和王次翁担心社稷安危是假，担心自己的命运是真。一旦他们的阴谋败露，三大将的兵权没有解除，对于南宋朝廷来说，应该是幸事，相反，对于一直在谋划议和的秦桧一党来说，恐怕就是恶梦了。过了六七天，岳飞也赶了回来，高宗马上召见了三大将，削夺了他们的兵权。

然而，尽管岳飞被削兵权，但因不肯附会秦桧议和，仍为秦桧所忌。当时，完颜宗弼也写信给秦桧，说要想谈成和议，必须先杀岳飞。于是，秦桧制造了一起千古奇冤。

秦桧先让万俟卨和杨愿上书以失职之罪弹劾岳飞，罢了岳飞官职，然后又收买大将王俊，令他诬告岳飞部下张宪想以重兵威胁朝廷恢复岳飞兵权。这样，岳飞、岳云父子和张宪均被下狱受审。负责审案的何铸反复审理，岳飞始终不服，表示自己是清白的，还脱下上衣，让何铸看他刺在背上的"尽忠报国"四个字，以此表明心迹。何铸大为感动，翻阅案卷，认为证据不足，岳飞并无谋反之嫌，便对秦桧说，这是一起冤案。秦桧听了大为不悦，便抬出高宗来压何铸，说这是皇帝的意思。何铸愤然说，强虏未灭，朝廷便无辜杀害一大将，将会失去人心，非国家社稷之福。秦桧对此非常不满，于是改派万俟卨去审案。万俟卨不负秦桧所望，走马上任后，立即全部按照秦桧旨意，威逼岳飞招供，但是无论他用什么刑罚，始终不能使岳飞屈招。经过一个多月的审讯，案情并没有取得进展，万俟卨不知如何是好，秦桧也担心夜长梦多。最后，在证据不足的情况下，岳飞父子和张宪被杀。得知岳飞惨遭不白之冤，韩世忠极为气愤，当面质问秦桧说：证据不足，为何杀害岳飞三人？秦桧含糊其辞地回答说，此事莫须有。韩世忠愤慨不已："莫须有"三字何以服天下？这是岳飞死后的一段插曲，但却真实地反映出以高宗、秦桧为首的朝廷欲加之罪的险恶用心。

秦桧以杀害岳飞来向金人表示议和的诚意，宋金两国在绍兴十一年（1141）十一月签订了和议，双方以淮河为界，南北分治的局面最终形成。

极为讽刺的是，秦桧力主议和，帮助高宗在半壁江山下苟且偷生，不仅高宗被称为中兴之主，秦桧也被誉为圣相，君臣二人极力营造升平盛世之象。但是，在这片虚假繁荣背后，却是君臣之间的钩心斗角。

君臣之间：相权与皇权之争

秦桧排挤文臣、压制武将、杀害岳飞的妥协求和政策一直被人们所诟骂，但是，不能忽视在秦桧身后的宋高宗，因为秦桧的一切求和行为都是在高宗的全力支持下进行的。高宗之所以倚重秦桧，最重要的原因是秦桧的议和主张与他完全一致，一个为了保住皇位，另一个为了荣华富贵，君臣二人互相利用。高宗深知君臣两人的妥协求和及其他阴暗手段必会遭人非议，便一味纵容秦桧，这样可以利用秦桧做挡箭牌，自己就避免了许多骂名。尤其是在秦桧南归之初，完全只是高宗的一颗棋子，升迁荣辱大权都掌握在高宗手中。

秦桧南归后，将推荐过他的宰相范宗尹排挤出朝，见相位空缺，便扬言说自己有二策，可耸动天下。高宗问是哪二策，秦桧趁机委婉地托出了蓄谋已久的推诿之词：现在没有宰相，即便他说出来，也无法执行下去。高宗显然并不糊涂，知道了他的心意，于是，绍兴元年（1131）八月拜秦桧为右相，负责议和之事。

但当议和之事引起人们不满时，高宗便将责任推给秦桧。胡铨上疏要求斩秦桧一事闹得沸沸扬扬，连高宗也慌了手脚，便将气撒在秦桧等人身上，说自己并无辱祖宗忘大仇之心，更无不迎接徽、钦二帝而自己贪恋帝位之意，只是想奉养母亲罢了，却弄得朝野内外非议如此之强烈，实际上便是责备秦桧等人议和不利。秦桧等人只好上书请罪，全力压制舆论，维护高宗贤明之君的形象。

秦桧还因为结党营私、议和没有进展为高宗忌讳。高宗在绍兴元年（1131）八月拜秦桧为右相时，于同年九月拜吕颐浩为左相。吕颐浩（1071—1139），字元直，齐州（今山东济南）人。建炎三年（1129），苗傅、刘彦正叛乱，吕颐浩帮助赵构，有勤王复辟之功，后来又平定饶州张琪之乱，于国颇有功劳。吕颐浩为人有胆略，处事果断，两度拜相，资历比较深，但他力主抗金恢复，这对秦桧的议和颇为不利。因此，秦桧想方设法要将吕颐浩排挤出朝廷，秦桧选择利用洛学来为自己制造声誉。

宋高宗即位之初，面临着如何争取人心的局面，尤其是怎样解释亡国的原因，如何洗脱父兄的亡国罪责。而且，高宗即位，是因为哲宗孟皇后下了手书，确立了他皇位的合法性，后来孟皇后又在苗、刘兵变中对高宗复位起了关键作用。因此，高宗在政治上采取了"是元祐而非熙丰"的政策。高宗将北宋亡国的原因全部推给王安石变法和蔡京的新政，他不仅对王安石的思想、学术和政事进行全面否定，还将王安石的牌位撤出神宗祀室。与此同时，高宗大力推崇元祐政治和学术，提倡与王安石的荆公新学相对立的伊洛之学。宋高宗不仅重用洛学人士，推崇洛学宗师，甚至连南宋初年的科举考试也表现出尊洛的倾向，这给了秦桧可乘之机。

为了迎合高宗，秦桧举荐了许多洛学人士来收揽人心。他大力推荐洛学的重要传人，如廖刚、陈渊、王居正等人，秦桧举荐的这些洛学传人十分感念其提携之恩，对他报之以李，其中胡安国最为典型。

胡安国（1074—1138），字康候，建宁崇安人。胡安国是程颐友人朱长文的弟子，二程的忠实信仰者。胡安国学识渊博，为人刚直，颇有声誉。绍兴元年（1131）十一月，秦桧推荐胡安国为中书舍人兼侍讲，后又改为给事中，可谓权高位重。秦桧还任命胡安国所推荐的朱震为司勋员外郎，以示尊重。胡安国眼见在秦桧的提倡下，洛学大盛，竟然欢喜得不能入睡，他在士大夫中不遗余力地称赞秦桧有才能，贤明更是胜过张浚等人，为秦桧赢得了极佳的声誉。

秦桧拜相之初，便想培植私党，排斥吕颐浩，以便独掌大权。他对高宗说，周宣王内修外攘，才出现中兴的局面，如今朝中有两个宰相，应该分工合作，还说两人如同范蠡和文种一内一外，其目的无非是想独揽朝政。高宗居然采纳他的建议，于是便让吕颐浩去镇江负责军务，秦桧则留在京城处理朝政。这样，朝政竟多出秦桧之手。但是，秦桧的险恶用心虽然很快为高宗接受，也被吕颐浩所察觉。吕颐浩想兴师北伐，却处处受到秦桧牵制，又见他想排挤自己，便决定先将秦桧逐出朝廷。

吕颐浩曾为了试探高宗的态度，上书请求辞职，高宗亲自书写答诏，不允许他辞职。吕颐浩又请求高宗让他担任闲职，高宗不仅不同意，还命吕颐浩回朝奏事。吕颐浩知道自己在高宗心中还有相当重要的地位，也意识到深谙祖宗家法的高宗自然明白朋党之争的后果，应当是支持自己打击秦桧的。

吕颐浩苦思除去秦桧之计，其下属席益献计，最好是从胡安国入手，因秦桧推崇洛学，尤尊胡安国，胡安国是秦桧相党中的领军人物，又在高宗身边任职，必须除去他。吕颐浩得计，便推荐前宰相朱胜非代他赴镇江处理军务。吕颐浩的这个建议，无疑是表明他必重掌朝政，这样，秦桧就要分权，这对秦桧一党极为不利。吕颐浩推荐朱胜非，虽然是敲山震虎之举，而对吕颐浩的提议，秦桧难有招架之力。他要是同意，必定要将部分权力移交给吕颐浩；若他反对，既无适当的借口，也会因此受到高宗的怀疑。于是，秦桧只好授意胡安国，立即上书反对，在高宗面前力陈朱胜非不能担当大任，并推荐李纲去镇江方能有所成就。然而，高宗对李纲猜忌始终无法消除，他曾对范宗尹说过，徽、钦二朝党羽最多的是蔡京，其次便是李纲，言下之意，李纲是北宋末年朋党之首领。因此，在高宗即位之初，尽管颇需要李纲这样的人才来稳定统治，但他却并不重用李纲。此时见胡安国又提及李纲，高宗显得极不耐烦，认为李纲无非是浪得虚名而已，此后便形成为朋党，因而不能重用。而吕颐浩则趁机也说李纲交结朋党，动摇朝廷，实际上是指责秦桧结党营私，最后高宗任命参知政事孟庾去前线处理军务。秦、吕两党此次虽未分出胜负，但是吕颐浩却已下定决心利用胡安国来打击秦桧。

高宗任命朱胜非为提举醴泉观兼侍读，胡安国却不草拟任命的制书，吕颐浩派人过问此事，这本属正常，但是胡安国却认为，替皇帝下制书是他的职责所在，吕颐浩此举分明是剥夺他的职权，便上表请求辞职，表示不与朱胜非同朝为官。高宗左右为难，没有批准。胡安国竟称病在家，拒不上朝，态度十分强硬。高宗见秦桧一党气焰如此嚣张，决意扶吕倒秦，便召朱胜非还朝，罢了胡安国的职。胡安国一罢官，秦桧顿觉大事不妙，立即上表请求高宗收回成命，但高宗和吕颐浩均不予理会，还将一批秦桧所引荐或支持秦桧的洛学人士都罢了官，这样便将秦桧孤立起来。同时，吕颐浩同党、殿中侍御史黄龟年弹劾秦桧专主议和，阻碍恢复大计，并植党专权，于国不利。恰好此时秦桧的议和无所进展，当他再次在高宗面前提起"南人归南，北人归北"时惹怒高宗，高宗对他极为不满，说自己是北方人，秦桧应该将他安置在何处。还直接批评秦桧，说他言不符实，当时秦桧曾夸下海口，若为相，便有耸动天下的策谋，但至今都没有见到成果。在此情况下，秦桧不得不上表辞职，于绍兴二年（1132）罢相。同时也能看出，秦桧之所以罢相，议和不利是一个很重要的原因。

秦桧罢相后，不敢再露锋芒，而是韬光养晦，伺机而动。绍兴七年（1137），宋金又开始议和，主政的宰相赵鼎力主抗金，宋高宗自然不能依靠他，因而又想到了秦桧。于是，秦桧再次拜为右相。

秦桧第二次拜相，在政治上显然成熟了许多。他深知高宗在自己的政治生涯中的重要性，也明白议和是两人共同的政治基点，便使出一切手段来坚定高宗的议和之心。当时，朝野内外的主战呼声很高，南宋军民也取得了一些胜利。高宗却一心议和，还为议和找借口，对外声称他日夜思念被囚金国、年事已高的母后，因此希望议和谈成，早日迎接母后归来。秦桧便立即称赞皇帝不惜屈辱自己去议和，是一片孝心。高宗假借仁义之说，声称用兵会使许多黎民丧生，秦桧便马上附和，皇帝一片慈心，两国兵火定会早日平息。秦桧这种为皇帝博取声誉之举，自然使高宗龙心大悦。此外，当时追随赵鼎反对议和的人很多，高宗为此极为担心。秦桧便对高宗表示，满朝文武优柔寡断，不能担当大事，若高宗想议和事成，就应当单独与他商议，不许其他人干预，其实际含义是让高宗罢免赵鼎，让自己独相，宋高宗竟然表示同意，南宋便由此开始了秦桧独相的黑暗时代，秦桧也毫不留情地打击反对议和的人。

同时，秦桧还全力拉拢高宗身边的人，以保证自己的地位。高宗的元配夫人邢氏在靖康之变中被俘北上，后死于五国城，但是高宗一直没有得到消息，便没有册立皇后。绍兴十二年（1142），高宗生母韦氏南归，高宗才知道邢氏的死讯。当时高宗宠贵妃吴氏，秦桧便多次上表请求立吴氏为后。绍兴十三年（1143），吴氏被册为皇后。秦桧为了与吴皇后攀上关系，便将自己的孙女嫁给吴皇后的弟弟吴益。吴皇后本人因为册立中宫一事对秦桧心存感激之情，加之又成了亲戚，更有所庇护，秦桧也就大树底下好乘凉。

秦桧还拉拢医官王继先。王继先本是一个江湖郎中，靠卖黑虎丹为生。建炎三年（1129），高宗在逃避金军追击的途中受到惊吓，丧失了生育能力，多方寻药无效。王继先便去献药给高宗治病，以此得宠，不仅他自己得到官位，他的儿子、孙子皆得以授官，甚至他的妻子也被封为郡夫人。不过社会舆论对此颇为不齿，大臣杜莘老就弹劾王继先以旁门左道得幸。但是，秦桧却与王继先结交，甚至还让妻子王氏与王继先认为兄妹，以此互相提携，并让王继先为他打听宫内的消息，随时掌控高宗的动向。

秦桧施展种种手段，攫取了朝政，成为南宋第一位权相，乃至后来他羽翼丰满后，连高宗也惧怕他。高宗在秦桧死后曾对他人谈起过，每次自己在见秦桧的时候，裤内总藏着匕首，以防不测。然而，宰相的权力过大，就造成皇帝权力的削弱，皇帝与宰相间必然心存隔阂，高宗和秦桧也一样。尽管高宗在政治上需要利用秦桧，但并不代表两人之间没有矛盾，甚至两人间的矛盾还一度激化。

秦桧独相后，曾举办过四次科举，每次几乎都是在他的控制下进行的，而秦桧也利用科举培植和网罗了大批党羽，高宗即使有所不满，也只能敢怒而不敢言。绍兴二十四年（1154），科举照例举行，秦桧此次希望他的孙子秦埙得到状元。因此，在秦桧和党羽们的一手操作下，秦埙被列为殿试第一，张孝祥第二，秦桧门客曹冠第三。但是，高宗在看了殿试试卷时，认为秦埙考卷并无过人之处，全是陈词滥调，没有新意，更没有自己的见解，而张孝祥文笔极佳，议论正确，便重新排序，定张孝祥为第一，曹冠为第二，秦埙降为第三。此事震惊了朝野，张孝祥出身并不显贵，在秦桧控制科举的年代里，像他这样没有政治背景的人能蟾宫折桂，是件很不容易的事情。因此，秦桧气焰受到重创，而高宗也自然是早不满秦桧利用科举营私舞弊，无非利用这个机会向他表明，自己才是最高统治者而已。

高宗对秦桧最沉重的打击是拒绝将相位传给秦熺。随着自己年事已高，秦桧晚年担心一旦自己死后，所经营的权力网会崩溃，因此，如何保住自身的权势，成为他心中的大事。为此，秦桧蓄谋将相位传给养子秦熺。秦熺本是秦桧妻兄之子，但因为是庶出，不为嫡母所容，秦桧便收其为养子。在秦桧的庇护下，秦熺官运亨通，到秦桧死前，已官至少师，地位仅次于秦桧，成为秦桧身后宰相的第一接任者。绍兴二十一年（1151），大臣王扬英上书荐秦熺为相，绍兴二十三年(1153)，大臣王之望更是盛赞秦熺，他们都得到奖赏，这也为秦熺营造了声势。绍兴二十五年（1155）十月，秦桧病重，被迫加紧策划，力争让秦熺能在他死前继承相位，因为按照宋朝制度的规定，若秦桧死，秦熺则必须为他守孝，想当宰相就不可能了。在这个月中，秦桧父子多次上奏高宗，请求辞官，实际上是为了探明高宗口风。高宗自然知道秦桧父子的心意，当时秦桧父子党羽遍布朝野，为了稳住两人，高宗不允许两人辞官。十月二十一日，高宗亲临秦桧府邸探病，以表示恩宠。得知高宗到来，秦桧竟然泪流满面，高宗也陪着流泪，不过，秦桧父子对相位传给谁的关心程度仍胜于感恩君臣之情。在秦桧的病床前，秦熺迫不及待地问高宗，代替秦桧相位的是谁，竟大有逼高宗当面表态之势。高宗很不高兴地说，这事不该你管。第二天，高宗便下诏令秦桧父子致仕，并一起罢了秦桧孙子秦埙、秦堪的官。病危中的秦桧听到满门被罢黜的消息后，忧愤交加，当夜就死了。

　　高宗在秦桧死后，在坚持秦桧时代的各项政策的同时，开始摒弃秦桧党羽，起用一些被秦桧打击的人，来树立自己的权威。因此，秦桧党羽在短时间里均被贬出朝。但善玩政治手段的高宗害怕因为秦桧之死动摇宋金议和，会威胁到他的统治，又竭力表彰秦桧，极力赞扬他在议和中的功绩，不仅赐秦桧谥号"忠献"，还赠他申王，并给秦桧的神道碑写了"决策元功，精忠全德"的额名，甚至对朝中大臣对秦桧的非议都进行反对。这样，秦桧虽然死了，但他在靖康之变后，一手促使的南北对峙局面、全力推行的妥协求和政策、专权时形成的政治格局都没有改变，直接影响了南宋后来一百多年的历史。

李清照：

———————— 颠沛流离的南渡词人

青年：炙手可热心可寒

靖康二年（1127）二月，金人废除徽、钦二帝。三月，徽宗第九子康王赵构于应天府即位，是为高宗，改元建炎，接续赵宋香火。朝廷重建，使宋人在政治上有了依靠，但南宋建立之初，局势极为混乱。宋金交战，百姓遭受惨痛的战乱之苦，各地盗匪猖狂，兵变不断，百姓们在逃避战乱时，随时都有性命之忧，更不用说个人所拥有的财物了。

建炎元年（1127）十二月，齐州临朐土兵赵晟就乘时局不稳之际，聚众作乱，率人闯入青州府衙。青州知府曾孝序得知兵变，立即全力制止，怒目斥骂赵晟。但因势单力孤，曾孝序最后竟与儿子曾讦一起为赵晟所杀，时年七十九岁。知府被杀，青州大乱，百姓们纷纷出逃，赵晟等人也就更加肆无忌惮，他们抢掠钱物，烧毁房屋。这期间，他们焚毁了十余间装有书画古器的房屋，当时房子的主人恰好不在。房子的主人得知此事后，极为痛心，此人便是两宋之际著名的词人李清照。

李清照 (1084—1156)，号易安居士，济南人。她是北宋南渡词人中的杰出代表。青州兵变时，李清照已在南下途中，得知青州变故，百姓惨遭屠戮，自己的房屋被烧，收藏多年的宝贵字画被毁，不由痛心万分。但她知道，这一切都是因为北宋朝廷不思进取、腐朽无能导致的。悲愤之余，李清照写下了"南渡衣冠少王导，北来消息欠刘琨"，用自己的诗词和笔来表达对这个时代的不满，甚至是呐喊与控诉。

作为一个女性，李清照具有如此鲜明的个性，这在当时是非常罕见的。要寻找李清照性格的成因，不能不提及她的家庭环境。李清照的父亲李格非 (1045—1106)，字元叔。李格非幼时便异于常人，他博学多才，擅长古文。宋代盛行以诗赋的成就来品评人物，李格非却能用经学中的典故，做出一篇近十万字的《礼记说》，得到许多人的赞赏。李格非著有《洛阳名园记》，颇有纵横家的气概，文章中有"洛阳之盛衰，天下治乱之候也"之说，后来，洛阳陷入金人手中，局势变幻无常，人人都争相传送，说李格非有着预言家一般的先见之明。李格非曾受教于大文豪苏轼，其文采颇为苏轼赏识。李格非不仅与苏门四学士黄庭坚、张耒、晁补之和秦观有密切往来，还与廖正一、李禧、董荣被称为"后四学士"，在文坛上颇有声名，其诗文被时人誉为意境高雅、条理顺畅、有义味，水平在晁补之和张耒之上。

苏轼兄弟在哲宗元祐年间，因为有英宗高太后的赏识，颇为得志。李格非也因为与苏门的关系，仕途极为顺利，官至太学博士。然而，绍圣时，高太后去世，哲宗亲政，全力清除高太后垂帘时期的势力，使得新旧党争益愈激烈，甚是残酷。章惇等新党人士掌权，全力迫害旧党，苏轼兄弟也难逃厄运。李格非因为与苏门交往过密，饱受池鱼之苦。绍圣元年 (1094)，章惇策划编辑元祐诸臣章疏来打击旧党官员，见李格非文采出众，便任命李格非为翰林院史官，一同处理元祐臣僚章疏之事。很显然，对李格非而言，这是个尴尬而两难的选择。如他担任这一职务，便有不仁不义之嫌，毕竟苏轼兄弟对自己有赏识提携之恩；若他不接受章惇的差事，便会被视为元祐党人的余孽而遭受无情的打击与迫害。无奈之下，李格非出于良心，宁肯被贬官出朝，也不肯与章惇等人共事。章惇极为不满，将李格非贬至广信军（今江西上饶）。

李格非这种刚直的性格在他为官初期就表现出来，他于神宗熙宁九年（1076）登进士第，出任郓州教授。这是一个以经术来训导学生、负责地方学校的职位，俸禄不多。郡守见李格非家境贫困，产生了恻隐之心，便想让他多兼任几个职位，这样可以多领些俸禄补贴家用。但是，清高的李格非认为不可，婉言拒绝。

李格非在广信军时，听闻当地有一道士专替人占卜祸福，欺骗了很多百姓，在百姓中影响很大，乃至出门时必乘车，气焰极为嚣张，便想惩治这个道士。有一次，李格非外出，路上正好遇到这道士，一想到这道士的奸诈，不由大怒，便命人将道士捉来，当场揭穿他的诡计，并处以杖刑，然后将他赶出广信军。

李格非先后娶过两位夫人，一位夫人是神宗朝宰相王珪之女，另一位夫人是仁宗朝状元王拱辰的孙女，这两位夫人出身名门，都极有文采。李清照生长于这样的家庭环境中，使她自幼便有机会接受文化熏陶，熟读了经史子集、百家著作，具备了极高的文学修为和深厚的文化素养。她长于诗词，通晓音律，工书画，思路清晰开阔，性格也极为坚毅，颇有大丈夫的豪气。

李格非颇为钟爱自己的女儿，见李清照文笔淋漓曲折，文采不逊于自己，颇是高兴地说：中郎有女堪传业。这里的中郎是指东汉著名文人蔡邕，蔡邕之女蔡琰（即蔡文姬）是一代才女，颇受人推崇。在此，李格非是以蔡邕自喻，而将女儿比成蔡琰，得意之情溢于言表，在他看来，女儿是完全有能力继承自己家学的。而李清照也不负父亲所望，在及笄之年便以诗词名动汴京，才华直逼前辈，也得到许多青年才俊的仰慕，其中便有太学生赵明诚。

赵明诚（1081—1129），字德甫，密州（今山东诸城）人，是当时的史部侍郎赵挺之的第三子。当时，赵明诚是个品学兼优的太学生，又痴迷金石碑刻，他与李清照从兄李迥外出游玩，在元宵节相国寺赏花灯之时与李清照相识。赵明诚早就读过李清照的诗词，本已赞赏不已，此时一见，便产生了爱慕之意。赵明诚回去后，便在父亲面前提及此事。当时，赵挺之问儿子学业如何，身体如何。赵挺之说自己学业仍是优秀，多次得到师长的夸奖。但近些日子梦寐不宁，常做一梦，醒来时犹记住梦中的几句话，却百思不得其解。赵挺之便问是什么话，赵明诚说，言与司合，安上已脱，芝芙草拔。显而易见，赵明诚是为情所困，却又不好意思直接表露，只得采取这种字谜方式委婉地向他父亲提出来。赵挺之不知是计，竟然忍俊不禁，耐心地为儿子解释，第一句是个"词"字，第二句是个"女"字，第三句是"之夫"，连起来便是"词女之夫"。当时，京城中待字闺中、词名远播的女子无疑便是李清照。赵挺之这才明白了儿子的用心，知道他定是倾心李清照，便派人去求亲。建中靖国元年（1101），李清照与赵明诚成亲。赵、李的姻缘之所以后来成为一段令人羡慕不已的千古佳话，是因为它不仅仅是郎才女貌、才子佳人的传奇故事，更是夫妇志趣相投，即"夫妇擅朋友之胜"的结合。

赵明诚和李清照结婚后，仍是一名太学生，平时住在学校中，每月初一、十五才能回家与妻子相聚。但每次回家时，赵明诚都会去相国寺为李清照买她喜爱吃的鲜果品，同时还购买一些金石书画和古籍玩好，带回去与李清照一同鉴赏。夫妇俩有着共同的爱好和情趣，一起收藏和玩赏金石和古玩，还一同唱和诗词。李清照婚后的生活过得宁静悠闲、幸福快乐，这段时间是他们夫妇恩爱而甜蜜的美妙日子，因此，那些诸如闺房昵意、伉俪相娱和踏雪赏梅、泛舟游湖、饮酒赋诗这类的闲情雅志都在她这段时间所做的诗词中出现。李清照还称自己是葛天氏之民，葛天氏是传说中的部落首领，这个部落的百姓纯真朴实，生活自在悠闲。李清照用此自比，可窥其内心愉悦之一斑。

然而，就在赵、李二人沉醉于伉俪情深和金石书画之趣时，由于政局的变动，两人都不知不觉地卷入一场政治纷争的旋涡。徽宗建中靖国之初，神宗皇后向氏垂帘听政。向太后主政时恢复元祐旧政，起用被贬逐的元祐大臣。但向太后不久便撤帘，徽宗亲政后，改元崇宁，蔡京大兴党祸，残酷打击元祐党人。李清照的父亲李格非由于与苏门的关系，也被列入元祐党籍，在"元祐党籍碑"上列于余官第二十六位，排名非常靠前。而与此同时，赵挺之却连升三官，与蔡京同时成为崇宁间的左右宰相。

赵挺之（1040—1107），字正夫。熙宁三年（1170），赵挺之登进士第，先后担任过一些地方官职。他为人机警而有才干，颇能处理一些棘手复杂的政事。赵挺之在德州（今山东德州）做官时，恰逢哲宗即位。按照惯例，新皇帝即位，要赐给士卒缗钱，但郡守却想中饱私囊，没有将钱发给士兵。士卒们得知后极为气愤，持兵器闯入府衙。郡守见此情景，马上躲开，左右官员也怕引火烧身，纷纷逃避。只有赵挺之依然端坐在堂上，阻止士卒喧闹公堂，在问明情况后，将缗钱发给他们，然后下令将为首作乱的人治罪，其余的士兵见了立即四散而去，事情便平息下来。赵挺之也因出色的才能引起朝廷注意，被升为监察御史，而他也不可避免地卷入了哲宗时期的新旧党争中。

神宗时，王安石想解决国家的陈弊，达到富国强兵的目的，因此进行变法，但是遭到了许多人的反对，便想通过科举来选拔支持变法的人才。熙宁三年登第的赵挺之、蔡京和叶祖洽等人便是在这种背景下及第的。而这一榜的许多进士后来的确在新法的推行过程中竭尽全力，甚至还成为新旧党争中的主要人物。

赵挺之也是全力奉行新法，因此与反对变法的苏轼兄弟及其门人结怨颇深。赵挺之和黄庭坚曾同时在德州为官，赵挺之欲推行市易法，黄庭坚全力反对，毫不让步。后来，神宗想让赵挺之在三馆中任职，当时苏轼就颇为鄙夷地说赵挺之是聚敛小人，学行一无可取，不堪担任此职。为此，赵挺之颇为不满苏轼。而黄庭坚不仅在政见上与赵挺之相左，甚至在日常生活中处处与他为难。赵、黄两人因为是同僚，所以常常在一起用饭。每逢厨师来问吃什么时，赵挺之都说：来日吃蒸饼。因为他是山东人，爱吃面食，但黄庭坚却为此寒碜他。有一次，同僚聚餐，黄庭坚建议众人行令助兴，要每人说句话，含五个字，而这五个字从头至尾必须能合成一个字，众人都称好。游戏开始后，轮到赵挺之，他沉吟片刻，说"禾女委鬼魏"，黄庭坚马上接着说"来日敕正整"，谐音便是赵挺之的"来日吃蒸饼"。黄庭坚此言一出，满堂大笑，让赵挺之下不了台，赵挺之由此更加怨恨苏门。因此，元祐二年（1087），赵挺之担任监察御史，便立即弹劾苏轼起草的诏书诽谤先帝神宗，又接着攻击苏轼的学术出自纵横家之言，在科举考试时，均问王莽、袁绍、曹操和董卓等篡汉之事，若让苏轼得志，天下必定大乱。甚至在后来，赵挺之见到儿子赵明诚收藏苏轼和黄庭坚的书法和诗文，当即就勃然大怒，颇为不喜赵明诚。这已完全不只是政见相左的表现，更多的是私人之间的意气之争。这种意气之争甚至还牵涉到赵挺之的连襟陈师道。

陈师道是北宋著名文人，也是苏门人士，他非常不满赵挺之针对苏门的所作所为，甚至大有割袍断义之举。陈师道晚年贫困交加，颇是凄凉，冬天家中竟然无御寒之衣。陈妻无奈，向赵家借冬衣。陈师道得知冬衣的来历后，竟然大怒，执意让妻子立即退还，宁愿忍饥受冻，也不接受赵家的帮助。陈师道后来因为寒冷染病死去。由此可见，赵挺之与苏门结怨之深。

赵挺之与苏门不睦世人尽知，他的亲家李格非与苏门的融洽关系也无人不晓。而李格非对苏轼的情谊尤其深厚，他曾为苏轼屡遭贬黜、客死异乡的多舛命运感到痛心不已。然而，徽宗亲政后的掌权者多为苏轼当年的政敌，苏门人士成为重点打击对象，凡与苏轼兄弟有关系的人自然难逃此劫，李格非也不例外。因而，在这场政治风波中，赵、李两亲家的一荣一枯也就不足为怪了。

这些事情，聪明敏感的李清照洞若观火，因为家庭的影响，她与苏门人士的感情自然要深些，况且苏门人士中许多人的品格和文采都令她景仰。但为了挽救父亲，李清照仍央求公公赵挺之相助，希望他能念在两家情分上，帮助父亲渡过难关。李清照写诗献给公公，表达父女情深，希望公公伸出援手，中有一句"何况人间父子情"，让读了李清照诗的人都颇为同情她的处境，理解她无奈之情。然而，残酷的党争扭曲了人的性格，赵挺之将对苏门的积怨迁怒于李格非，加之他也不愿在徽宗和蔡京大力清除元祐党人时因庇护苏门人士而影响自己的仕宦生涯，因此，赵挺之并没有出手相助。李格非被降职、罢官，最后被迫离开京城，回到山东原籍。李清照对公公赵挺之的冷漠无情颇是寒心，后来又针对这件事情写过一首诗，其中有"炙手可热心可寒"之句，即指公公赵挺之势焰正盛，对自己的亲家却如此冷酷，表达了自己的强烈不满和愤怒。也正因为如此，使得她在赵家的处境异常尴尬，一边是父女骨肉情深，一边是夫妻琴瑟款款之意，都无法割舍，好在赵明诚仍支持和关切她。

崇宁二年（1103）、三年（1104）和宣和六年（1124），徽宗都曾下诏禁止苏轼和黄庭坚等人的著作，赵明诚却因为收集苏轼和黄庭坚等人的书法和诗作而为父亲所不喜，陈师道还将他们父子比作大邢和小邢。大邢是指邢恕，他是新党核心人物之一，曾遭旧党打击，在章惇和蔡京当政时，邢恕对宰相阿谀奉承，全力打击旧党，甚至有时候还不惜捏造事实进行诬陷。小邢是邢恕之子邢居实，他天赋过人，诗文颇受苏轼、黄庭坚、秦观和陈师道等人的赞赏，政治立场上也接近旧党，因而与父亲反目。从陈师道的这个比喻中，不仅可以了解赵挺之和赵明诚父子在这场纷争中各自的态度，也能看出当时政治斗争的残酷性，竟然使得父子间的亲情也受到巨大的影响。

　　不过，朝廷中的党争并未因为元祐势力的连根拔除而停止。在徽宗和蔡京的腐朽统治下，党争已不再是简单的变法与反变法的斗争，而是蔡京为了排除异己，不择手段地打击政敌。赵挺之虽与元祐势力结怨极深，但他却与蔡京不和，并多次揭露蔡京的奸恶。为了躲避蔡京暗算，赵挺之还一度辞官，后不久又复官，并一度为徽宗重用，乃至赵明诚三兄弟都因此得到官职。但在赵家势力正如日中天之时，大观元年（1107）正月，蔡京复相，三月，赵挺之被罢官。这一次，赵挺之明白，自己已经无力与蔡京抗衡了，因为蔡京在初相的近四年中，培植了大批党羽。赵挺之已无东山再起之日，在罢相五日后便郁郁而终，时年六十八岁。蔡京却是个睚眦必报的人，他立即诬陷赵氏一门，下令逮捕赵挺之在京城的亲属，严加查办，还削夺皇帝封赠赵挺之的官衔。但因证据不足，赵氏家人被释放出狱。赵挺之一死，赵家顶梁柱倒塌，而京城又有政敌蔡京居心叵测。在这种情况下，赵氏亲属被迫隐居乡里，赵明诚和李清照来到青州定居下来。

　　赵家由显贵变成普通百姓，对赵明诚和李清照来说，似乎是因祸得福，他们远离了朝廷党争的旋涡，隐居在青州归来堂中，将他们的全部精力投入在金石、字画和古玩上。李清照对自己未曾见过的书，尽力传写，沉浸其中，不能自己。遇到中意的书画奇器，她甚至当了衣物去购买，到后来她为了节省钱财，不食荤菜，不穿彩衣，不戴首饰，但她在精神上却得到了莫大的享受。赵、李夫妇每得到一本奇书，便共同勘校，整理签题；得到书画器物，便仔细把玩，互相给予评价。

　　同时，夫妇俩在饭后还时常坐在归来堂中烹茶，两人指着满屋的书籍互相考问对方，某事在某书某卷第几页第几行上，猜中的人先饮茶。李清照常常先猜中，举杯后却因欢喜而开怀大笑，以致茶杯倾翻，茶水洒在身上。夫妇俩以此为乐，李清照却因为记忆力超人，时常胜过赵明诚。赵、李二人还在归来堂中比试文采，在这方面，李清照则显示出常人不及的天分。她每得佳句，必让赵明诚唱和，赵明诚屡屡苦思不得。李清照曾作《醉花阴》一词，内有"莫道不销魂，帘卷西风，人比黄花瘦"三句，赵明诚读后叹赏不已，自愧不如，却又想胜之，便闭门谢客，废寝忘食三昼夜，最后得词五十首，与李清照的词混在一起，请朋友鉴赏。朋友读罢之后，说这其中只有三句最佳。赵明诚问是哪三句，朋友说是"莫道不销魂"这三句，赵明诚由此更是佩服妻子的才华。

赵明诚和李清照在青州隐居达十五年之久，直到宣和三年（1121），赵明诚重返仕途。此时，北宋王朝也已面临着严重的危机。宋神宗和王安石的变法无法解决国家的所有弊端，而源于变法和反变法的党争却一直持续到徽宗朝，这些统治集团内部的矛盾极大地削弱了统治阶级的力量，加之徽宗朝奸佞当道、朝政腐败，北宋王朝已处于风雨飘摇之中。宋金联合灭辽后，金朝挥师南下，整个北宋王朝的局势骤变，赵明诚和李清照也被推向风口浪尖。

中年：飘零遂与流人伍

靖康元年（1126），赵明诚奉命守淄州（今山东淄博）。而局势却越来越坏，到了年底，东京被金军攻破的消息最终传来。赵、李夫妇相对茫然，这意味着平静的生活将远离他们，夫妇俩精心收藏的金石古器也难以保全，未来很可能是流离失所的逃亡生活。

靖康二年（1127）三月，金人俘虏徽、钦二帝及后妃、大臣北上。北方的大片土地落入金人手中，靖康之变使得无数人因为国破家亡而流离失所。宋金交战，硝烟不绝，战争成为社会生活的主题，时局混乱，乱兵盗匪杀人如麻。为了免遭被杀、被掳、被劫的厄运，上至朝廷官员，下至平民百姓，都扶老携幼，不断向南迁徙，开始了苦难的流亡生活，李清照最后也加入了这些人的行列。

靖康二年（1127）三月，赵明诚因奔母丧先南下金陵（今江苏南京）。高宗即位后，于建炎元年（1127）七月，任赵明诚为江宁知府。这时，李清照已返回青州，整理归来堂中的金石文物，准备南下与赵明诚会合。当时，面对家中的诸多收藏，李清照只好先放弃印本沉重且大的书籍，再依次是卷轴较多的画、没有款识的古器，然后再将价值不高的收藏品淘汰出去，最后仍装了满满十五车，家中还锁了十余间屋子。但时局变幻，令李清照想不到的是，她离开不久，青州就发生兵变，赵晟作乱，她家所存书册什物十余屋均毁于一旦。李清照思及与赵明诚成婚三十年来的心血毁于兵祸，不禁万般痛心。

李清照独自一人保护着十五车器物，一路惊魂不定。她先沿海路南下，然后渡过淮河和长江，才到镇江，就遇到叛军张遇攻陷镇江府。当时，张遇自黄州率军东下，在江宁与刘光世相遇，被刘光世击败，便乘船南下，侵犯镇江，一路上，士兵皆溃败，百姓四处逃散。李清照不免心惊肉跳，全力保护器物，最后经历千辛万苦终于到了江宁与赵明诚会合，赵明诚对老妻的行为和勇气颇为感动。

建炎时期，金兵多次渡江南侵，南方也乱兵盗贼四起，民不聊生。朝廷的许多官员有时候面对乱世，也无能为力。赵明诚就因为失职，只做了一年多的江宁知府便被罢官。不可否认，赵明诚是个学识渊博的收藏家，但对于政事，他能力有限，甚至可以说他是个平庸无能的官员。建炎三年（1129）二月，御营统制官王亦驻兵江宁，策划夜间发动兵变。此事被江东转运副使李谟所知，急忙告诉知府赵明诚。当时，赵明诚已经接到去湖州上任的命令，因此得到李谟报告，并不放在心上，也没有采取行动。李谟只得自己采取措施，命部下率领地方士兵埋伏在乱兵必经之处，还设好栅栏和陷阱。到了夜晚，王亦果然兵变，企图占领江宁府，但因为李谟领人阻止，王亦计谋未能得逞，落荒而逃。天亮时，兵变已平，李谟派人去找赵明诚，却发现他早与另外两个官员丘绛、汤允恭在惊惶失措中利用绳子从城墙上逃跑了。就这样，赵明诚因为失职被罢官，极不光彩地离开了江宁。

不久，赵明诚又接到命令前往湖州上任。赵、李分别时，局势更糟。李清照也知道，夫妻分别，随时都有可能遭遇兵祸，前程难料，而丈夫在李谟兵变中的懦弱也在她心中留下了阴影，让素来颇有豪气的李清照极为失望，成了她心中难以承受的隐痛。李清照更是担心自己一人保护如此多的物件会发生变故，因此情绪不佳，便问赵明诚，若真发生不测时该如何是好，其实是心里已有做最坏打算的想法。当时，赵明诚毅然说，若逢不测，先丢弃辎重，再抛弃衣被，然后依次是书册、卷轴和古器，而夫妇二人所收藏的最为珍贵的赵襄的《赵氏神妙帖》不能失去，若非万不得已，只能与李清照一同存亡了，两人对金石字画的痴爱可见一斑。

自靖康之变以来，赵明诚一直在劳碌奔波。国都失陷，夫妻俩茫然不知所措，为几十年的收藏发愁。母亲去世，赵明诚不远千里，南下奔丧，饱受颠沛之苦，乱世中出任江宁知府，却无法应对动荡时代的兵变，只得蒙辱离职，难免心事重重。而南方的酷暑天气又使生长在北方的赵明诚很不习惯，日夜兼程地赶往湖州也使他疲惫万分，这一切都使赵明诚心力交瘁，竟在赴湖州途中染病，且一病不起。

赵明诚染病的消息，直到七月末才传到李清照处，李清照又惊又怕，知道赵明诚性情急躁，染病发热，必定服用性凉的药物，这样只能加重病情，便急忙南下，甚至一日夜行三百里。李清照赶到湖州，发现赵明诚果然服用大量凉药，已是病入膏肓，即使华佗再世，也回天无力。八月，赵明诚病逝，留下李清照孤身一人，她悲痛欲绝，近三十年的美满姻缘便这样在乱世中结束了。

然而，李清照尚未从丧夫之痛中走出来，金军已南下追击宋高宗，形势非常混乱。当时，高宗每到一地，尚未喘口气，金军又已逼近，高宗只得又匆匆逃离，狼狈不堪到了极点。高宗甚至为了逃亡之时减少牵挂，将后宫佳丽分散遣逃，可见当时情况之危急。

时局动荡，风声鹤唳，草木皆兵，而李清照身边又有书画金石器皿4万件之多，这些都是他们夫妇二人毕生的心血，弃之不舍，带之不便，就在李清照为这些物件苦思对策时，却发生了"玉壶颁金"之事。在赵明诚病重时，有一学士张飞卿携带一把玉壶来探望，顺便让赵明诚替他鉴别壶的真伪。张飞卿把玉壶给赵明诚看了一下便走了，而事实上，他所带的是假壶。然而，不知何人将此事传开，并无中生有地谣传赵明诚将玉壶送给了金人，甚至还说有人要在朝廷弹劾赵明诚的行为。丧夫之痛已让李清照饱受精神折磨，被人诬陷的贿赂通敌之事更让她惶恐万分。李清照不敢多想未来的情形，便将家中所有的铜器送到皇帝停留的地方，进献给高宗，希望以此表示丈夫的清白和保住自己的性命。但当时高宗也在一路南逃之中，李清照赶到越州时，高宗已转移到四明（今浙江宁波）。李清照不敢将铜器放在家中，便寄存在剡地（今浙江嵊县），准备在时局稳定后再做打算。但不久，剡地便失陷了。后来，宋军收复剡地时，将这些物件全部取走，这些铜器落入一位李姓将军的手中，最后下落不明。

更令李清照始料不及的是，她身边的书画器物也被人盯上。李清照迁居到绍兴时，借租在一户钟姓人氏家。一天夜里，小偷进来，盗走了李清照五箱书画古玩。李清照痛心不已，深深责备自己不能护全这些物件，便重金赏购。过了几日，屋主钟复皓拿了十八幅画来领赏金。李清照顿时明白过来，盗贼就在身边，分明是欺负她这个孤寡异乡人，但她无奈中只好用赏金买回这十八幅画。至于其他物件，流落在外，后来被一个叫吴说的官员贱价买走了。

李清照将这些事情都记录下来，引起了后人的无限同情。据说明朝张居正主持朝政时，见下属中有操着浙江口音的钟姓官员，便问他是否是会稽人，对方做了肯定的回答。张居正马上变了脸色，下属赶忙说他是从湖广迁居到会稽的。张居正虽然神色稍缓，仍面带怒容。

最后这位下属还是遭到了贬谪，真是无辜之极，在数百年后还遭池鱼之灾。

而李清照自青州南渡以来，夫妇毕生收藏的金石古玩绝大多数都已损失了，李清照之痛苦可想而知。她追随高宗御舟南下，劳心劳力，担惊受怕，吃尽了苦头。直到绍兴二年（1132），局势稍微好转，高宗回到临安，李清照心情也逐渐开朗，拖着柔弱多病之躯也来到临安。然而此时，李清照又遭遇了改嫁风波，使得她心力交瘁。

李清照与赵明诚的婚姻幸福美满，为世人所称羡。但赵明诚英年早逝，留下李清照身处江南异地，孤身一人，无依无靠，甚是凄苦。这时，一个叫张汝舟的官员趁李清照屡遭不幸、精神痛苦之时，对她大献殷勤，用花言巧语取得了李清照的信任。孤独寂苦的李清照自然希望自己晚年能有所依靠，便于绍兴二年（1132）夏改嫁张汝舟。

然而，婚后不久，李清照便发现张汝舟举止轻佻，谈吐猥亵，分明就是一个市侩小人。更令李清照不能接受的是，张汝舟明目张胆地想夺取她手中存留的金石字画，拿出去出售牟利，因为当时赵明诚和李清照收藏的古物器玩之多，是世人皆知的事情。早在建炎三年（1129）闰八月，赵明诚才去世不久，高宗就派医官王继先来找李清照，想用300两黄金购买两人收藏的古器。后来兵部尚书谢克家劝阻高宗说，此事若传开，有累皇帝盛德，高宗这才作罢。不过绍兴五年（1135），朝廷修史书时，高宗还下令去赵家取赵、李夫妇所收藏的《哲宗实录》。赵明诚和李清照的私人收藏竟为皇帝惦记，官府修史书都来向他们索书，可见当时收藏之丰、声名之大。更不用说张汝舟这样的无赖小人，怀着险恶用心来骗财了。对于李清照来说，那些古玩器物不仅是她与赵明诚的半生心血，也是她与赵明诚爱情的美好回忆，自然不能给张汝舟。张汝舟见李清照不肯交出珍品，便拳脚相加，倍加折磨。李清照知道自己误嫁了中山狼，但她并非胆小怕事的懦弱之人，便毅然决定与张汝舟离异。李清照将张汝舟谎报参加科举的次数而被授官之事揭发出来，要求与之一刀两断。李清照虽然讼夫离异成功，但按照宋朝法律，告发丈夫是要服刑的，李清照为此入狱。李清照入狱后，她的一些亲戚友人施以援手，尤其是一些在朝为官者从中斡旋。最后，李清照仅被关了九天便被释放了。李清照从改嫁到离异，前后不过百日时间，却给她南渡后流离颠沛的生活增加了更多的不幸。

晚年：只乞乡关新消息

李清照晚景凄凉，她的身世之苦与亡国之痛交织在一起。在南下过程中，李清照沿途见到百姓流离失所、骨肉分离，败兵盗匪趁火打劫、肆无忌惮，而高宗君臣却一味南逃、消极抗金。李清照的思想也随之发生了天翻地覆的变化。但是，她是一个弱质女子，不能投军杀敌、恢复故土，只好将满腔爱国之心在她的诗词中表现出来。李清照的诗词中隐含着故国情思，展现乱离苦难，更抒发她抒国难、干时政的心情，强烈地表达了对南宋朝廷苟且于半壁江山的不满和恢复故土的希望。

南渡之初，李清照面对故土落入金人手中、国破家亡的惨剧，无法在家中潜心勘赏金石、赏花弄月，到了隆冬时节，竟然不顾严寒，冒着大雪，披着蓑衣，到城外沿着城墙来回走动，去填写诗词，用以排遣心中无比的悲愤。

李清照写下"南来尚怯吴江冷，北狩应悲易水寒"。吴江，本指吴淞江，此处代指江南；易水，是战国时期的著名刺客荆轲辞别燕太子丹，前往秦国去刺杀秦王嬴政之地，荆轲在此还高歌"风萧萧兮易水寒，壮士一去兮不复还"。李清照借此述说高宗君臣和自己全家仓皇渡江南下的悲苦，以及对被掳北上的同胞的深切怀念之情，体现了一个爱国流亡者悲痛的心情。李清照又写"南渡衣冠少王导，北来消息欠刘琨"。西晋灭亡，东晋南渡，士大夫也逃到江南，他们总相聚在新亭赏花饮酒。有一次，有人感叹故土沦丧，同座的人听了，都伤感流泪，只有当时的宰相王导拍案而起，激励大家对收复故土要有信心，并鼓舞人们投身于北伐的战争中去。刘琨更是当时著名的爱国志士，他在北方组织人们收复失地，并取得不少成绩。李清照借用这些典故，强烈讽刺了南宋将相贪生怕死，不以恢复为念，只知屈辱退让。而她的《乌江》诗"生当作人杰，死亦为鬼雄。至今思项羽，不肯过江东"，更是以赞扬项羽来鼓励人们应该昂然立于天地之间，以此来讽刺南宋朝廷中苟且偷安的懦弱无耻者。建炎四年（1130），金朝扶持原宋朝大臣刘豫建立伪齐政权，李清照知道后愤慨无比，写下了"两汉本继绍，新室如赘疣。所以嵇中散，至死薄殷周"。王莽本是西汉皇族的外戚，却夺权称帝。嵇康是三国时期曹魏著名的贤士，曾官拜中散大夫。当时，司马氏把持曹魏政权，许多人都奔走于司马氏门下，借以取得功名利禄。但嵇康拒绝与司马氏合作，并声称自己"非汤武而薄周孔"，最后被杀。李清照用王莽篡权之事来比喻刘豫的傀儡政权，借颂扬嵇康的傲骨，来表达对刘豫的强烈不满，批评当时的贪生怕死之辈。

李清照不仅用以古讽今的方法来表达对故土的思念之情，还直接议论时政。绍兴三年（1133）五月，吏部侍郎、同签书枢密院事韩肖胄和给事中、试工部尚书胡松年奉命使金。韩肖胄是宋仁宗、宋英宗和宋神宗三朝宰相韩琦的曾孙，宋哲宗和宋徽宗两朝宰相韩忠彦的孙子。而李清照的祖父和父亲都曾得到韩琦和韩忠彦的赏识与推荐，因此，李、韩两家算有世交之谊。得知韩肖胄和胡松年使金，李清照做《上枢密韩公、工部尚书胡公》。她在诗中劝韩、胡二人要胜任使臣之职，不辱国体，暗讽了高宗的屈膝求和之意，并表达了自己乃至南渡宋人的思念故土之情，即"不乞隋珠与和璧，只乞乡关新消息"。诗中还有"欲将血泪寄山河，去洒东山一抔土"之句，表示为了收复失地，主张抗金的人都可以献出自己生命，将一腔热血洒在故乡。

后来韩肖胄和胡松年到了北方，见到了昔日的北宋旧臣、时为伪齐皇帝的刘豫。刘豫竟想让韩肖胄和胡松年以君臣之礼跪拜相见。韩肖胄唯唯诺诺，不知该如何是好。胡松年立即义正词严地回答说，都是大宋的臣子。这明显是在讽刺刘豫忘了祖宗、卖身求荣的无耻行为。刘豫还向两人询问高宗对金人的态度，胡松年断然说，皇帝的意思是一定要收复失地。刘豫碰了一鼻子灰，心中极不是滋味。

然而，南宋的最高统治者宋高宗却只顾苟安议和，沉醉在临安的纸醉金迷之中，而不顾人们不绝于耳的恢复中原之声。李清照忧愤中填了一首《永遇乐•元宵》，表达她对旧都汴京的思念之情和对临安妥协之风的指责：

落日熔金，暮云合璧，人在何处？染柳烟浓，吹梅笛怨，春意知几许？元宵佳节，融和天气，次第岂无风雨？来相召，香车宝马，谢他酒朋诗侣。

中州盛日，闺门多暇，记得偏重三五。铺翠冠儿，捻金雪柳，簇带争济楚。如今憔悴，风鬟霜鬓，怕见夜间出去。不如向、帘儿底下，听人笑语。

李清照在词中嗟叹身世飘零，在对赵明诚的怀念中隐含了对故国故都的思念，写出了世事的变幻莫测、朝代的兴衰更替、人生的无常。同时，又愤慨地指出，尽管事已至此，却仍有许多人寻欢作乐、醉生梦死。她还回忆了她当年在汴京的旧事，那时国家昌盛，汴京热闹非凡，李清照生活优越，青春年少，而如今，生活的坎坷让她过早地衰老憔悴，两鬓已有风霜，难免自惭形秽，无欢乐可言。

李清照写这首词时，正值秦桧第二次拜相、严厉控制言论、全力议和之际，李清照无法直言相叙，便隐讳地表达出对现实的不满，她这种深沉的爱国之情得到了许多南渡士人的共鸣与支持。刘辰翁说他读到李易安的《永遇乐》词，不禁潸然泪下，乃至过了三年，每次重读之时，仍旧哽咽伤怀，更难免常将自己现在的思绪比托于李易安词中的心境，悲苦之情尤过之。张端义也说李清照自南渡以来，常怀念京洛旧事，所做《永遇乐》以寻常语调写出一首感叹时事的绝妙佳句，为人所钦佩，哀伤之情更是引人同悲。

李清照为国家命运担忧，力主抗金恢复，反对妥协求和，这种心境淋漓尽致地反映在她所填写的诗词中，在当时影响很大。因此，被当政的主和派视为巨大的潜在威胁。秦桧妻子王氏是神宗朝宰相王珪的孙女，李格非也娶王珪之女为妻，因此，李、秦两家本应是亲戚。秦桧当政时，凡与他沾亲带故者，大多飞黄腾达，坐享富贵。但是，李清照显然没有得到秦桧的任何照顾。当时，每逢节日，皇宫内都要设宴，为了增加喜庆的气氛，皇帝还命翰林学士们写一些诗句，贴在宫廷各处的门墙之上，这类诗句，俗称"帖子词"。许多内廷嫔妃为了讨皇帝欢心，也附庸风雅，写诗填句。不过，无论是翰林学士，还是宫中嫔妃，大多喜欢找那些文笔极好的人来代笔，以此来显示自己的才华。而这些代笔之人若是写得佳句佳作，往往会得到很多赏赐。绍兴十三年（1143），垂暮之年的李清照或许是为了图个吉利，或许是为了稍微改变一下境况，在端午节时替内廷嫔妃代笔写了三首《端午帖子词》。当时，秦桧之兄秦梓在翰林院任官，看到了这些帖子词。以李清照的文采，本应得到大量赏赐，但秦梓却极不满意，仅仅给她少许金帛，个中原因，是否与李清照的抗金立场有关，那就不得而知了。

绍兴二十六年（1156），李清照带着对赵明诚的深切怀念和对破碎家国的无限眷恋，也带着满腔的愤慨和怨愁，离开了人世。而当时，高宗君臣已经在绍兴和议所维持的半壁江山中苟安十五年了，却丝毫没有真正收复中原的行动。

尽管当政者极力求和，不思恢复故土，靖康之难中被迫南渡的宋人，尤其是那些文人，他们的亡国之痛如此之切，故国之思如此之深，是前所未有的。其中，李清照更是以自己的切身体验和诗词表达了当时人们的心声，她将南渡北人那种居无定所的惶恐不安、背井离乡的悲惨处境、国破家亡的难堪愁苦和对恢复故土的强烈愿望表现得淋漓尽致，她不仅写出了自己在整个时代变换中难以掌控的无奈命运，也写出了无数南渡北人的故国之思和浓浓的忧郁之情，而这份悲愤，因为南宋没有收复北宋故地，在此后的一百多年中，靖康之难的阴影一直笼罩在宋人心中，挥之不去。

洪皓：

———————— 节比苏武的南宋使臣

临危受命：不辱国格的使节

宋金两国自开始接触时起，尤其是在靖康之变后，因为和战之事，常常互派使节往来。在赴金途中，许多宋人明知前途未卜、凶多吉少，却仍然义无反顾、赴汤蹈火。为了国家荣辱和民族气节，宋朝使臣愿将自己的生死置之度外，他们用自己的亲身经历为人们讲述着发生在靖康之变后那个特定时代的一个个扣人心弦的故事，其中最为典型的就是洪皓。

洪皓（1087—1155），字光弼，其祖上原为徽州（今在安徽）人，唐朝末年因避战乱而迁至乐平（今江西乐平），以耕种为业。北宋中期，洪皓曾祖父洪士良举家迁至饶州（今江西波阳）。

建炎三年（1129），金军南下奔袭扬州（今江苏扬州），追击宋高宗。宋高宗如惊弓之鸟，匆忙从扬州逃往建康（今江苏南京）。洪皓历来主张抗金，反对宋高宗偏安一隅、妥协求和的政策。因此，得知高宗的打算后，上书表示反对，他认为，当时宋朝内部的兵变（指苗刘兵变）刚刚平息，而金人尾随在后，若轻易南迁，只怕金人乘虚而入，便建议派近臣先去建康，再商议皇帝南迁之事，这样才有利于恢复中原。然而，当时朝廷已决定转移至建康，洪皓官微言轻，高宗根本不理睬他的建议。但事态的发展却被洪皓言中，高宗到了建康后，金人在后面紧追不舍。高宗惊魂未定，后悔莫及，却又束手无策，只好决定再次遣使赴金议和。这时，高宗也忽然想起当初有人谏阻他来建康之事，忙问左右，当初劝阻南迁之人姓甚名谁。张浚说是洪皓，并向宰相吕颐浩推荐，若派人去金国，洪皓一定可以胜任使臣这一职位。于是，在张、吕两人的举荐下，高宗决定召见洪皓。

当时，洪皓正在家中为父亲守孝，吕颐浩见事情紧急，迅速为洪皓换了服装，便领他来见高宗。高宗向洪皓表示，国势艰难，两宫未还，自己十分担忧。洪皓认为，金人又不能长期陷在中原，今日的危难局面是上天给予皇帝的磨砺。高宗听了非常高兴，称赞洪皓议论纵横，熟于史传，是国家栋梁之才，选他做使者出使金国，自己放心。尽管洪皓十分清楚此行之凶险，但为了国家，他仍将个人安危置之度外，答应赴金。高宗立即连升洪皓五官，提拔他为徽猷阁待制、假礼部尚书，充任大金通问使，名义上是通问徽、钦二帝，请求金人放他们回来，实际上是去商谈议和之事。

建炎三年（1129）五月，洪皓一行踏上了北上的路途。临行前，洪皓与家中老母告别，泣拜再三。当时，洪皓长子洪适才十三岁，其余儿女都很年幼。为了顾全大局，洪皓虽然内心极度痛苦，但还是毅然舍弃了自己的小家。然而，洪皓一行的路途并不顺利，先在江淮遇到叛军，后行至太原（今山西太原）时，又被金人扣留近一年之久。次年，他们被转至云中（今山西大同），见到了完颜宗翰。宗翰拒绝了他们归还二帝的请求，并逼他们去刘豫的伪齐政权做官。洪皓坚决不从，说不能完成使命请回二帝，恨不能去手刃刘豫，被扣留是死，不做伪齐官员也是死，不如现在就让宗翰杀了他。宗翰大怒，下令将洪皓处死。洪皓神色泰然，毫不惧怕。宗翰一部下见了，深为佩服，忙用眼色制止前来执行宗翰命令的士兵，称赞洪皓是宋朝真正的忠臣，于是他上前跪到宗翰面前去为洪皓求情。宗翰怒气稍消，虽免洪皓一死，但却将他流放到冷山（今属吉林省）。

冷山地区气候寒冷，十分荒凉，四月草才发芽，八月就已飞雪，条件十分艰苦，这里是金朝陈王完颜希尹的家族居住地。完颜希尹为人颇有谋略，是金朝重要的政事军事决策人之一，他不仅自己很有才干，也十分敬重有才能的汉人，更重要的是，他主张积极向汉人学习，为女真族的汉化起了很重要的作用。完颜希尹知道洪皓才华出众，想收之为己用，但又知道洪皓不会轻易屈服，便想从物质生活上折磨他，让他在意志上屈服。完颜希尹两年时间不给洪皓提供衣食，洪皓只能在盛夏时节还穿着厚厚的鹿皮缝制的衣服，而在大雪之时，没有柴火，他又只好四处拣干了的马粪生火煮面食。然而，洪皓并没有因为这些困难而臣服，完颜希尹也越加敬重他，不仅请他教授自己的八个儿子，甚至连许多军国大事也来征询洪皓的意见。

完颜希尹想攻取四川，且将作战策略告知洪皓。洪皓全力反对用兵，反复说明其计划难以实行，最后打消了完颜希尹取四川的念头。完颜希尹决意南侵，并十分狂妄地对洪皓说，他的力量可使海水干涸，只是不能使天地相接罢了，言下之意，就是南宋根本不是对手，金兵完全可以彻底灭掉它。洪皓反驳他，兵犹如火，随意使用便会引火自焚，自古就没有四十年用兵不止的。洪皓还多次对完颜希尹晓之以理，自己本来为了两国国事，金朝不仅不以使臣之礼相待，反而让他教幼儿识字，实非古来待使者之道。完颜希尹自知理亏，沉默不语，但次数多了，就发怒说洪皓虽身为使臣，却这么口硬，是否以为金人不敢杀他。洪皓毫无惧色，认为自己没有完成朝廷的使命，自当以死报国。完颜希尹见他如此大义凛然，只能打消处死洪皓的念头。

绍兴七年（1137），宋金又开始议和。完颜希尹曾将和议所商谈的条款征求洪皓的意见，洪皓引经据典，逐条分析利害，竭力阻止金朝授予宋朝年号、索取银绢、屠杀投降人员等事情，维护了国家的利益和民族的尊严。洪皓还劝完颜希尹不要杀害投降金朝的人，认为那样是自取灭亡。经过长时间接触，完颜希尹彻底为洪皓的才能和品格折服，表示要带他同去燕京（今北京）商谈议和之事。后来，完颜希尹在金朝统治集团内部的权力斗争中被杀，而洪皓因为曾多次反对希尹，幸免于难。

洪皓在燕京遇到了宇文虚中。当时，宇文虚中已被迫接受了金朝的官职，因此鼎力向金熙宗推荐洪皓，洪皓坚辞不就，他不耻宇文虚中的所作所为。后来，洪皓谋划逃归之策，在金人再次要求他做官时，他请求金朝参政韩昉，希望能到真定（今河北正定）和大名（今河北大名）等地去担任地方官。真定和大名靠近宋朝，洪皓到这些地方是为了便于南逃。但洪皓的意图被韩昉看破，韩昉极为愤怒，让洪皓到远离宋朝的金朝中京（今内蒙古宁城）做官，并催促洪皓赶快启程。洪皓坚决不答应，誓死不就职，韩昉竟没法使他屈服，只得另想办法。当时，根据金朝的法令，留在金朝的宋朝官员，虽然没有担任过金朝的官职，但只要是被金人任用过，为他们做过事情，就不能放回去。韩昉为了留住洪皓，便设计让他到云中（今陕西大同）去主持进士考试。洪皓深知其阴谋，于是称病不出，同时推说自己不懂诗赋，只会经学，而当时云中的进士是考诗赋，韩昉无奈，只得再将洪皓送回燕京。

洪皓在金朝，始终保持宋朝使臣的气节，心中挂念宋朝，密切注视两国形势的发展。他在云中时，得知徽、钦二帝在五国城，便暗中派人将桃、梨、粟、面四种食物送去，暗指逃、离、束、冕之意，实际上是告诉二帝，康王赵构已经成功逃离了金兵的追捕，重建宋朝，与金朝抗衡，二帝由此知道赵构即位之事。后来，徽宗在五国城病逝，洪皓得知消息后，悲痛而泣，眼睛都哭出血来，他作祭文拜祭徽宗亡灵，还派人去燕山为徽宗做道场，为徽宗超度。洪皓的祭文言辞恳切，感情真挚，在金朝的北宋旧臣们读了后都为之感动，挥泪不已。

洪皓还设法给高宗带去了许多有关被囚禁宋人的消息。绍兴十一年（1141），洪皓千方百计得到高宗生母韦氏的亲笔书信，派人送给高宗。高宗已近二十年不曾得到母亲的消息，因此，见信后大喜，说他派遣使者百余人赴金询问韦氏的情况，所得结果竟不如得到这一封信。后来，金人送徽宗梓宫（即棺材）和韦氏南归，均是洪皓先暗中将消息传给高宗。高宗十分感动，说洪皓身陷敌区，却心系赵宋王室，忠孝之节久而不渝，实在可嘉，上天必定会保佑他平安归来，并下诏褒奖洪皓的几个儿子。

此外，洪皓还暗中收集军事情报送回南宋，时刻注意着宋金战场的情况。绍兴十年（1140），大将刘锜在顺昌之战中大败完颜宗弼的金军，打击了金军的嚣张气焰。然而，秦桧却立即命刘锜班师。洪皓得知消息后，暗中上书给高宗，内容竟有数万字之多。洪皓指出，顺昌之役把金人打得失魂落魄，他们甚至连存放在燕山的珍宝都运到了北方，明显是要放弃燕山以南地区，南宋此次撤军实在是可惜。同时，他还建议南宋抓住时机，挥师北上，这样不仅可以生擒金军主帅完颜宗弼，还能收复汴京（今河南开封），但高宗和秦桧并未理会。

绍兴十一年（1141），洪皓又暗中写信给高宗，说金人已经疲于用兵，其军队的强势必不会持久，因为金人往日都会带着妇女和家属随军，而现在却不敢了，这表明金军已然意识到与宋军作战的危险。若两国和议未谈定，不如趁机出兵，打败金人易如反掌。在信中，洪皓还指出，张浚在金人当中极有威名，金人都惧怕他，南宋却将他闲置不用，实在可惜，并询问李纲和赵鼎现在何处，言下之意是建议高宗重用主战派。洪皓甚至还说，胡铨敢冒着生命危险反对议和、指斥秦桧，金人知道了都佩服他，认为南宋有态度如此坚决抗战之人，都很担心。这些情况对南宋朝廷了解金朝内部的动向无疑是有帮助的。

然而，宋高宗和秦桧只是一味求和，丝毫不重视洪皓带回来的重要情报，甚至还以杀害岳飞来向金人表示议和的诚意。洪皓得知岳飞被害，捶胸长叹，忙派人带信给高宗，说金人惧怕的就是岳飞，甚至都称他为"岳爷爷"。如今得知岳飞已死，金朝的将帅们无不饮酒相贺，欢喜万分，纷纷表示，最极力阻碍议和的南宋武将已死，以后两国的和议都能坚定地按照金朝的想法谈下去了。

　　绍兴十一年，宋金和议谈成，被金朝扣押的许多人被不断送回宋朝。绍兴十三年（1143），金熙宗喜得皇子，大赦天下，允许洪皓、张劭和朱弁三位南宋使臣返回南宋。洪皓得到消息后，立即准备启程。然而，考虑再三，金人又十分后悔，他们认为，难得洪皓这样的人才，若放回去，必定日后会与金朝作对。洪皓得知金人之意，忙抢先出发。燕京副留守高吉祥素来钦佩洪皓的忠诚，便为洪皓变换牒文，使其顺利南行。此时，金人也连派七骑追赶洪皓，但还是晚了一步，到了淮水边上时，洪皓已乘船渡河，金兵只得失望而归。

　　洪皓回国后，见过宋高宗后，请求回家侍养老母。高宗却授予他官职，还称赞他忠贯日月，志不忘君，将他与汉代出使过匈奴的苏武相比，也不过分。高宗让洪皓去见韦太后，当时，宫女们按照惯例，在殿内设帘子，让洪皓在帘外与韦太后说话。韦太后却坚持说，自己与洪尚书是故人，于是命人撤帘相见，这在当时是很特殊的一种礼遇。

　　而高宗之所以在洪皓回国之初，如此厚待他，是与当时的历史背景相关的。靖康之变时，死节之士比比皆是，如坚贞不屈的李若水（1093—1127），字清卿，洺州曲周人。靖康二年（1127）正月，吏部侍郎李若水随宋钦宗出使金营。在金营中，金人逼宋钦宗脱去黄袍，要钦宗退位。面对金人的这一侮辱性要求，李若水抱住钦宗大哭，坚决不同意他脱去帝服，并直骂金人为狗辈。金人恼羞成怒，将李若水拉出去打倒在地上，拳打脚踢，然后派数十个持兵器的骑兵监管他，向他示威。金军元帅完颜宗翰钦佩李若水的气节，要求属下保住他的性命，但李若水以绝食相抗议。宗翰又劝李若水归降，说今日归顺，明日就富贵了。李若水愤怒地叱骂他，"天无二日，若水宁有二主哉"，从而表明忠臣不事二主的坚定信念。宗翰又让李若水的仆人来劝降，也被李若水挡了回去。宗翰无奈，只好先将他囚禁起来。后来，宗翰告知李若水，金人决定废除徽、钦二帝，另立异姓为帝。李若水大怒，认为徽宗为生民着想，禅位给钦宗，钦宗仁孝慈俭，并无过错，岂能轻易谈废立之事？并痛骂金人无耻，还讥讽金人离灭亡之期不远了。宗翰心中极为恼火，便命士兵将李若水押出去。谁知，李若水边走边骂。金人为了阻止他，竟打破他的嘴唇，但李若水依然骂不绝口，最后被金兵裂颈断舌而死，时年仅三十五岁。此事传开后，许多人都为李若水的气节折服。

但同时，也有很多变节卖国的无耻之徒。北宋大臣王时雍和徐秉哲投靠金朝，竭力为金朝搜刮妇女。徐秉哲将搜捕到的女子一千多人盛装打扮，满车送到金营。这些女子的家人沿途追赶，抱头痛哭，路人见了都为之动容。更有投靠金人的武将范琼，他寡廉鲜耻地说，自己只是少个主人，东也是吃饭，西也是吃饭。譬如营里的长行健儿，姓张的来管着，是张司空；姓李的来管着，是李司空。正是这样一群无耻之徒左右卖国，逼迫徽宗和太后出宫，取皇太子，辱六宫，捕系宗室，盗窃禁中之物。更甚者，张邦昌和刘豫后来都做了金朝的傀儡皇帝。

宋高宗即位后，尽管他自己对金人妥协退让，但为了安定政权，收揽人心，继位之初就下诏指斥靖康之变时的不忠不义之人，大力表彰忠臣义士。高宗曾痛心疾首地说，赵氏祖宗创业守成近二百年，优待士大夫至极，但是靖康变故时，士大夫留守东京者却无为国捐躯之人，投降偷生的很多，实在是羞耻，于是下诏严惩极为无耻之人。高宗还将汉族与少数民族相比，说少数民族不知信义，不足为奇，但是汉族士大夫饱读诗书，却不能守节，实在令人寒心。而对于忠义之士李若水，高宗说李若水忠义之节，无与伦比，他听了都为之涕泣，便赠李若水为观文殿学士，谥曰忠愍。与此同时，南宋士大夫们对那些在国难当头之际不能尽忠尽节的人也给予最为严厉的谴责。绍兴六年（1136），吏部侍郎陈公辅就极为尖锐地指出，宋朝之所以有今日之局势，全是公卿士大夫们无忠义气节，不能维持天下国家，平日不能进忠言，危难时也不伏节死义。李纲也曾建议改变风气，提倡气节，甚至还说，只有这样，恢复才有希望。因此，对于洪皓能在长达十五年时间保持气节不变，高宗自然要褒奖了。

直言被贬：难折傲骨的大臣

然而，尽管洪皓载誉归来，赢得许多人的尊重，但因为当时秦桧当政，高宗和秦桧一味实行妥协政策，而洪皓力主抗金，不耻秦桧所为，因此不仅没有得到重用，反而因为得罪秦桧而被贬出朝。

洪皓性格刚正不阿，一向仗义直言。他为人慷慨，自少便崇尚气节，素怀经略四方的雄伟大志。政和五年（1115），洪皓登进士第，当时的权臣王黼和朱勔都想招他为婿，洪皓不耻与他们同流合污，坚决不同意。

宣和六年（1124），洪皓担任秀州（今浙江嘉兴）地方官。当时，秀州大水，田地被淹没，颗粒无收，广大百姓处于无粮度日的极度饥荒中。洪皓主动向郡守请缨，负责处理救灾之事，他将官府仓库中储存的粮食降价卖给百姓。当时，洪皓担心百姓们因为饥饿，会发生抢粮之事，便仔细给领过粮食的人做好记录，命令严明而公正。而对于那些没有能力购买粮食的人，洪皓便自己做主给他们配好食物。同时，洪皓见流民太多，便将他们安排在秀州城外的两所废弃寺院里，男女分开居住，并不许士兵逐赶流民。但是，因为秀州地方粮食不足，许多百姓仍挣扎在死亡线上。恰好此时，浙东运往京城的纲米途经秀州，洪皓请求郡守将它截留下来，发给百姓。秀州知州竭力反对，因为私自截留朝廷纲米是要被判死刑的。洪皓以当地百姓为重，建议知州可以秀州灾情严重向上级做出合理说明，但未能说服知州。洪皓见秀州情况危急，便毅然决定以自己一人的性命来换取秀州百姓的性命。于是，纲米被截留下来用于救灾，秀州百姓顺利渡过饥荒。

后来，廉访使王孝竭代表朝廷来调查救灾之事，到了秀州，发觉他巡视过的平江地区（今浙江苏州）在灾后饿殍遍地，而秀州却恢复得很好，百姓生活也很安定，这使王孝竭非常吃惊，便问其中缘由。秀州知州据实以告，王孝竭感叹说，他自己处理边疆军政也不过如此，并表示不追究洪皓私自截留纲米之罪，还要上报朝廷，请求皇帝褒奖洪皓。洪皓婉言谢绝了王孝竭的好意，表示自己只愿王孝竭再为秀州百姓争取二万石米，王孝竭答应了洪皓的请求。洪皓此次救了秀州近十万百姓性命，秀州百姓感激洪皓的救命之恩，称他为"洪佛子"。洪皓大名远扬，乃至后来秀州发生叛乱，叛军肆无忌惮地抢掠郡民，无人幸免，但这些叛军却在经过洪皓家门时，有人说这是洪佛子家，竟不敢进去侵犯，这也是洪皓勤政为民的最好证明。

洪皓被囚金朝时，也曾利用完颜希尹对自己的信任，在自身处境极为危难的情况下，尽一切可能救助了许多被俘北上的宋人。高宗元配夫人邢氏的亲戚赵伯璘被俘后，在完颜希尹帐下任职，生活极为贫困。洪皓自己尽管生活也颇为艰难，却多次倾力救济赵伯璘。北宋名臣范镇的孙子范祖平被俘后，成为金人的奴仆，洪皓为之求情，范祖平被释放，恢复了人身自由。南宋大将刘光世的庶女被俘后，为女真人喂猪。洪皓心中不忍，为其赎身，并为她寻得良好人家，备好嫁妆，替她操办了婚事。其他许多贵族子弟若流落成为身份低贱之人，洪皓知道后，都全力解救。北宋大臣张发北上后，死在云中，无人下葬，棺木摆在废弃的寺院里。洪皓路过时，将张发的棺木带到燕山，让仆人安葬。北宋大臣司马朴出使金朝，坚守气节，后死在北方，但是无人将他的事迹告知南宋朝廷。洪皓便将司马朴的事情详细向高宗做了汇报，高宗下诏恢复司马朴的名誉，还赠他兵部尚书的官职。

洪皓这种仁义刚直的性格，加之他亲身经历的种种现实，使他对秦桧和高宗的妥协投降政策非常反感。

洪皓见到秦桧，便向他谈起了自己在金国的所见所闻，认为张浚英勇，为金人所忌惮，却不能重用他，于理不公。谈到岳飞之死，洪皓更是痛哭流涕，说这是亲者痛、仇者快的错事，因为金人听到岳飞的死讯，莫不酌酒相贺。洪皓还说，眼下皇帝只是暂住钱塘，却将景灵宫和太庙修得极为奢华，岂非是向世人表明恢复无望？秦桧听了洪皓这番发自肺腑的话后，自然很不高兴，却又不便当面有所表示，毕竟这些事情都与他有密切关系。于是，秦桧对洪皓的儿子洪适说，令尊为人诚信而有忠节，为皇帝宠眷，但当知官职如读书，速则易终而无味，须如黄钟大吕乃可。黄钟大吕是乐音中之尊贵者，秦桧的意思显然是警告洪皓，不要因为得到高宗的高度赞扬就忘乎所以，与他为敌，官位来得快，去得也会容易。为了表示惩戒，秦桧还立即让洪皓去任闲职。

但洪皓不为所动，依然坚持己见，对秦桧的许多措施均表示反对，尤其是秦桧的"南人归南，北人归北"政策，因而逐渐成为秦桧的眼中钉、肉中刺，非去之而后快。金人让秦桧将元祐大臣的后代赵彬、郑著和杨宪等三十人的家属送到北方去，秦桧立即答应。洪皓极为气愤，认为两国既然以淮河为界，这些家属都居住在江南，不应该被送走，并说这样会使人轻视南宋。秦桧却认为洪皓在讽刺他见识短浅，轻易相信敌人，十分怨恨洪皓。洪皓见秦桧不予理睬，便直接上书给高宗，建议若金人将钦宗和被俘的赵宋皇族送回来，则南宋可将北方人送走。洪皓提到迎接钦宗南归，无疑会极大地刺激高宗。

而洪皓后来更是暗讽秦桧是奸细，最后被贬官。关于秦桧归宋，当时许多人都认为他是金人纵归的奸细。有一次，洪皓与秦桧谈及在金朝的往事，问秦桧是否还记得室燃，并说他回国时，室燃请他问候秦桧，秦桧听了后立即变了脸色。原来，建炎四年（1130），秦桧随完颜昌南下。当时金兵久攻楚州（今江苏淮安）不下，完颜昌便想招降楚州守城将士，于是让秦桧代草拟招降书。金营中一个叫室燃的小官恰巧在场，故而知道此事的原委，且他早就与秦桧相识。洪皓如此一说，不仅提及秦桧不愿意让人知道的秘密，言下之意更是暗指秦桧通敌，为金人所用。秦桧为此更是不能容忍洪皓在朝为官，便指使党羽、侍御史李文会找了许多借口弹劾洪皓，认为他若留在朝中，必会生事，使得朝政不稳。高宗也对秦桧说，臣子事君主，不能有二心，若臣子有二心，那是不能原谅的，便下诏将洪皓贬到饶州（今江西波阳）。其中，高宗是否也担心洪皓态度过于强硬，会影响他的妥协政策，那就不得而知了。

　　洪皓被贬饶州后，饶州地方官李勤阴附秦桧，于是攻击洪皓私下捏造了许多欺世盗名的流言蜚语，蛊惑民众，秦桧趁机再将洪皓贬到英州（今广东英德）。然而，洪皓在英州时，知州倪謈却落井下石。倪謈当时年事已高，知道自己再无升迁的机会。当时，恰好新州知州张棣以诬告胡铨而获得升官的机会，倪謈竟想效仿张棣，便派人逮捕了洪皓家的仆人，想捏造洪皓的罪证。但是，倪謈还来不及寻找到"证据"，自己就先病死了。可见，当时秦桧势焰之盛、对洪皓怨恨之深。不过，秦桧并未因此罢休，后来将洪皓一贬再贬，最后贬到南雄州（今广东南雄）。

　　正是因为洪皓坚持不懈地批评朝廷执行的妥协求和路线，因而他赢得了主张抗战的仁人志士的拥护和支持，得到了许多人的钦佩，在士大夫中享有很高的声誉。然而，秦桧却对同情和支持洪皓的人给予毫不留情的打击。

宦官白锷本不认识洪皓，只是当初在金国时听闻洪皓的大名。洪皓被贬后的第二年，南宋发生水灾，朝臣们商议选拔治水救灾的人。白锷就说，洪尚书名闻天下，为何不用他。秦桧听了很不高兴，找了借口将白锷下大理寺审讯，最后将他发配到万安军（今海南万宁）。

当时，白锷的门客张伯麟很不满秦桧和高宗的所为，曾在太学的墙壁上题句："夫差，尔忘越王之杀尔父乎？"春秋时期，诸侯争霸，战争不休。吴王阖闾在与越王勾践的一次战争中被勾践所伤，后来因伤而死。临终前，阖闾将儿子夫差唤到病床前，问夫差是否忘记了勾践与他的杀父之仇。夫差低头含泪回道，不敢忘。阖闾死后，夫差继承了王位，便日夜操练军队，准备复仇。为了坚定自己的复仇之心，夫差每天让人在自己身边高声问，夫差，你忘了越王与你的杀父之仇了吗？夫差怒目回道，不敢忘。由此，吴越两国开始了几十年的争霸战争。张伯麟此处用了这个典故，是在讽刺高宗忘了父兄大仇，只知与秦桧君臣二人苟且偷安。高宗和秦桧知道后大怒，将张伯麟下狱治罪，白锷也受到牵连，罪加一等。同时，御史中丞詹大方又上奏弹劾洪皓与白锷是莫逆之交，两人互相称赞，诳惑视听，洪皓因此又被贬官。

秦桧对洪皓的怨恨，甚至还牵连到无辜的人。当时，洪皓一行十三人出使金朝，最后，只有洪皓、张劭和朱弁三人生还。朱弁在金朝时，也是一位气节之士。金人让朱弁担任伪齐官职，并表示，只有这样才让他回南宋。朱弁愤怒地拒绝了，认为刘豫是国贼，自己恨不能诛杀他，不能以他为君。金人便不给朱弁食物，想以此让他屈服。朱弁却宁愿饿死，也不答应，金人被感动，以礼相待。后来，金人企图让朱弁接受金朝的官职，也被他断然拒绝。然而，南归后，秦桧却将对洪皓的恨意迁怒于朱弁，每逢朱弁能升官时，他就横加阻挠，竟使得朱弁数年难升官职。

然而，洪皓被贬，许多正直的人都表示同情。张九成就说，洪皓被金人囚禁十几年，历经艰险，死都不怕，义气凛凛，照映古人，而秦桧以私人恩怨害他，他日上天必会为洪皓伸冤。

而洪皓在被贬期间，除了仍然坚持抗金的立场外，还将自己在金朝的所见所闻偶尔记录下来。洪皓在金朝时，就曾将自己的见闻记录下来，以便回来后为南宋提供有利的信息。但是，在归来的途中，因为担心书稿被发现而累及无辜，便将书稿全部烧毁。后来，因为得罪秦桧被贬官，洪皓告诫儿子们，不许谈及北方之事。直到最后被贬南方，离临安和秦桧比较远，他才与儿子们谈到当年在金朝的经历。但是，对当时一些忌讳的事情却讳莫如深，偶尔也将昔日之事记录只言片语。谁知此时，高宗和秦桧开始禁私史，而洪皓因为被贬，身体和精神都备受折磨，竟一病不起，记录之事也只得作罢。这对性格耿直的洪皓来说，抑郁之情可想而知。直到秦桧病死后，文字言论的禁忌开始放松，洪皓之子洪适和洪遵整理洪皓的遗稿，并根据记忆将洪皓生前所说记录下来，这就是《松漠纪闻》。

《松漠纪闻》对金朝的政治、经济、风土民情等各方面都进行了比较全面的记述。当时绝大部分宋人对金朝的了解并不够，尤其是因为政治和地域的限制，宋人无法去真实全面地了解金朝，而《松漠纪闻》的出现，无疑为南宋人了解金朝提供了良好的渠道，因此，书成之后，广为流传，而洪皓也为南北文化的交流做出不少贡献。

事实上，早在洪皓被囚金国时，他就潜移默化地将中原文化传授给女真人。洪皓在冷山期间，接触了许多女真族的普通百姓，这些百姓对洪皓十分尊敬，洪皓也将自己的所学教授给他们。由于冷山地区缺纸，洪皓常常与女真百姓到山上去剥桦树皮，晒干了用来做纸，然后洪皓把《论语》《孟子》《大学》和《中庸》写在树皮上，传授给女真百姓，当时女真人把这些称为"桦叶四书"。洪皓学识渊博，通经学，善词赋，他在金国时，思乡与念国情绪激昂，写下了许多诗词，极有文采，金人争相抄诵，一时传为佳话。洪皓通过诗歌，不仅表达了自己的感情，还把儒家思想通过诗歌传到女真族当中。洪皓在冷山时期教授完颜希尹的八个儿子，与完颜希尹的儿子们建立了深厚的感情，甚至在他们生日、各种节日和每逢重要事情的时候都与他们互相写诗相赠，同时还不忘自己的使臣任务，劝他们行仁政，与南宋和睦相处。

正因为如此，洪皓在金人心中有很高的地位。他到燕京时，燕人钦佩他的气节，争相持酒食来招待他。洪皓路过涿州，当地少数民族的首领听得洪尚书大名，都来邀请他去自己家中，作乐设宴，以好酒款待。至洪皓南归后，金朝每次派使者来南宋，都要询问洪皓现居何处，官居何职，可见其影响之大。但极具讽刺意味的是，洪皓被金人敬佩，却被高宗君臣全力压制，乃至被一再贬谪，这无疑是南宋朝廷偏安一隅的结果。

绍兴二十五年（1155）十月二十一日，洪皓在抑郁和悲愤中病逝，享年六十八岁。第二天，秦桧也病死了。洪皓去世后，大臣魏良臣上书，要求恢复洪皓的官职和名誉。高宗此时正忙着摒弃秦桧党羽，树立自己的权威，便起用了很多被秦桧迫害过的人。因此，见魏良臣提及洪皓，高宗也想起当初自己对他的高度评价来，不由感叹万分，遂复洪皓官职，赠谥号为忠宣。而南宋士大夫们对洪皓更是赞誉有加。大儒真德秀将洪皓的经历与苏武一一做对比，给予洪皓极高的赞扬。孙芹苇修忠贯日月祠堂，赵汝腾为之做记，不仅将洪皓与苏武相比，还将南宋的国力与西汉的国力做了对比，最后认为洪皓气节甚于苏武。

靖康之变在带给宋人无限痛楚和屈辱之时，也考验着他们的气节和道德。作为南宋使臣之一的洪皓，在当时的纷乱局面中，使金十五年，最后全节归来，又刚直不阿，不屈权势，因忤秦桧被贬，成为人们心中道德的楷模，被后人一直颂扬。而洪皓这份气节和傲骨，正是当时所有正直之人的写照，也正是因为这份气节和傲骨的存在，使得在南宋以后的一百多年里，尽管世风日下，但是主张恢复和坚持气节之士仍大有人在，这给仅拥有半壁江山的南宋人留住了莫大的精神动力。

辛弃疾：

————————— 扼腕的恢复之声

南归：壮岁旌旗拥万夫

靖康二年（1127）三月，金人俘虏徽、钦二帝及后妃、大臣北上，北方大片土地落入金人手中。为了躲避兵祸战乱，大批北方的宋人南下，但还有相当一部分人仍留在了北方，生活在金人统治下。亡国的屈辱无时无刻不冲击着这些北宋遗民的心灵，他们希望新即位的高宗能收复故土。然而，高宗君臣却满足于在半壁江山下苟且偷安。绍兴十年（1140），大将刘锜和岳飞先后取得了顺昌和郾城大捷，宋军在抗金战场连连取得胜利，高宗却下诏主动撤军，并于绍兴十一年（1141）与金朝签订了和议。在这份和议中，宋金双方以淮河为界，这样，南宋正式承认了淮河以北的原北宋土地为金朝所有。淮河以北的旧宋子民得知此事后，无不愤怒万分、痛哭流涕。面对着南北对峙的局面，在期盼南宋军队能渡过淮河的同时，许多北方人自身也积极地投入恢复故土的行动中，以求洗刷靖康奇耻，辛弃疾便是其中的典型之一。

辛弃疾（1140—1207），字幼安，号稼轩居士，山东历城（今山东济南) 人。从少年时代开始，北方人民对故国的深切怀念和悲壮的抗金行为便深刻地烙在辛弃疾心中。辛弃疾自幼不仅攻读儒家经典、习诗作赋，所作之词成为一代之宗，还对兵家韬略十分感兴趣，喜欢结交懂得兵法之人。当时有位僧人义端，喜欢谈论兵法，辛弃疾便常与他来往，时常谈论兵家方略和攻守利害。辛弃疾这种性格的形成除了与当时的历史背景有关外，还与他的家庭教育有很大的关系。

据说，辛氏一族本发源于狄道 (今甘肃临洮)，后来迁至山东。狄道接近羌、胡等少数民族地区，因此，当地的人们也都骁勇善战，精于鞍马骑射，辛氏家族也不例外。辛氏一族在西汉和唐朝都出过将军，辛弃疾就曾经自豪地说，他的家族是真正的秦地将军家族。辛弃疾祖上有不少为官者，但是多不显达，只有其祖父辛赞曾任开封知府，官阶稍高。

辛赞是位文武兼备的人物。靖康之变时，许多人避乱南渡，依附南宋朝廷。辛赞因为考虑族中亲人，无法脱身，被迫留在了北方。为了家族着想，他被迫接受了金人的官职，先后担任过宿州、亳州的知州，后又被任命为开封知府。尽管如此，在金人的统治下，汉人官员处境非常难堪，他们不得不忍辱负重，看金人的眼色行事。正因为如此，辛赞虽然仕于金朝，却日夜不忘恢复宋朝故土。他时常带领子孙们登高远望，指点山河，叙说靖康之耻的惨痛经历，教导儿孙们不要忘记当年的屈辱，并夙兴夜寐，竭力谋划，欲为恢复尽己之力。辛赞还两次让辛弃疾借去考取科举的机会到燕山地区观察地形，搜集金军的政治、军事情报，为日后恢复做准备，也让孙子更直接地了解用兵之术。但令人遗憾的是，辛赞的恢复愿望来不及实现，他便去世了。辛弃疾自幼生活在祖父身边，并随其四处游宦，祖父的言传身教对他产生很大影响，尤其是祖父强烈的爱国情怀给他留下了不可磨灭的印象，他此后的一生都以祖父为楷模，积极从事恢复大业。而祖父揭竿反金的遗志，辛弃疾更是直接付诸现实。

绍兴三十一（1161）年九月，金朝皇帝完颜亮不顾朝野内外的反对，决意发兵南下，灭掉南宋。完颜亮（1122—1161），本名迪古乃，字元功，是金太祖完颜阿骨打庶长子完颜宗干之子。完颜亮雄心勃勃，素来认为，同是太祖子孙，金熙宗能继承皇位，自己也应该有皇位继承权。金熙宗在位期间，完颜亮便写了"大柄若在手，清风满天下"的诗句，直言不讳地表明自己想当皇帝的野心。为此，完颜亮在不断取得金熙宗的信任后，掌握朝中大权，策划宫廷政变，刺杀了金熙宗，自己做了皇帝。完颜亮是金朝皇帝中汉化水平较高之人，他自幼接触儒家典籍，极为不满儒家所说的华夷之别。完颜亮曾读《晋书》中的《苻坚传》，颇为不平地说，苻坚为人雄伟，建立功业，史书不给他列本纪，却将他放到写将相大臣的传记中去，实在可悲。在完颜亮看来，苻坚作为少数民族首领，能在中原地区建立政权，应该将他与中原的汉族王朝的皇帝们一样对待。其言下之意是，他作为金朝的皇帝，当时汉族政权南宋还臣属于金朝，他应该比南宋皇帝更加尊贵。完颜亮还认为，自己只统治北方半壁江山，难以得到汉人的认可，只要统一南北，就可以做一个真正的正统皇帝。

　　完颜亮即位后不久，南宋派使臣来祝贺他登基。南宋使臣回国时，完颜亮将宋徽宗使用过的一条玉带交给使臣，让他转交给宋高宗，说这是徽宗使用过的，高宗见到玉带，便如见到父亲一般。使臣走了后，大臣们不解，问完颜亮为何将那么珍贵的玉带给宋高宗。完颜亮轻描淡写地说，江南之地他日必定为他所有，今日将玉带给宋朝的皇帝，只是把玉带放在自家宫廷外面的仓库罢了。其为人之狂妄，由此可见一斑。完颜亮还曾让画工混在金朝的使节团中随使臣们南下，命这些画工将南宋都城临安（今浙江杭州）及西湖、吴山四周的风景画了下来，制成一座屏风，放在寝宫里。画上画的是一个人骑马站在吴山顶上，俯视经过战火摧残后的临安，气势极为嚣张。完颜亮还在屏风上题了一首诗："万里车书已混同，江南岂有别疆封。屯兵百万西湖上，立马吴山第一峰。"由此可见，完颜亮灭南宋的决心之大。

但是，完颜亮想灭南宋不合时宜。绍兴和议后，宋金势力逐渐均衡，完颜亮即位后，这种平衡的局面并没有打破，金朝没有足以灭亡南宋的绝对实力。因此，完颜亮灭宋的想法遭到了许多人反对。完颜亮为了平息反对意见，杀了许多人，甚至还迁怒于他的母亲、皇后和太子。完颜亮的嫡母徒单氏也不同意出兵，但是完颜亮根本听不进她的意见。后来，大将仆散师恭前去平定契丹人的叛乱，来与徒单氏告别，徒单氏便将情况告诉仆散师恭。完颜亮得知后大怒，他本来就因为生母是完颜宗干的妾室，地位低于徒单氏非常不满，此时听说徒单氏与大将有联系，便以徒单氏另有所谋为借口，将其杀死。完颜亮的皇后和太子也不赞成出兵，完颜亮盛怒之下，竟想连皇后和太子也杀掉，吓得皇后和太子赶忙躲入宫中，才逃过一劫。

完颜亮杀嫡母，欲诛皇后和太子，朝野震惊，人人惧怕，再也没有人敢公然反对他对南宋用兵了。完颜亮便开始大规模地征募军队，建造战船，训练水手，四处搜集粮食、马匹等军备物资。并不顾国内百姓的愁苦，营建汴京为新都，以便于指挥南下的将士。完颜亮穷兵黩武，在不合时宜的情况下出兵，激化了国内社会矛盾和民族矛盾，他的统治也处于崩溃的边缘。最后，他在采石之战中被虞允文所败，为部下所杀。

就在完颜亮发兵的同时，契丹人耶律撒八领导族人反金，河北、河南、山东的汉族百姓也不堪重赋，揭竿起义。在此情况下，辛弃疾也组织了一支起义军。辛弃疾的起兵与其他人不同，他不仅仅是要反抗金朝的残暴统治，还要实现他恢复宋朝故土的愿望。辛弃疾知道，仅凭自己一人之力是远远不够的，便积极联络其他义军，他投奔了另一支力量更大的起义军，即耿京所部，并劝说耿京归附南宋，共图恢复大计。

耿京，山东济南人，因不满金朝为了南下灭宋，税赋过于繁重，使得民不聊生，便聚众起义。耿京带领义军攻取了附近州县，取得一些胜利，在山东一带逐渐有了名声，很多人都来投奔他。耿京的部下贾瑞劝耿京，让所率的义军首领各自去招人马，这样义军很快就会壮大起来。耿京采取了贾瑞的建议，到后来，他所率领的义军发展到数十万之多，连山东之外的义军也来与他结盟。耿京以山东为根据地，控制了山东和河北两地的义军，并自称天平节度使。辛弃疾投奔耿京后，认为仅仅凭借义军的力量，不足以推翻金朝的统治，更难以完成恢复大业，义军应该积极与南宋朝廷配合，便劝耿京南附。

当时，与辛弃疾素有往来的义端也已经聚集千余人，辛弃疾便劝服他也投奔了耿京。但是，义端并非真心与耿京、辛弃疾共同抗金，竟然在一日夜里将耿京的印章盗走，送往金军营帐，企图为自己谋取一官半职。耿京见此情形大怒，因为义端带走他节制义军的印章，义军很可能面临四分五裂的境况。同时，义端在义军中待了不少时日，非常了解义军的内部情况，若他将义军的情报泄露给金军，这将会使义军极度危险。耿京愤怒中想处罚辛弃疾，辛弃疾知道此事自己负有重大责任，便要求耿京给他三天时间，他一定将事情处理好，耿京答应了他的要求。辛弃疾立即快马加鞭，追上正奔往金营的义端。义端见到辛弃疾，便请求他念在两人的交情上放过自己，并企图说服辛弃疾与自己一起去投奔金营，协助金军灭掉义军。辛弃疾大怒，拒绝了他，痛斥义端背弃盟友，不讲信义。辛弃疾最后将义端首级带回向耿京交差，耿京大喜，不仅不用担心义军情报被泄露出去，更为自己得到了辛弃疾这样有勇有谋的人才感到高兴，为此，他更加同意辛弃疾的南归之策。

绍兴三十一年（1161）年底，耿京派贾瑞南下去见高宗，表明归附之志。贾瑞认为，自己不善言辞，若到了朝廷，南宋的大臣们必定会有所问话，自己肯定回答不好，便要求耿京派一个文人同行。耿京想到辛弃疾的勇谋，认为他最合适，便让辛弃疾同行。绍兴三十二年

（1162）正月，贾瑞和辛弃疾一行见到高宗，表明义军希望南归之意。高宗大喜，立即下诏授予前来的十一人官职，并派枢密院的官员带诏书去授官给耿京。

枢密院的官员们却担心北方时局混乱，到了海州（今江苏连云港）后，不肯北上，要求辛弃疾和贾瑞回去转告耿京，让他来海州接受官职。辛弃疾和贾瑞无奈，只得同意，一行人正要返回山东时，却听到耿京已经被部下张安国所杀的消息。耿京的义军本来就由各地比较松散的义军组合而成，难免鱼龙混杂。义军中更有不少首领为了自己日后的前程暗做打算，其中更有不少变节者，张安国便是其中之一。他杀害耿京，向金人投降，使得义军面临着严峻的考验。面对这一突如其来的变故，辛弃疾进退两难。他既担心难以向南宋朝廷交代，更是忧心自己秉承祖训，筹备多年的恢复大计，很可能由此落空，那将是他终生的遗憾。辛弃疾极为气愤，与贾瑞等人商议，大家奉主帅之命来表明归附之心，如今主帅却被叛徒所杀，众人回去难以复命。最后，辛弃疾与众人决定，乘敌不备，直取金营，取张安国首级为耿京报仇。辛弃疾带领十来个义军首领，轻骑突袭，直奔金营。张安国当时正与金军主将庆祝杀耿京的胜利，大摆酒宴畅饮。辛弃疾与义军首领们直闯入帐，将张安国绑了便走。金军将士们猝不及防，见到突然闯入的辛弃疾一行，一时间竟不知所措，醒悟过来后，立即派人去追，但为时已晚。辛弃疾等人马不停蹄，押着张安国昼夜赶路，渡江后，直抵临安，将张安国送去见高宗。高宗下令处死张安国，一时间朝野轰动。然后，辛弃疾率数十万义军南归。这年，辛弃疾年仅二十三岁。

辛弃疾南归后，高宗立即授予他官职，这让辛弃疾似乎看到了实现自己目标的希望。然而，自辛弃疾二十三岁南归，到他六十八岁去世，他在南方一共渡过了四十五年的岁月，南宋政府却一直没有给他发挥平生抱负的机会。

三出三隐：男儿到死心如铁

高宗大为赞赏辛弃疾的勇气，让他去担任江阴军（今江苏江阴）的地方官，辛弃疾开始了他的宦海生涯。但是，在此后的四十多年里，辛弃疾却有近二十年的时间被闲置起来，即使在他断断续续做官的二十多年间，也有三十七次被频繁调动，英雄完全无用武之地。纵观辛弃疾这四十五年的仕途经历，大致可以用"三出三隐"来概括。

辛弃疾为官后不久，绍兴三十二年（1162）六月，高宗禅位给孝宗。孝宗即位之初，颇有发愤振兴的意图，他在藩邸时，就很不满秦桧等人的所作所为。完颜亮南下时，他面对朝廷许多大臣的逃跑之计，极为气愤，甚至还上书请求率兵亲往前线抗敌。这些都表明，孝宗早就有收复北方故地的志向。因此，他即位之初，就起用了许多被秦桧迫害的人，如胡铨，还追复岳飞官职，以礼改葬，积极准备北伐，并将用兵的大任交给了张浚。

辛弃疾当时在江阴任上，当他看到朝廷的这些积极变化后，受到了极大的鼓舞，认为恢复失地、血洗靖康奇耻的时机就在此时。他抑制不住满腔热情，便去见张浚，当面陈述自己对此次用兵的看法。辛弃疾从当时的整个形势出发，认为江淮、川陕，甚至海上都应该派兵防守，并分析两国兵势，请求张浚让自己领兵攻取山东。然而，尽管当时张浚负责北伐，但朝中反对之声极高，孝宗也在守和战之间摇摆不定，张浚因此无力协调全国的军队，加之辛弃疾人微言轻，因此，张浚并没有采纳辛弃疾的建议。

隆兴元年（1163）四月，张浚正式出军北伐。北伐之初，宋军取得了一些胜利，宋军士气大振。然而，宋将李显忠竟在取得一点成绩后，骄傲自满起来。他攻下宿州（今安徽宿县）后，既不思进取，也不做防守，整日与部下饮酒作乐。在分配军资时，李显忠也不遵守公平的原则，偏袒亲兵，使得士兵们怨声载道，士气大降。而金兵已准备进攻宿州，张浚派另一大将邵宏渊前来援助李显忠。但是，邵宏渊不愿意听从李显忠的节制，张浚只得让两人共同掌兵。但李、邵二人已然不和，而且因为前后命令不同，使得军中指挥混乱，宋军乱作一团。邵宏渊甚至在得知李显忠让他出兵时，竟然按兵不动。结果，金兵攻城，宋军大败，李显忠仓皇中弃城而逃。金兵追到宿州城外的符离，两军再次交战，宋军被斩四千余人，溺死者不计其数。李显忠和邵宏渊所带领的十三万人一夜之间惨败，粮食和盔甲丢失殆尽，仅宋军将士丢下的盔甲，金军便拣到三万多件。宋军将士赤臂空拳，一路南奔，被踩死和饿死的也难以数计。李显忠和邵宏渊自知责任重大，更是逃得不知所踪。

符离溃败，南宋朝野为之震惊，张浚也由此陷入了窘境。当时，南宋在长江之北无抗金之兵和可守之城，金军又长驱直入，南宋后方对此议论纷纷，多有指责之声。张浚在准备不充分的情况下北伐，也知其罪不小，无奈之下，请求罢职，孝宗初年的北伐便这样匆匆结束，朝廷又开始与金议和。

辛弃疾对北伐的昙花一现极为惋惜，也为日后的恢复深感担忧。痛恨之余，他反思北伐失败的原因，思考如何才能实现恢复之事，怎样才能使得恢复之计能坚持到底。为此，乾道元年（1165）初，辛弃疾不顾自己官职低微，毅然越职上书，陈上《美芹十论》。在《十论》中，辛弃疾追忆了自己的家世和南归的经历，恳切地表达了自己南归的初衷和对恢复的期望，同时还表明了自己对张浚北伐战败后朝廷对金或战或和的担忧。但是，他仍然对恢复大业充满了信心。同时，辛弃疾还对当时宋金两国的优势和弱点、用兵之策以及用人之术做了很好的分析，提出了一些很得体的建议。当时，孝宗并未完全放弃恢复之事，他起用了取得采石之战胜利的虞允文为相，封大将吴璘为郡王，采取一系列措施来布置军务。因此，当他读到辛弃疾的《美芹十论》

后，很高兴，召见了他。这对辛弃疾来说，是个莫大的鼓舞。同时，这一切也表明孝宗和执政大臣对于抗战的积极态度。辛弃疾被任命为司农寺主簿，掌管朝廷仓廪、籍田和园囿等事务，这些都是用兵之时的后备资源。辛弃疾自然明白物资对于战争的重要性，因此，他对自己的这份职位极为用心。

同时，辛弃疾更为关心用兵的进展情况，他于乾道六年 (1170) 写了一篇题为《九议》的长文，呈给宰相虞允文。辛弃疾在《九议》中，对在《十论》中所涉及的问题做了更加详细和具体的说明，还提出了一些新的见解。

虞允文 (1110—1174)，字彬甫，隆州 (今四川仁寿) 人。虞允文素有大志，力主恢复，在采石大战中大败金军，声名雀起。孝宗即位后，虞允文逐渐受到重用，于乾道五年 (1169) 拜相。虞允文知人善用，提拔了不少人才，当时人人称赞说，虞允文为相期间，朝中颇有庆历、元祐之风，即以仁宗庆历、哲宗元祐时，朝中人才汇聚的盛况来相比拟。在此情况下，辛弃疾也得到虞允文的关注和重视，被任命为滁州 (今安徽滁州) 知州。

滁州地处两淮之间，是南北必争的军事要冲，具有重要的战略军事地位。辛弃疾在《十议》和《九论》中就对两淮极为关注，此次虞允文让他来管理滁州，无疑是将重任托付于他。辛弃疾知道，这是将自己的政治主张付诸实践的大好机会。但是，令他想不到的是，滁州不仅遭受战乱之苦，还频遭水旱灾害，城郭变为废墟，人烟稀少。人们生活在芦苇编织的房子里，容身于瓦砾堆中，每逢刮风下雨，就提心吊胆，整个滁州地区一片萧条。辛弃疾上任后，立即请求朝廷免除了滁州百姓的上供钱，减免滁州地区的商税，积极招抚流民、垦荒修房。同时，辛弃疾还编练民兵，练兵习武，为北伐做充分的准备。

令人痛惜的是，辛弃疾此次的准备因为形势的变化，又付诸东流。孝宗急于洗刷符离之败的耻辱，于乾道八年 (1172) 命虞允文赴四川处理军事。虞允文临行前，担心孝宗为主和派大臣们所阻，便与孝宗相约发兵之事，孝宗坚决表示君臣各不相负。虞允文到了四川后，积极进行北伐准备。不过，与志大才疏的张浚相比，虞允文对北伐的态度是很谨慎的。因此，在军力和财力条件没有完全成熟的情况下，他一再拒绝了孝宗立即发兵的命令，将日期延后。乾道九年（1173），孝宗决定强制出兵。虞允文深知孝宗心意，也知道自己若再拖延，必定会引起皇帝的不满，便积极备战，日夜奔走，竟因此染病，于淳熙元年（1174）二月去世。虞允文去世，对孝宗来说，损失极大。一时间，主和和主守的势力在朝中占了上风，而太上皇高宗也处处牵制孝宗，使得孝宗无法全力抗金，不由意志消沉，逐渐失去了昔日的锐气，最后完全放弃了恢复中原的计划。辛弃疾在滁州严阵以待，积极准备防守，也密切关注着时局的变化，见此情形，万般无奈，悲愤无比，但又无能为力。

而更令辛弃疾万万没有想到的是，他杰出的军事才能没有首先用在前线战场上，却用在了平定茶商起义上。南宋政府对茶实行禁榷政策，孝宗朝尤为严重。但是，贩卖茶叶获利很大，朝廷对茶叶的政策使得许多人失去了生活来源，大批茶商不满，便自发组织起来，与朝廷对抗。淳熙二年（1175）五月，茶商赖文政在湖北领导四百多人起义，并很快进入湖南，向江西地区发展。起义军不断取得胜利，向两广推进，南宋朝廷大惊。在当时的宰相叶衡的极力推荐下，辛弃疾被派去镇压赖文政起义。辛弃疾在为自己的军事才能不能用于前线作战抑郁的同时，仍然遵守了朝廷的命令，全力处理茶商起义之事，将之平定。然后，他又开始了频繁的职位调动，直到淳熙八年（1181）十一月被弹劾罢官。

淳熙九年（1182）春，在宦海辗转奔波了二十年之久的辛弃疾到江西上饶带湖居住，这一闲住便是十一年。初居带湖，心生隐意，但辛弃疾仍然不忘自幼便确立的恢复大计。他此时正值盛年，思想上也处于成熟时期，他在带湖与许多主张抗金的人士如陈亮、陆游等人积极往来，而一些颇有豪情的词句，如"算平戎万里，功名本是，真儒事"，直表抗金恢复是真正的功名，也常在他笔下出现，可见其坚定不移的恢复信念和再出仕的期盼。而当时，宰相王淮素来爱惜人才，于是便向孝宗提出，如辛弃疾这样能尽心尽力为国家办事，又极有才华的人，不应该让他赋闲在家，应该让他担任职务，为国效力。但遗憾的是，王淮的建议并未被孝宗采纳。直到绍熙三年（1192），辛弃疾才被起用，赴闽南任职。

辛弃疾此时出仕时，正值光宗在位。与乃父孝宗相比，光宗并没有居安思危的政治眼光和才能，他自身患有精神方面的疾病，还处处受制于皇后李氏，并因为立储君之事与孝宗尖锐对立。统治阶级内部矛盾重重，因此，恢复之事更无从谈起。但辛弃疾却仍将此作为实现理想的机会，他曾上书光宗，建议加强荆湖一带的防御能力。不过，光宗不予理会。

绍熙五年（1194）七月，光宗禅位给宁宗。外戚韩侂胄因拥立新帝有功，却没有被迁官，与执政大臣赵汝愚发生矛盾。韩侂胄逐渐掌权，便全力打击赵汝愚，对赵汝愚为相期间所用之人也多为贬黜。辛弃疾被起用之时，正值赵汝愚当政期间。而私下里，辛弃疾对赵汝愚也相当敬重，两人关系颇为融洽，便被御史中丞谢深甫弹劾，罪名是结交当时的宰相，为官贪酷。此外，赵汝愚为相期间尊崇理学，大力提拔朱熹、陈傅良等道学人士。而陈亮、朱熹等人都与辛弃疾关系密切，韩侂胄在贬斥朱熹等人的同时，自然不会放过辛弃疾。谢深甫便在弹劾陈傅良时，指责他阴附朱熹，庇护辛弃疾。在此情况下，辛弃疾于绍熙五年（1194）十二月被罢职。此后不久，韩侂胄将理学定为伪学，朱熹为伪学之魁，禁止理学流传，这就是"庆元党禁"。辛弃疾无辜被卷入朋党之争中，满腔恢复壮志不能实现，被迫返家归隐。

第二次赋闲对辛弃疾的打击颇大。他在此期间所作的诗词中均透出一种前所未有的无奈和悲凉，如"叹人生不如意事，十常八九"，这类词句在他笔下多有出现。而他此次结交的人，除了当地的官员外，还有许多是在野或隐居之人。傅为栋闲居在竹林深处，适意于荷叶之间，平时饮酒作诗，自得其乐，不与王公贵族往来，只结交山野村夫。韩浣离官二十年，隐居山林，不问世事。辛弃疾与他们交谊颇深，诗词唱和，乐在其中。这一切表明，辛弃疾在几度遭受挫折后，对朝廷开始灰心起来。

好在时局又稍微有了改变。宁宗即位后，韩侂胄掌权。为了收拢人心，韩侂胄希望建立功业来树立自己的威信，而宁宗自己也希望有所作为。君臣二人经过一番冥思苦想，认为收复故地、血洗靖康之耻是最大的功绩，而这也是南宋几代人的梦想。因此，宁宗和韩侂胄都主张北伐，并付诸行动，不仅积极备军，还起用许多闲置的人士。这对赋闲在家的辛弃疾来说，无疑是好消息。他经历高、孝、光、宁四朝，军政功绩显著，颇有声名，正是宁宗和韩侂胄此时所需之人。

辛弃疾于嘉泰三年（1203）夏天出任绍兴知府，兼浙东安抚使。辛弃疾为政期间颇有作为，得到宁宗召见，积极建议北伐之事。宁宗和韩侂胄都很高兴，让他担任镇江知府。镇江地处抗金前线，朝廷此意是要加强边防，意图进取。辛弃疾深知责任重大，他更知自己年事已高，此次北伐或许是实现他梦想的最后机会了。但辛弃疾根据自己几十年来对宋金形势的关注，更是明白，仅仅依靠朝廷的军队不可能取得与金人作战的胜利。到了镇江后，他立即招募新兵，还派人深入金国境内打探金军的情报。辛弃疾还将高宗于绍兴三十一年（1161）为抵抗完颜亮南下时所拟的亲征诏书草稿拿出来重读，他言辞激昂地指出，这类决心坚定的诏书若是下达在绍兴初年，南宋君臣一定可以洗刷靖康之变的奇耻大辱。若是下达在隆兴年间，南宋君臣也能建立盖世功业。但可惜的是，高宗最终没有亲征，金人仍与南宋为敌。辛弃疾此话中表现出深深的惋惜。而更为遗憾的是，辛弃疾没有等到北伐开始，便于开禧元年（1205）七月又被罢任。

开禧二年（1206）春，宁宗正式下诏北伐。宋军开始之时也取得了一些胜利，但紧接着，宋军连连败绩。驻守四川的大将吴曦又叛变降金，形势对南宋极为不利，南宋只得与金朝议和。韩侂胄难以接受金朝苛刻的议和条件，想再次出兵，却被礼部侍郎史弥远所杀。开禧北伐以南宋的失败告终。

在此期间，南宋朝廷曾再次授予辛弃疾官职，但他没有接受。平生以恢复自期的辛弃疾此时内心深处的悲痛是难以言表的。他为国家所受的奇耻大辱而悲愤，遗憾数十年才有一次恢复故土和洗刷耻辱的机会。然而，直到年过六旬的花甲之年，他才被委以边防重任，但在最后又与这次机会擦肩而过，他恢复故土的壮志最终只能成为心中的理想，未能实现。

分析辛弃疾壮志难酬的原因，很大程度上在于他志在恢复的刚毅性格与南宋懦弱宽忍的世风格格不入。辛弃疾为人豪爽，性格刚直，他既以恢复故土为终生目标，也深知此事不易。因此，他对自己的言行举止要求都相当严格，给人以雷厉风行、果断决明的印象。

辛弃疾在江西任职时，见赣州官员罗愿为官廉洁清明，处理政务得当，大为赏识，便极力向朝廷推荐。而另一官员施元急功贪利，吏治过于严酷，百姓颇受其害。辛弃疾立即上书弹劾，罢免了他的官职。辛弃疾曾任湖北安抚使，当时，他帐下军官率逢原纵使部下殴打百姓。当地百姓担心将领们官官相护，敢怒不敢言。辛弃疾得知事情缘由后，勃然大怒。他素来认为，对金作战，士兵的素质很重要，因而治军颇严，而此次率逢原等人竟如此藐视军法，分明是错在将士，便下令严惩闹事的部下。当地百姓极为感戴，辛弃疾自己却因此被调职。辛弃疾赏罚分明的处事风格也由此可见一斑。

辛弃疾与朱熹关系颇为密切，他一直认为朱熹满腹才华，不被重用，实在可惜。朱熹曾手书"克己复礼"和"夙兴夜寐"，作为辛弃疾斋室的匾额，要他克己之短，以国事为重。辛弃疾接受忠告，在闽南为政期间颇有作为。庆元党禁后，朱熹颇受打击，他的一些门生和崇拜者们为了避祸，纷纷与之脱离关系，辛弃疾却因为与朱熹关系密切而被弹劾罢官。然而，辛弃疾并未因此疏远朱熹，来往更加密切，显示出对朋友的一番真诚。庆元六年（1200）三月，朱熹去世。朱熹的门生和故人鲜有去送葬者，辛弃疾却置生死不顾，毅然前往，哭悼他，并为朱熹写祭文，"所不朽者，垂万世名。孰谓公名，凛凛犹生"，可见他对朱熹评价之高。

辛弃疾这种鲜明的性格在涉及宋金两国战事时，更是表现得淋漓尽致。辛弃疾在湖南任职时，曾主管科举考试。当时有位士子，文笔极佳，议论得当，辛弃疾很欣赏他。但是，辛弃疾后来看到那士子的署名为"赵鼎"，不由大怒。辛弃疾一直认为，赵鼎在绍兴初年的和战问题上首尾两端、摇摆不定，使得秦桧的议和能顺利进行，颇是不屑他的为人。此时见到有人取名赵鼎，愤怒地说，佐国元勋，只有胡忠简公（指胡铨）一人。此事虽有情感用事之嫌，但却也是辛弃疾爱憎分明的性格，更反映了他对恢复故土的执着。但是辛弃疾翻阅此人考卷，认为此人是难得的人才，不录取实在可惜，便录取了他。后来，才发现此人原来名叫赵方。

辛弃疾这种性格却与南宋苟且懦弱的世风相悖。南宋建立后，尽管有不少振兴恢复之声，但是，高宗和秦桧一手制造的半壁江山下，更多的是民风柔靡，人们满足于残山剩水的歌舞升平中。在临安这个销金之处，处处流溢着汴京遗风，即使连孝宗这样的有为之君也难以例外。淳熙七年（1180）三月，孝宗曾请高宗和吴皇后去翠寒堂游玩，以博得两人的欢心。孝宗说，翠寒堂修好了，全赖太上皇辛勤积累的功劳，自己不配享受。高宗认为，孝宗即位二十年，国家安宁无事，实在是大功。事实上，并非如此。朱熹便认为，孝宗一朝，大事没有办好，小事也没有办好，刑罚不当，小人不去，君子不用，大臣失职，下官弄权。在这种情况下，统治者们却醉生梦死，以至于淳熙年间，士人林升作诗"山外青山楼外楼，西湖歌舞几时休？暖风熏得游人醉，直把杭州做汴州"，极力讽刺南宋君臣醉生梦死，不想振作。在这样的环境中，辛弃疾的抗战呼声和刚直性格显得如此不协调，无怪乎他的恢复大志难以实现了。

开禧三年（1207）九月初十，辛弃疾怀着满腔壮志却不能施展的无尽遗憾和悲愤离开了人世。作为一个北宋遗民，辛弃疾不忘国耻，毅然南归，为收复失地呕心沥血。他经历了高、孝、光、宁四朝，这四朝尚是南宋国力强盛之时，人们对靖康之耻记忆犹新。但因为时局的不断变动，辛弃疾北伐的心愿一次次付诸东流，这不仅是辛弃疾个人的遗憾，也是他所处时代所有抗金人士的遗憾。而宁宗朝以后，南宋人仅有的积极进取精神彻底被苟安行乐之风取代，南宋偏安于半壁江山的局面基本固定下来，更无力于收复。

此时，更为强大的敌人蒙古已经开始兴起，以至于到了最后，洗刷靖康之耻、收复北宋故土最终成为南宋人永远无法实现的梦想。

后记

　　写作这本书的重要目的，不是要揭开中华民族历史上的一块伤疤，而是想提醒人们勿忘国耻，并从北宋亡国的历程中总结经验和教训。任何民族在过去都会犯下各种各样的错误，有些甚至是致命的，中华民族也不例外。我想，我们不仅需要正视这些问题，更重要的是，我们应该从过去的失误中学到有价值的东西，以避免重蹈覆辙。

　　其实，原本是想通过靖康之难这一发生在北宋末年的事件与整个宋王朝的历史联系起来，但这会有很大的风险，原因在于难以整合，尤其是选择描述对象的困难。更重要的是，孤立地看待历史上的大事件，可能会很容易，但要透彻地分析事件的来龙去脉却非常困难。正因为如此，我在书中大体上只是指出了某些被忽略或是潜在的可能性，并尽可能地将这些因素写出来，提供给读者去思考。这种蜻蜓点水似的勾连，难免会出现误判。

　　本书得以付梓，首先要感谢徐卫东先生，他给了我很大的自由空间，从草拟提纲到书稿写作，我们通过数不清的电话交换意见，讨论与本书相关的问题。同时，宋志军先生也提出了许多宝贵意见。此外，博士生刘云军，硕士生刘志华、罗慧娴、杨甲等为本书付出了许多心血。在此一并表示诚挚的谢意。

于北京师范大学茹退居

图书在版编目（CIP）数据

靖康之变：北宋衰亡记 / 游彪著. —长沙：湖南人民出版社，2018. 10
(2021.8)

ISBN 978-7-5561-2034-5

I. ①靖…　II. ①游…　III. ①靖康之变—通俗读物　IV. ①K244.05

中国版本图书馆CIP数据核字（2018）第187803号

JINGKANG ZHI BIAN BEISONG SHUAIWANG JI

靖康之变：北宋衰亡记

著　者	游　彪
出版统筹	陈　实
产品经理	傅钦伟
责任编辑	姚晶晶
封面设计	泽信·品牌策划设计
版式设计	罗四夕

出版发行	湖南人民出版社［http://www.hnppp.com］
地　址	长沙市营盘东路3号
邮政编码	410005

印　刷	湖南天闻新华印务有限公司
版　次	2018年10月第1版
	2021年8月第4次印刷
开　本	880mm × 1240 mm　1/32
印　张	10
字　数	250千字
书　号	ISBN 978-7-5561-2034-5
定　价	49.80元

营销电话：0731-82683348　（如发现印装质量问题请与出版社调换）